Musikbuch

2

Lehrwerk für allgemein bildende Schulen

Herausgegeben von Ulrich Brassel

Erarbeitet von
Ulrich Brassel, Aachen
Rainer Butz, Ludwigsburg
Sabine Föster, Dortmund
Rasmus Frederich, Hannover
Dr. Peter Ickstadt, Frankfurt
Adina Jelen, Berlin
Inkeri Schumann, Essen
Thomas Zimmermann, Hürth

Mitarbeit am Kapitel „Musik wird Bewegung"
Bettina Ohligschläger, Glienicke

Zu diesem Buch gehören:
Portfolio-Hefter: ISBN 978-3-06-064286-1
Hörbeispiele (6 Audio-CDs): ISBN 978-3-06-064297-7
DVD: ISBN 978-3-06-064314-1
Handreichungen für den Unterricht: ISBN 978-3-06-064296-0
Digitaler Unterrichtsmanager:
(Testkapitel - online und als Download) ISBN 978-3-06-064878-8
(Vollversion auf DVD-ROM) ISBN 978-3-06-064880-1
(Vollversion - online und als Download) ISBN 978-3-06-064879-5
(Zusatzmodul Hörbeispiele 1-6 - online und als Download) ISBN 978-3-06-065085-9

Redaktion: Bertold Marohl/Ute Kister
Bildrecherche: Stefanie Portenhauser
Illustrationen: Lisa Rock, Berlin (S. 24, 25, 233, 252, 253, 266, 268, 272, 275), Matthias Pflügner, Berlin (S.150)
Notensatz: Kontrapunkt Satzstudio, Bautzen
Layoutkonzeption: werkstatt für gebrauchsgrafik, Berlin; Lisa Neuhalfen, Berlin
Technische Umsetzung: Lisa Neuhalfen, Berlin
Notensatz: Kontrapunkt Satzstudio, Bautzen

www.cornelsen.de

1. Auflage, 3. Druck 2023

Alle Drucke dieser Auflage sind inhaltlich unverändert und können im Unterricht
nebeneinander verwendet werden.

Druck: Mohn Media Mohndruck, Gütersloh

ISBN 978-3-06-064209-0

PEFC zertifiziert
Dieses Produkt stammt aus nachhaltig
bewirtschafteten Wäldern und kontrollierten
Quellen.
www.pefc.de

PEFC
PEFC/04-31-1033

Inhaltsverzeichnis

3   Musik kommentiert   70

Entwicklungen

4   Zeitreise   100

5 Treffpunkte 128

6 Grundlagen 156

8 Von Musik umgeben — 218

9 Musik steuert Wahrnehmung — 248

‖‖‖‖

Folgende Kennzeichnungen werdet ihr im Buch entdecken:

◎ 1│2   Hörbeispiel: Hier ist ein Musikstück zu hören.

PH│S. 67   Im Portfoliohefter könnt ihr ein Thema vertiefen.

FILM   Kapitel 9.1 verweist auf eine DVD, die für den Unterricht beschafft werden muss.

4   Zusatzaufgaben, die euch als „Musikexperten" herausfordern.

Das Grundwissen ist in „blauen Kästen" zusammengefasst.

1.1

In diesem Kapitel …
– untersucht ihr, wie Musik außermusikalische Inhalte darstellen kann,
– lernt ihr sinfonische Musik aus
verschiedenen Epochen kennen,
– gestaltet ihr eigene Ideen mit
musikalischen Mitteln.

Ein Programm wird Musik
Sinfonische Musik untersuchen und deuten

1   **a** Beschreibt, was auf den Abbildungen zu sehen ist und was dies in euch auslöst.
      b Wählt eine Abbildung aus und überlegt, welche Art von Musik dazu passen könnte.

2   Ihr hört vier Musikbeispiele. Beschreibt jeweils Klang und Ausdruck der Musik und stellt
◉ 1|1–4   mögliche Verbindungen zu den Abbildungen her. Begründet eure Entscheidung.

3   **a** Entwerft selbst eine passende Musik, wenn ihr eine Abbildung keinem Musikbeispiel
      zuordnen könnt.
      b Erklärt anhand eurer Beobachtungen, wie Zusammenhänge zwischen Musik
      und außermusikalischen Inhalten entstehen können.

Eindrücke darstellen

Naturklänge untersuchen und bearbeiten

Samuel Palmer (1805–1881): Der Aufstieg der Lerche , 1839

1 **a** Betrachtet das Gemälde und hört dazu die Aufnahme einer Lerchenstimme.

◉ 1|5 Beschreibt die Stimmung mit Hilfe von Adjektiven.

b Findet eine Überschrift für den entstandenen Gesamteindruck und vergleicht eure Ergebnisse.

> **Tipps zur Zusammenstellung von Klängen:**
> – Experimentiert mit unterschiedlichen Klangfarben.
> – Legt fest, ob eure Klänge lang angehalten oder rhythmisch bewegt sein sollen.
> – Entscheidet euch, wie viele verschiedene Klänge ihr unterlegen wollt.
> – Erprobt, wie ihr die Übergänge zwischen aufeinanderfolgenden Klängen gestalten könnt.

2 Entwerft zum Gesamteindruck passende vokale oder instrumentale Klänge, zum Beispiel mit Hilfe eigener Instrumente oder Keyboards, und unterlegt die Aufnahme mit diesen Klängen.

3 Beschreibt, wie durch eure musikalische Gestaltung die Wirkung der Aufnahme verstärkt oder verändert wird.

4 Ergänzt weitere Naturklänge, die zu dem entstandenen Gesamteindruck passen, zu einer Klangcollage, und begründet eure Auswahl.

Ein Naturbild in einer Komposition für Violine und Orchester

Der britische Komponist Ralph Vaughan Williams (1872–1958) komponierte im Jahr 1914
„The lark ascending" (Die aufsteigende Lerche) zunächst für Violine und Klavier, einige Jahre
später für Violine und kleines Orchester. Die Musik wurde inspiriert von dem gleichnamigen
Gedicht des Schriftstellers George Meredith (1828–1909). Darin heißt es unter anderem:

He rises and begins to round,	Sie steigt empor und zieht ihre Kreise,
He drops the silver chain of sound	sie lässt ihre Silberstimme erklingen,
Of many links without a break,	wie eine endlose Kette,
In chirrup, whistle, slur and shake,	mit Zwitschern, Pfeifen und Trillern,
As up he wings the spiral stair,	sobald sie sich emporschwingt,
A song of light, and pierces air	mit hellem Gesang, und die Lüfte durchdringt,
With fountain ardor, fountain play,	überströmend, wie im Spiel der Wellen,
To reach the shining tops of day …	den leuchtenden Tag zu ergreifen …

5 Hört den Anfang der Komposition und setzt die Musik in Beziehung zum Gedichtinhalt.

⊚ 1|6

6 Untersucht, wie das Zusammenspiel von Orchester und Solostimme gestaltet ist,
und stellt eure Ergebnisse in Form einer grafischen Hörpartitur dar. Dabei helfen euch
die Informationen im blauen Kasten. **PH**|S. 3

Die Melodie der Violinstimme basiert auf einer
pentatonischen, das heißt fünfstufigen Tonleiter:

7 Entwerft aus diesem Tonmaterial ein- oder mehrstimmige Klänge, die sich dem
unbegleiteten Abschnitt der Solovioline unterlegen lassen. Stellt eure Ergebnisse
zusammen mit dem Hörbeispiel in der Klasse vor und erläutert sie. **PH**|S. 3

⊚ 1|7

8 Erklärt zusammenfassend, wie sich die ausgewählten musikalischen Mittel zu
dem dargestellten Natureindruck verhalten.

Hörpartitur und grafische Notation

Auch ohne Notenvorlage lassen sich musikalische Verläufe in einer fortlaufenden Zeichnung grafisch
darstellen. Dazu muss der Klang der Musik so aufgezeichnet werden, dass die grafischen Elemente
sich den musikalischen Parametern zuordnen lassen. Beispiele für grafische Notation sind:

Musikalische Gestaltung der	*grafische Umsetzung durch*
– Tonhöhe, Tonabstände	Lage der Eintragungen (oben, Mitte, unten)
– Tondauern, Rhythmen	Punkte, Balken, Linien unterschiedlicher Länge
– Dynamik	Strichstärke breit oder schmal
– Klangfarbe, Besetzung	farbiges Layout, Verwendung unterschiedlicher Formen

Stimmungen gestalten

„Lever du jour" hören und bearbeiten

Der französische Komponist Maurice Ravel (1875–1937) schrieb
in den Jahren 1909–1912 die Musik zum Ballett „Daphnis et Chloé".
Dies ist die Liebesgeschichte zweier Waisen, die als Kinder von
Hirten aufgenommen werden und dort abgeschieden und in tiefer
Verbundenheit mit der Natur leben. Der Beginn des dritten Teils
trägt den Titel „Lever du jour" (Das Erwachen des Tages).

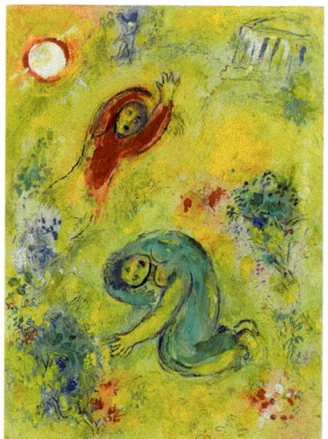

Marc Chagall (1887-1985):
Les fleurs saccagées (geschändete Blumen),
1954/61

Lever du jour, Takt 16–23

1 Hört den ersten Abschnitt der Komposition und stellt eine Verbindung zum Titel her.
◉1|8 Dabei helfen euch die Hinweise im blauen Kasten.

2 **a** Verteilt den abgedruckten Partiturausschnitt auf eure Instrumente und musiziert ihn
mit unterschiedlichen Besetzungen und Klangfarben. Entscheidet auch, welche Dynamik
und Artikulation ihr einsetzen wollt.
◉1|8 **b** Vergleicht verschiedene Fassungen mit der Klangwirkung der Komposition an dieser Stelle.

3 Erfindet aus dem vorgegebenen Tonmaterial des Notenausschnitts eine Fortsetzung
der Melodie, durch die der musikalische Verlauf abgerundet wird. Erprobt die klanglichen
Möglichkeiten eurer Instrumente und setzt Rhythmus und Dynamik bewusst ein.

4 Hört die Fortsetzung der Komposition und vergleicht sie mit euren Fassungen.
◉1|9 Auch dabei helfen bildliche Vorstellungen.

Höreindrücke beschreiben

Oft nutzen wir bildliche Vorstellungen, um den Eindruck eines Musikstückes allein mit Worten auszudrücken. So sprechen wir etwa von Klangfarbe, von dunklen und hellen Tönen, von Vorder- und
Hintergrund oder von einer regelmäßigen oder unregelmäßigen Form. All diesen Formulierungen ist
gemeinsam, dass sie versuchen, den kurzfristigen und flüchtigen Höreindruck festzuhalten, als wäre
die Musik ein Bild, das man lange betrachten kann. Auch musikalische Entwicklungen lassen sich
auf diese Weise bildhaft beschreiben. Hier helfen Vorstellungen wie etwa aufsteigen oder zurück-
fallen, wachsen oder abnehmen, aufbrechen oder zurückkehren, vorwärts drängen oder beruhigen.

Ein musikalisches Reisebild hören und musizieren

Nikolaij Rimskij-Korsakow (1844–1908) komponierte im Jahr 1887 ein „Capriccio auf Themen aus Spanien" für großes Orchester. Der fünfte und letzte Satz trägt den Titel „Fandango asturiano". Der Fandango ist ein spanischer Volkstanz im 3/4-Takt und im schnellen Tempo. Charakteristisch ist der Einsatz von Kastagnetten zur rhythmischen Begleitung. Der Zusatz „asturiano" weist auf die Herkunft aus der Provinz Asturien hin.

Spanischer Volkstanz Fandango

1 Hört den Beginn der Komposition und achtet auf
◉1|10 Bilder oder Situationen, an die die Musik euch erinnert.

2 Benennt Merkmale, die die Musik als „spanisch" kennzeichnen, und tauscht euch darüber aus, woran ihr sie erkannt habt.

Typisch für den Fandango ist ein wiederkehrender Rhythmus: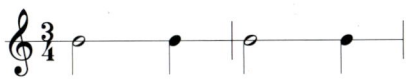

Dieser wird vielfältig variiert, zum Beispiel:

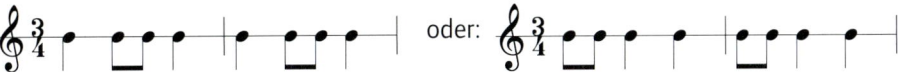

3 Studiert die drei Rhythmen ein und wählt zum Charakter der Musik passende Instrumente aus. Spielt sie zur Aufnahme des Fandango und entscheidet, an welchen Stellen welcher Rhythmus am besten passt.

4 a Überlegt, welche Merkmale ihr einsetzen würdet, um euer eigenes Land musikalisch darzustellen.
   b Bringt entsprechende Musik mit und stellt sie euch gegenseitig vor.
   c Vergleicht eure Reaktionen und erklärt sie. Nutzt dazu die Informationen im blauen Kasten.

5 a Überlegt, welche weiteren Gründe es geben könnte, ein Land musikalisch darzustellen.
   b Diskutiert Vor- und Nachteile einer solchen Darstellung.

Volksmusik und Kunstmusik

In der europäischen Musik werden traditionelle Lieder und Tänze unter dem Sammelbegriff **Volksmusik** zusammengefasst. Die Volksmusik unterschiedlicher Regionen und Landschaften unterscheidet sich vor allem in der Melodik und Rhythmik sowie in der Auswahl der Instrumente. Dies wird in vielen Kompositionen der **Kunstmusik** genutzt, um die Stimmung einer bestimmten Landschaft zu vermitteln und um das Lebensgefühl auszudrücken, das man bei der dortigen Bevölkerung vermutet. Nicht selten beruhen solche musikalischen Übernahmen allerdings auf weit verbreiteten Missverständnissen oder sogar auf Vorurteilen.

Handlungen schildern

Krieg und Kampf im Spiegel der Musik

Felix Philippoteaux (1815-1884):
Die Schlacht von Waterloo, 1874

Das Jahr 1813 steht in Europa unter dem Zeichen der so genannten Befreiungskriege gegen die napoleonischen Heere Frankreichs und seiner Verbündeten. Im Juni dieses Jahres besiegen britische Truppen unter Führung des Herzogs von Wellington ein französisch-spanisches Heer. Die Nachricht darüber regt in Wien die Phantasie Ludwig van Beethovens (1770–1827) an, ein sinfonisches Schlachtengemälde zu komponieren. Unter Mitwirkung vieler bekannter Musiker wird die Uraufführung als Benefizkonzert zugunsten invalider Soldaten ein rauschender Erfolg.

Rule Britannia

Marlborough s'en va-t-en guerre

1 a Hört den Anfang der Komposition und stellt eine Verbindung zum abgebildeten Gemälde her.
◎ 1|11 b Erklärt die Bedeutung der beiden abgedruckten Melodien zu Beginn der Komposition.

2 Verfolgt den weiteren Verlauf der Musik:
◎ 1|12 a Unterscheidet einzelne Abschnitte und erklärt, welche Handlungen darin dargestellt werden könnten. Begründet eure Zuordnungen anhand der musikalischen Gestaltung.
◎ 1|13 b Erläutert, wie und warum die Melodie der englischen Königshymne im Schlussteil der Komposition verarbeitet wurde.

3 Schlüpft in eine andere Rolle und kommentiert die Uraufführung aus der Sicht eines Augenzeugen, eines Kriegsversehrten oder eines französischen Besuchers der Stadt Wien.

Der britische Komponist William Walton (1902–1983) schrieb 1968 das Orchesterstück „Spitfire music and battle in the air" – als Filmmusik zur Hollywood-Produktion „The battle of britain". Die Musik sollte Szenen der sogenannten „Luftschlacht um England" vom September 1940 musikalisch nachempfinden. Damals kämpften Piloten der Royal Air Force in ihren Spitfire-Maschinen gegen die angreifende deutsche Luftwaffe, wobei Tausende von Menschen in der Luft und am Boden ihr Leben verloren. Später wurde die Komposition auch als eigenständiges Werk veröffentlicht.

Paul Nash (1889–1946): Battle of Britain, 1941

4 a Beschreibt das Gemälde und stellt eine Verbindung zu seinem Titel her.
   b Sammelt Informationen zum Flugzeugtyp „Spitfire".

5 a Waltons Auftraggeber erwarteten, dass die musikalischen Mittel die Handlungen und
⊚ 1|14   Eindrücke des Films verdeutlichen sollten. Hört die Musik und tauscht euch darüber aus,
         welche Szenen und Bilder beim Hören vor euren Augen entstanden sind.
   b Untersucht, wie die musikalische Gestaltung die Entstehung derartiger
     Vorstellungen unterstützt. Nutzt dazu die Information im blauen Kasten.

6 Stellt euch vor, diese Musik sollte bei einer Gedenkveranstaltung gespielt werden, die
    an das historische Ereignis erinnert. Diskutiert Vor- und Nachteile einer solchen Aufführung.

7 a Vergleicht Waltons Komposition mit „Wellingtons Sieg" und benennt Gemeinsamkeiten
     und Unterschiede.
   b Überlegt, warum musikalische Schilderungen kriegerischer Auseinandersetzungen heute
     kaum noch in öffentlichen Konzerten aufgeführt werden.

Programmmusik

In der Regel handelt es sich hierbei um reine Instrumentalmusik, die mit musikalischen Mitteln Handlungen, Ereignisse, literarische Werke, Bilder oder Gedanken darstellt. Sie ist nicht an eine bestimmte Form gebunden und bedient sich dabei häufig leicht verständlicher Stil- und Gestaltungsmittel. Viele Werke der Programmmusik entstanden im 19. Jahrhundert und werden heute noch häufig gespielt. In manchen Fällen stellten die Komponisten selbst ihren Stücken ein Programm zur Seite, um dem Zuhörer das Nachvollziehen der musikalischen Ideen zu erleichtern.

Geschichten erzählen

Einen Ausschnitt aus „Don Quixote" untersuchen

Miguel de Cervantes Saavedra (1547–1616) gelang mit seinem 1605 erschienenen Roman „Don Quixote" ein großer Erfolg. **PH | S. 4**
Bis heute wurden dazu allein rund hundert Bühnenwerke komponiert. 1897 schrieb Richard Strauss (1864–1949) seine **Sinfonische Dichtung** „Don Quixote" (▶ blauer Kasten), in der etwa eine Dreiviertelstunde lang allein das Orchester Geschichten der Romanvorlage „erzählt", mit fließenden Übergängen gegliedert in Introduktion, Thema mit zehn Variationen und Finale.

> **Don Quixote** ist ein verarmter Landadliger, der beim Lesen alter Ritterromane immer mehr in eine Phantasiewelt des mittelalterlichen Rittertums hinübergleitet. So hält er sich bald selbst für einen dieser Ritter und zieht wie in früherer Zeit los, um Abenteuer zu bestehen und ihre Erfolge der Dame seines Herzens, die jeder Ritter braucht, zu Füßen zu legen. Don Quixote de la Mancha reitet auf Rosinante, einem alten Klepper. Sein Nachbar Sancho Pansa wird kurzerhand zum Knappen ernannt und begleitet ihn auf einem Esel, und ein Bauernmädchen wird zu Dulzinea von Toboso, der Herzensdame des Ritters, erkoren.

1
a Hört die siebte Variation und benennt Instrumente, die besonders gut zu hören sind.
◎ 1|15 **b** Untersucht den Verlauf einzelner Orchesterstimmen im Partiturausschnitt und ordnet ihnen Funktionen wie Melodie, Begleitung oder Klangeffekt zu.

2
a Lest die folgende Nacherzählung der Romanvorlage und überlegt, welche Elemente der Geschichte in Musik gesetzt sind. Stellt Zusammenhänge zum Notenbild her.
b Der Kontrabass wiederholt während der gesamten siebten Variation den ersten Takt. Erklärt die Bedeutung dieser Stimme im Zusammenhang mit der zugrunde liegenden Geschichte.

> Im weiteren Verlauf [des Abends] unterrichtet die Kammerfrau … unsere Gesellschaft, [der Zauberer] Malambruno werde sein fliegendes Pferd Holzzapferich senden, auf dessen Kruppe Don Quixote und Sancho eine Luftreise von dreitausend Meilen nach dem Königreich Candaya unternehmen müssten. Don Quixote stimmt dieser Aufgabe zu. Vier wilde Männer tragen auf ihren Schultern das hölzerne Pferd herbei. Bevor der Ritter und sein Knappe das Zauberross besteigen, führte er Sancho beiseite in ein Gebüsch des Gartens, ergriff seine beiden Hände und sagte zu ihm: »Du siehst nun, Freund Sancho, welch ferne Reise unser wartet, und Gott weiß, wann wir von ihr zurückkehren und welche Gelegenheit und Zeit uns dieses Unternehmen lassen wird.« …
> Mit verbundenen Augen besteigen die beiden das Holzpferd, drehen den Zapfen an seinem Hals, und infolge verschiedener Täuschungsmanöver des herzoglichen Paars wie: Blasebälge für den Wind und brennendes Werg für die Gluthitze, wähnen sie sich nun durch die Lüfte getragen, bis schließlich das Pferd mit viel Getöse zerplatzt, und die beiden halb versengt auf dem Boden liegen.

Sinfonische Dichtung (Tondichtung)

Seit Mitte des 19. Jahrhunderts bezeichnet man als **Sinfonische Dichtung** oder **Tondichtung** ein einsätziges Orchesterwerk der Programmmusik (▶ S. 17). Dabei kann die Übertragung der Vorlage in Musik sowohl mittels Tonmalerei als auch durch Darstellung bestimmter Gefühle oder Stimmungen geschehen. Manchmal gibt allein der Titel des Werks einen Hinweis, zuweilen sind den Noten aber auch weitere Hinweise beigegeben oder man kennt Genaueres durch überlieferte Aussagen des Komponisten.

Variation VII

Richard Strauss

* Womöglich unsichtbar aufzustellen!

Figuren werden zu Tönen

Leitmotive aus „Don Quixote" untersuchen und zuordnen

Eine längere Einleitung stellt dar, wie Don Quixote über dem Lesen alter Ritterromane allmählich den Verstand verliert und in eine Phantasiewelt hinübergleitet.

Danach werden die Protagonisten jeweils durch ein musikalisches Thema vorgestellt. Dazu hat Richard Strauss für jede Hauptfigur des Romans mehrere Motive erfunden, die jeweils einen ihrer Charakterzüge durch Musik beschreiben. Aneinandergereiht ergeben sie das Thema der Variationen, treten im weiteren Verlauf aber auch einzeln auf, um den Hörer durch das Stück zu „leiten". Daher werden sie **Leitmotive** genannt. Leitmotive können zur Verdeutlichung einer Handlung auch verwandelt erscheinen, indem ihre Gestalt nur rhythmisch oder nach dem Motivkopf auch melodisch verändert wird. Dies nennt man **Motivtransformation**.

Lorenzo Coullaut Valera:
Don Quixote und Sancho Pansa,
Madrid, 1930

1

◉ 1|16

a Hört das Thema des Don Quixote und ordnet jedem der im Notenbeispiel markierten Motive **1** bis **4** eine der Beschreibungen (rechte Seite) zu. Erprobt dazu jeweils eine passende Körperhaltung samt Mimik und benennt die verwendeten Instrumente. **PH|S. 5**

◉ 1|17

b Hört das Thema des Sancho Pansa und ordnet die Motive **5** bis **8** in gleicher Weise zu.

c Benennt im Ausschnitt von Variation VII auf der vorigen Seite alle auftretenden Motive der beiden Hauptfiguren. Beachtet auch Motive in veränderter Gestalt.

2

a Richard Strauss selbst beschrieb die Variation III als „Gespräch zwischen Don Quixote und Sancho Pansa". Bestimmt im Partiturausschnitt die Motive **1** bis **8**, auch in veränderter Gestalt, und nehmt Stellung zu dieser Erklärung des Komponisten.

b Erfindet zu den Motiven einen Dialog der beiden Personen. **PH|S. 5**

◉ 1|18

c Hört den Anfang von Variation III. Verfolgt das „Gespräch" mit und erläutert, was außer diesen Motiven sonst noch erklingt.

Don Quixote, der Ritter von der traurigen Gestalt

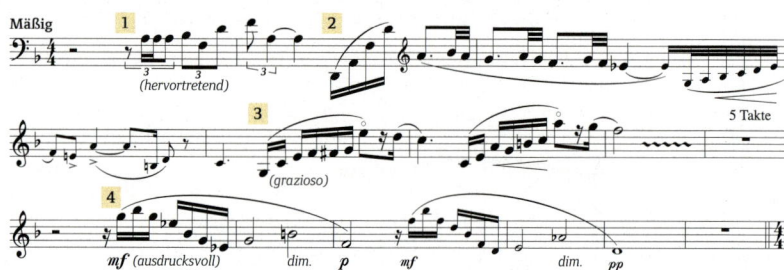

Sancho Pansa

Motivbeschreibungen: mit stolz erhobenem Haupt / mit ängstlich schlotternden Knien / zu ritterlicher Fanfare reitend / einfach und anspruchslos / mit nervösen Fluchtgedanken / mit eleganter Verbeugung als Kavalier / unbeholfen reitend / verrückt geworden und aus der Spur geraten

Variation III

Richard Strauss

mäßiges Zeitmaß (je nach Grundcharakter der verschiedenen Themen reich zu modifizieren)

*) C-Saite nach h herunterstimmen

Figuren in klingender Aktion

Die Mittel des Sinfonieorchesters erkunden

Im achten Kapitel des Romans findet sich das „unerhörte Abenteuer mit den Windmühlen". Darin wird erzählt, wie Don Quixote
gegen Windmühlen kämpft, weil er ihre Flügel für die Arme
gefährlicher Riesen hält. In Variation I hat Richard Strauss dies
in Musik gesetzt.

Gustave Doré (1832 - 1883):
Don Quixote, 1863

1

 1|20

1|19–20

a Hört zunächst einen Ausschnitt der Variation I. Achtet dabei auf
das Erklingen von Motiv **1** und weist es im Notenbild nach.

b Untersucht den ersten Teil der Variation I genauer, indem ihr
die musikalische Darstellung der folgenden Handlungsschritte
möglichst präzise und wo möglich am Notenbild benennt:
Don Quixote reitet mit Sancho Pansa aus, Don Quixote schwärmt von Dulzinea, die Windmühlen kommen in Sicht, Don Quixote greift an, ein leichter Wind kommt auf und dreht die
vier Windmühlenflügel, Don Quixote greift erneut an und seine Lanze verhakt sich, worauf
er von einem der Windmühlenflügel erfasst und zu Boden geschleudert wird. **PH**|S. 6

2

a Richard Strauss schrieb seinen „Don Quixote" für großes Orchester. Bestimmt die von ihm
verlangte Orchesterbesetzung mit Hilfe der drei Partiturseiten dieses Kapitels möglichst
vollständig und haltet alle Auffälligkeiten fest (▶ blauer Kasten).

b Entschlüsselt, wie Richard Strauss durch die Kombination unterschiedlicher Instrumente neue
Klangfarben schafft, indem ihr die Melodie der zweiten Klarinette in anderen Instrumentalstimmen findet. Nutzt dazu die Informationen im blauen Kasten.

3

a Stellt mit Hilfe der Informationen im blauen Kasten und der drei Partiturseiten zusammen,
welche transponierenden Instrumente im „Don Quixote" insgesamt eingesetzt sind.

b Weist nach, dass die zweite Klarinette „in B" und das klingend notierte dritte Fagott
im Abstand einer Oktave spielen. **PH**|S. 7

c Begründet an den Noten, dass das Englischhorn ein transponierendes Instrument ist.

Romantisches Sinfonieorchester und transponierende Instrumente

Im **romantischen Sinfonieorchester** werden die Klangfarben vor allem durch eine größere Anzahl
und Vielfalt an Blasinstrumenten sowie mehrfache Stimmteilungen der Streicher erweitert. Auch die
Schlaginstrumente werden vielfältiger eingesetzt. Zur Verfeinerung der Klangfarben werden Blasinstrumente wie Klarinetten, Hörner und Trompeten häufig in verschiedenen Größen eingesetzt,
was den Klang weicher oder härter macht. Um sie jeweils mit denselben Griffen spielen zu können,
wird der Grundton des Blasinstruments immer als c notiert, klingt aber je nach Rohrlänge höher
oder tiefer. So erklingt bei einer Klarinette oder Trompete „in B" ein notiertes und gegriffenes c"
als b' und somit einen Ganzton tiefer als notiert, wobei meist auch die geschriebene Tonart entsprechend verändert wird. Diese Instrumente nennt man **transponierende Instrumente**.

Ausschnitt aus Variation I

Richard Strauss

Unterrichtsprojekt

Vorschlag 1: Eine Geschichte wird komponiert

Komponiert ein eigenes Stück Programmmusik für euer Klassenorchester und führt es gemeinsam auf. Nutzt dazu die Geschichte von Sindbad, dem Seefahrer, aus der Sammlung „Geschichten aus 1001 Nacht".

Auf den Inseln von Indien und China herrscht der mächtige Sultan Schahriar. Als seine Ehefrau ihm untreu wird, tötet er sie und schwört grausame Rache: Fortan wird er jede Frau, die er heiratet, am nächsten Morgen zum Tode verurteilen und hinrichten lassen. Doch Schahrazad, die Tochter des Großwesirs, beschließt, den wahnsinnigen Sultan von seinem Fluch zu heilen. Dazu erzählt sie ihm in jeder Nacht eine Geschichte, jedoch nur so weit, bis seine Neugier auf den Ausgang geweckt ist. Um den Fortgang der Geschichte zu hören, lässt er Schahrazad am Leben, und so geht das Geschichtenerzählen „1001 Nacht" lang weiter …

Diese persisch-arabische Dichtung ist seit mehr als 1000 Jahren in unterschiedlichen Fassungen verbreitet. Zu den bekanntesten Geschichten darin gehören die Abenteuer von Sindbad, dem Seefahrer.

1 Informiert euch über die Geschichte von Sindbad, dem Seefahrer, und gliedert die Abfolge der einzelnen Abenteuer in einer Übersicht. **PH|**S. 8/9

2 Entwickelt Ideen, wie ihr die unterschiedlichen Stationen der Reise musikalisch darstellen könnt. Unterscheidet dabei äußere Ereignisse und Handlungen von Stimmungen, Gedanken und Gefühlen der beteiligten Personen.

3 a Erfindet musikalische Bausteine, um eure Ideen zu vertonen, und gestaltet daraus größere Zusammenhänge.

b Überprüft, welches Instrumentarium ihr zur Verfügung habt. Erprobt, wie ihr darauf spielen könnt, und verteilt die unterschiedlichen musikalischen Verläufe.

4 Haltet eure Ergebnisse in Form einer grafischen Partitur fest. Nutzt dazu die Handlungsübersicht aus Aufgabe 1. **PH|**S. 8/9

5 a Probt den Gesamtverlauf mehrmals und stellt ihn in der Klasse vor.

b Erklärt euch gegenseitig, woran ihr den Verlauf der Geschichte erkennen konntet.

> Fragen zur musikalischen Gestaltung:
> – Wie lässt sich die Fahrt auf dem Meer durch Rhythmen oder Melodien darstellen?
> – Wie können die Klänge einzelner Instrumente Stimmungen wie Zuversicht oder Gefahr verdeutlichen?
> – Welche Spielweisen lassen sich mit Gefühlen wie Mut oder Angst verbinden?
> – Wie kann durch Lautstärke oder Klangdichte Spannung aufgebaut werden?
> – Welche Tonfolge könnte als Leitmotiv für Sindbad passen?

Vorschlag 2: Eine Komposition wird erzählt

Mit euren Erfahrungen und Kenntnissen zur Programmmusik könnt ihr die Vorlage
zu einem Instrumentalstück als Dialog nacherzählen.

Nikolaj Rimskij-Korsakow komponierte im Jahr 1888 ein Orchesterstück in vier Sätzen,
das er „Scheherazade" nannte. Auch mit den Überschriften der einzelnen Sätze weist der
Komponist auf die Beziehung der Musik zu den Geschichten aus 1001 Nacht hin. So trägt
der erste Satz den Titel: „Das Meer und Sindbads Schiff". Zu Beginn der Komposition
erklingen zwei musikalische Gedanken, die sich dem Sultan und dem Mädchen Schahrazad
zuordnen lassen:

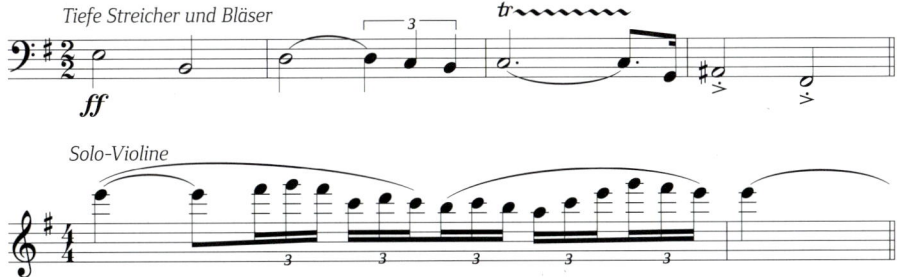

1 a Sucht nach einer Aufnahme des 1. Satzes der „Scheherazade" von Rimskij-Korsakow und
verfolgt anhand der grafischen Übersicht mit, wie die Musik aufgebaut ist.
b Überlegt zu jedem der Abschnitte eine passende Handlung, die zu den Abenteuern von
Sindbad, dem Seefahrer passt. Nutzt dazu die abgebildete grafische Partitur.

Im Verlauf des Stückes treten die beiden musikalischen Gedanken vom Anfang immer wieder in veränderten Gestalten auf, was darauf hindeutet, dass die Geschichte von Schahrazad
erzählt wird und dass der Sultan sie als Zuhörer aufmerksam mitverfolgt.

2 Entwerft einen Dialog zwischen dem Sultan und Schahrazad, der zum Verlauf der Musik passt.
Achtet darauf, dass die Geschichte dabei nicht nur von dem Mädchen erzählt wird, sondern
dass der Sultan das Geschehen auch lebendig miterlebt und daher Fragen, Ausrufe oder
Kommentare äußern wird. Dies gilt vor allem dann, wenn seine Melodie in der Musik erklingt.

3 Übt den Vortrag des Dialogs
zur Musik und haltet mit Hilfe
einer Zeitleiste fest, an welchen
Stellen die Dialogteile gespro-
chen werden sollen. **PH|S. 10**

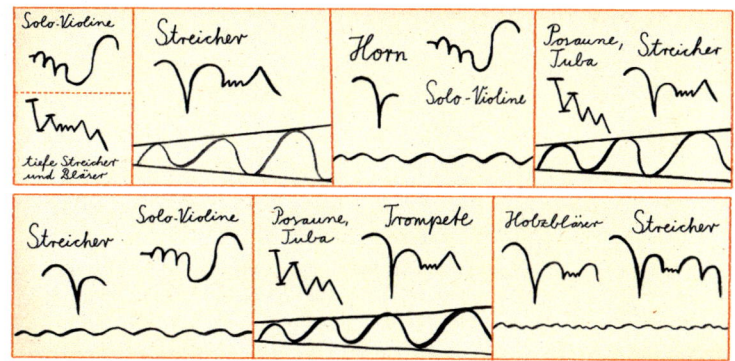

Stundenbuch des Herzogs von Berry:
Maria und Elisabeth, 13. Jahrhundert

In diesem Kapitel …
– lernt ihr das „Magnificat" von
  Johann Sebastian Bach kennen,
– untersucht ihr, wie sich mit
  Musik Gefühle und Gedanken
  darstellen lassen,
– erprobt ihr, wie Musik Bewegungen
  nachahmen kann,
– stellt ihr Musik durch Bewegung dar.

Musik als Klangrede
Das „Magnificat" von J. S. Bach erkunden

Lukas-Evangelium 1, 39–56: Nach einigen Tagen machte sich Maria auf den Weg und eilte in eine Stadt im Bergland von Judäa. Sie ging in das Haus des Zacharias und begrüßte Elisabet. Als Elisabet den Gruß Marias hörte, hüpfte das Kind in ihrem Leib. Da wurde Elisabet vom Heiligen Geist erfüllt und rief mit lauter Stimme: Gesegnet bist du mehr als alle anderen Frauen und gesegnet ist die Frucht deines Leibes. Wer bin ich, dass die Mutter meines Herrn zu mir kommt? In dem Augenblick, als ich deinen Gruß hörte, hüpfte das Kind vor Freude in meinem Leib. Selig ist die, die geglaubt hat, dass sich erfüllt, was der Herr ihr sagen ließ. Da sagte Maria:

Meine Seele preist die Größe des Herrn,
und mein Geist jubelt über Gott, meinen Retter.
Denn auf die Niedrigkeit seiner Magd hat er geschaut.
Siehe, von nun an preisen mich selig alle Geschlechter.
Denn der Mächtige hat Großes an mir getan
und sein Name ist heilig.
Er erbarmt sich von Geschlecht zu Geschlecht
über alle, die ihn fürchten.
Er vollbringt mit seinem Arm machtvolle Taten:
Er zerstreut, die im Herzen voll Hochmut sind;
er stürzt die Mächtigen vom Thron
und erhöht die Niedrigen.
Die Hungernden beschenkt er mit seinen Gaben
und lässt die Reichen leer ausgehen.
Er nimmt sich seines Knechtes Israel an
und denkt an sein Erbarmen,
das er unsern Vätern verheißen hat,
Abraham und seinen Nachkommen auf ewig.

1 a Informiert euch über die im Lukas-Evangelium genannten Personen und gebt den Inhalt des Textes mit eigenen Worten wieder.
b Betrachtet die Abbildung und stellt eine Verbindung zum Text her.

2 Sucht im Lobgesang Marias nach Stellen, die sich eurer Meinung nach für eine Vertonung eignen. Sammelt Ideen für die musikalische Gestaltung.

3 a Hört den Anfang der Magnificat-Vertonung von Johann Sebastian Bach und beschreibt, in welche Stimmung die Musik euch versetzt.
⊙ 1|22
b Erklärt, wie der Inhalt des Bibeltextes und der Klang der Musik zusammenhängen könnten.

Ein Text aus der Bibel wird vertont

Informationen sammeln und ordnen

Elias G. Haußmann (1695–1774): J. S. Bach, 1746

Johann Sebastian Bach (1685-1750) entstammte einer weit verzweigten Musikerfamilie. Er war zu Lebzeiten ein viel beachteter Organist, Kapellmeister und Virtuose, als Komponist war er dagegen weniger bekannt. Das änderte sich erst zu Anfang des 19. Jahrhunderts, also lange nach seinem Tod. Bach komponierte sowohl weltliche als auch geistliche Musik. 1723 wurde er als Kantor in Leipzig angestellt, wo er für die Musik an den vier Hauptkirchen verantwortlich war. Noch im gleichen Jahr vertonte er den Lobgesang Marias aus dem Lukas-Evangelium. Bach nutzte dazu die lateinische Textfassung, daher beginnt die Komposition mit dem Wort „Magnificat".
Bachs Magnificat-Vertonung besteht aus einer Folge von zwölf abgeschlossenen Sätzen für unterschiedliche Besetzungen, in denen je ein bis zwei Verse der Textvorlage musikalisch ausgestaltet und vom Chor oder von verschiedenen Solisten gesungen werden:

Chor:	Magnificat anima mea Dominum /
Sopran II:	et exsultavit spiritus meus in Deo salutari meo.
Sopran I/Chor:	Quia respexit humilitatem ancillae suae. /
	Ecce enim ex hoc beatam me dicent omnes generationes.
Bass:	Quia fecit mihi magna, qui potens est, / et sanctum nomen eius.
Alt/Tenor:	Et misericordia eius a progenie in progenies / timentibus eum.
Chor:	Fecit potentiam in brachio suo, / dispersit superbos mente cordis sui.
Tenor:	Deposuit potentes de sede / et exaltavit humiles.
Alt:	Esurientes implevit bonis / et divites dimisit inanes.
Sopran I + II/Alt:	Suscepit Israel puerum suum, / recordatus misericordiae suae.
Chor:	Sicut locutus est ad patres nostros, / Abraham et semini eius in saecula.

1 Gestaltet eine Wandzeitung für euren Musikraum, auf der zu jedem Satz des Magnificat der lateinische und der deutsche Text passend nebeneinander stehen. Lasst noch Raum für zukünftige Eintragungen zum Inhalt und zur musikalischen Gestaltung der einzelnen Sätze. Die Ergebnisse der weiteren Arbeit könnt ihr dann jeweils dort festhalten und veröffentlichen. **PH|**S. 12/13

2 Recherchiert weitere Informationen zu J. S. Bachs Wirken in Leipzig. Sammelt die Ergebnisse zum Beispiel als Steckbrief oder als Zeitleiste.

Ausrufen und lobpreisen

Musikalische Haltungen untersuchen

1 Beschreibt die Fotos und stellt eines davon als Standbild nach. Achtet dabei nicht nur auf die passende Mimik, sondern auch auf eure Körperhaltung.

> Magnificat anima mea Dominum – Meine Seele preist die Größe des Herrn

2 ⊙ 1|22

a Hört die Vertonung der ersten Zeile des Magnificat und verfolgt den Text mit.

b Ordnet der Musik eines der Standbilder zu. Nutzt dazu auch die Informationen im blauen Kasten.

c Tauscht euch über eure Ergebnisse aus und begründet eure Entscheidungen.

3 ⊙ 1|22 Untersucht die musikalische Gestaltung genauer. Achtet dabei auf die Besetzung, die Klanglage sowie auf wiederkehrende Rhythmen und Melodien. **PH**|S. 14/15

4 Stellt mit Hilfe eurer Untersuchungsergebnisse einen Zusammenhang her zwischen der musikalischen Gestaltung und dem Textinhalt. Haltet eure Ergebnisse auf der Wandzeitung fest.

Musik als Klangrede

Zur Zeit Bachs hatte Musik ebenso wie alle anderen Künste die Aufgabe, den Menschen zu helfen, die Welt als geordnete Schöpfung zu verstehen. Der Komponist sollte diese Ordnung in seiner Musik nachbilden, indem er wie in einer Rede in seiner Musik Gefühle und Stimmungen, aber auch äußerlich sichtbare Handlungsweisen und Vorgänge darstellte und mit musikalischen Mitteln, so genannten **Figuren** anschaulich machte. Vor allem bei textgebundener Musik lässt sich dies auch heute noch erkennen, wenn die Musik etwa Jubel und Freude dadurch darstellt, dass sie die damit verbundenen Bewegungen musikalisch nachahmt und den Sinn der Worte auf diese Weise durch Klang nachbildet. Musik galt daher als Rede mit Tönen, als **Klangrede**.

Jubel und Freude

Musik drückt ein Gefühl aus

Im zweiten Satz „Et exsultavit" wird der Text des ersten Satzes vervollständigt:
„Et exsultavit spiritus meus in Deo salutari meo."
Fasst man die Texte der ersten beiden Sätze zusammen, so entsteht folgender Vers:

Meine Seele preist die Größe des Herrn,
und mein Geist jubelt über Gott, meinen Retter.

1
◉ 1|23

a Hört den zweiten Satz des Magnificat und benennt Auffälligkeiten und Unterschiede
gegenüber dem ersten Satz.

b Vergleicht die Besetzung beider Sätze und überlegt, warum der Komponist sich so
entschieden haben könnte. Nutzt dazu auch die Informationen im blauen Kasten.

2 Sucht in weiteren Sätzen des Magnificat nach tonsymbolischen Bedeutungen in der
Verwendung der Instrumente.

3
◉ 1|23

Untersucht die Bewegungsrichtung und den Rhythmus der Gesangsstimme und
erläutert das Verhältnis zwischen Musik und Textinhalt.

4 Sucht Bilder, die zur Grundstimmung der Musik passen, und stellt sie euch gegenseitig vor.
Erklärt, wie der Zusammenhang zwischen Bild und Musik zustande kommt, und vergleicht
dies mit eurer Bildauswahl zum ersten Satz. Ergänzt die Wandzeitung mit euren Ergebnissen.

Drei – Die göttliche Zahl

Im Christentum spielt die Zahl Drei eine wichtige Rolle. Sie steht für die Dreieinigkeit (Trinität), also für die Verehrung Gottes als Vater, Sohn und Heiliger Geist. Zahlreiche Künstler haben sich des Themas angenommen und es auf vielfältige Weise sinnbildlich dargestellt.

Dreigesicht (kl.Dreifaltigkeit), Süddeutschland und Trinitätsbild, Innsbruck

Violinen I, II, Viola, Continuo

5 Untersucht im Notentext der instrumentalen Einleitung, wie Bach die Dreieinigkeit musikalisch darstellt. Nutzt dazu auch die Informationen im blauen Kasten und ergänzt die Wandzeitung. **PH|**S. 11

Tonsymbolik

Die Vorstellung einer gottgegebenen Ordnung hatte zur Folge, dass die Menschen der Zeit um 1700 die alltägliche Welt als Sinnbild einer höheren, göttlichen Welt verstanden. So hatten viele Zahlen eine solche sinnbildliche Bedeutung, vor allem wenn sie sich auf biblische Aussagen und Geschichten zurückführen ließen wie etwa die Zahl 3 als Symbol für die Trinität oder die 12 für die Stämme Israels und die Apostel. In der Musik lassen sich außer durch Zahlensymbole auch durch die Wahl der Instrumente, der Klanglage oder mit Hilfe bestimmter Tonfolgen sinnbildliche Bezüge herstellen. Viele tonsymbolische Beziehungen sind so versteckt, dass sie erst mit Hilfe des Notentextes erkannt werden können.

Der Blick auf den einzelnen Menschen

Die Darstellung persönlicher Erfahrungen untersuchen

Denn auf die Niedrigkeit seiner Magd hat er geschaut.
Siehe, von nun an preisen mich selig alle Geschlechter.

Diesen Text vertont Bach im dritten und vierten Satz des Magnificat.

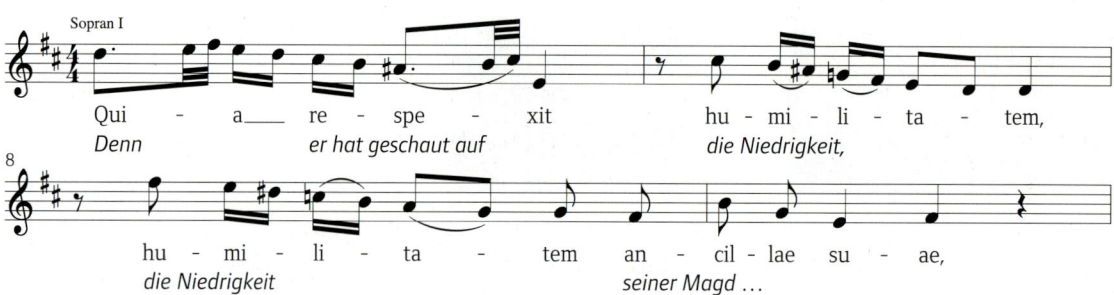

1 **a** Formuliert mit eigenen Worten, wie ihr den abgedruckten Text versteht.

◉ 1|24 **b** Hört Bachs Vertonung und erläutert die Bezüge zum Textinhalt.

2 In der Arie erklingt eine Oboe d'amore als Soloinstrument. Beschreibt den Klang der Oboenstimme und überlegt, warum Bach sich wohl für dieses Instrument entschieden hat.

3 **a** Untersucht den Verlauf der Melodie bei dem Wort „humilitatem". Singt dazu die Tonfolge und bestimmt die Intervalle. Nutzt auch die Informationen im blauen Kasten. **PH|**S. 16

  b Erläutert die Wirkung dieser Tonfolge und erklärt das Verhältnis von Musik und Text an dieser Stelle. Haltet eure Ergebnisse auf der Wandzeitung fest.

Dissonante Intervalle in musikalischen Figuren

Ein Intervall, also der Abstand zwischen zwei Tönen, kann arm oder reich an Spannung wirken, je nachdem, wie gut es sich in den Melodieverlauf einfügt oder zur Begleitung passt. Vor allem übermäßige (▶ Kapitel 5.1, S. 135) oder verminderte Intervalle wirken auf viele Menschen besonders spannungsvoll. Dies hängt auch damit zusammen, dass sie häufig leiterfremde Töne nutzen und dadurch schwieriger zu singen sind, in C-Dur zum Beispiel:

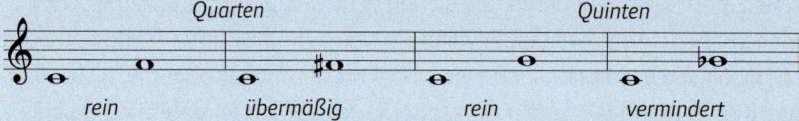

Übermäßige und verminderte Intervalle werden auch als **dissonant** (wörtlich: auseinander klingend) bezeichnet. Sie wurden schon in Bachs Zeit eingesetzt, wenn es um die musikalische Darstellung von Leid, Sorge und Schmerz ging.

„Siehe" – Wie Musik das Publikum einbezieht

3. Satz, Takt 18-19 (Sopran-Solo und Oboe d'amore)

1. Satz, Takt 33–34 (Chor)

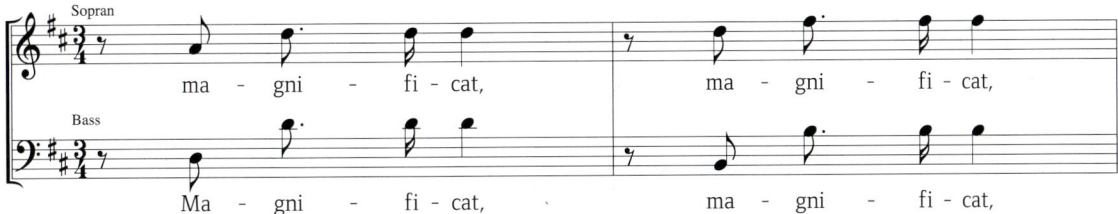

4
- **a** Hört die beiden Beispiele aus dem dritten und dem ersten Satz und beschreibt Gemeinsamkeiten und Unterschiede.
- **b** Erläutert anhand der Notenausschnitte, wie die Musik jeweils wirken soll. Nutzt dazu auch die Informationen im blauen Kasten.

5 Überlegt, welche Möglichkeiten es geben könnte, die Textstelle „alle Geschlechter" zu vertonen. Vergleicht eure Überlegungen zur Besetzung, zur Klanglage oder zur Gestaltung von Melodien und Rhythmen.

6
- **a** Hört den Übergang vom dritten zum vierten Satz und vergleicht Bachs Komposition mit euren eigenen Überlegungen.
- **b** Erläutert, welche Absichten ihr hinter Bachs Gestaltung erkennt.

Ausrufen und hinweisen – die Exclamatio-Figur

In manchen Figuren der barocken Klangrede wird nicht der konkrete Inhalt des Textes musikalisch dargestellt, sondern die Musik unterstreicht ausdrucksvoll die Art des Vortrags, so als würde das Singen der Stimme eines Redners besonderes Gewicht verleihen.

Ein Beispiel ist die **Exclamatio** (*lateinisch:* Ausruf), die den Ruf eines Redners dadurch nachahmt, dass die Melodie plötzlich nach oben springt und den Zielton besonders betont. Die Exclamatio-Figur wird auch eingesetzt, um die Zuhörer direkt anzusprechen und in das Geschehen einzubeziehen.

Macht ausüben und Erbarmen zeigen

Zwei Handlungsweisen im Vergleich

Denn der Mächtige hat Großes an mir getan und sein Name ist heilig.
Er erbarmt sich von Geschlecht zu Geschlecht über alle, die ihn fürchten.

5. Satz, Anfang

6. Satz, Anfang

1 Hört den fünften und sechsten Satz an. Vergleicht ihren Ausdruck und nennt zu
○ 1|26–27 beiden Sätzen auffällige musikalische Mittel.

2 a Untersucht die Gestaltung der instrumentalen Vorspiele in beiden Sätzen.
○ 1|26–27 Nutzt dazu auch die Informationen im blauen Kasten.
  b Erläutert, wie Bach schon zu Beginn der Sätze die im Text beschriebenen gegensätzlichen
  Handlungsweisen musikalisch darstellt.

3 Überlegt, wie sich die Abfolge der beiden Sätze szenisch darstellen ließe. Erprobt dazu
Standbilder oder entwerft eine pantomimische Bewegungsfolge.

Generalbass

Der **Generalbass** oder **basso continuo** (abgekürzt b. c., *italienisch:* fortlaufender, ununterbrochener Bass) besteht aus der tiefsten Instrumentalstimme und aus Akkorden, die zu Bachs Zeit nach damals bekannten Regeln hinzugespielt wurden. Auf diese Weise können alle Einzelstimmen auf eine festgelegte Akkordfolge zurückgeführt werden und die Musik erhält ein harmonisches Gerüst. Diese Kompositionsweise ist typisch für die Musik der Barockzeit. Für das Spiel der Begleitakkorde werden vor allem Orgel, Cembalo oder Laute eingesetzt, die Bass-Stimme wird in der Regel von Violoncello oder Gambe gespielt, bei größeren Besetzungen unterstützt vom Fagott.

Er vollbringt mit seinem Arm machtvolle Taten:
Er zerstreut, die im Herzen voll Hochmut sind;

4 Hört den siebten Satz „Fecit potentiam" und vergleicht ihn mit den beiden
1|28 vorangegangenen Sätzen.

5 Untersucht die musikalische Gestaltung genauer:
1|28 **a** Sprecht den Rhythmus des Chorsatzes und vergleicht ihn mit der natürlichen
Sprachbetonung.
b Klopft den wiederkehrenden Rhythmus der Bass-Stimme und beschreibt seine Wirkung.
c Achtet darauf, wie Bach das Wort „dispersit" (er zerstreut) am Schluss musikalisch
nachgezeichnet hat. **PH|**S. 16

6 a Nehmt beim erneuten Hören des „Fecit potentiam" eine passende Körperhaltung ein.
1|28 Kommentiert eure eigene Haltung anschließend mit einem treffenden Stichwort.
b Vergleicht die Haltungen in der Klasse miteinander und stellt Bezüge zur musikalischen
Gestaltung her.

7 a Hört die Anfänge der drei Sätze 5–7 hintereinander und stellt die Gesangsstimmen jeweils
1|26–28 mit Bewegungen dar.
b Erläutert die Beziehung zwischen Körperhaltungen, Musik und Textinhalt und haltet eure
Ergebnisse auf der Wandzeitung fest.

Stürzen und aufrichten

Bewegung in der Musik untersuchen und deuten

> Er stößt die Mächtigen vom Thron und erhöht die Niedrigen.

In der Tenorarie des achten Satzes wird das machtvolle Wirken Gottes musikalisch beschrieben, indem der Text die göttliche Gerechtigkeit in den Vordergrund rückt: Die im siebten Satz dargestellte Macht Gottes richtet sich nun gegen die, die ihre eigene Macht missbrauchen, er setzt sich also für die Unterdrückten, die *humiles* ein, die er wieder aufrichtet.

1 Hört den Satz und unterscheidet dabei die beiden Vershälften „Deposuit potentes de sede" und „et exaltavit humiles".

◉ 1|29

2 **a** Beschreibt anhand des Notenbildes die Unterschiede in der Textvertonung.
b Überlegt, was hier durch Musik dargestellt werden soll, und formuliert eure Ergebnisse mit Hilfe von Fachbegriffen. Nutzt dazu die Informationen im blauen Kasten. **PH|S. 17**
c Überprüft, welche dissonanten Intervalle am Schluss der beiden „Deposuit"-Phrasen erklingen, und begründet deren Verwendung an diesen Stellen.

3 Sucht in anderen Sätzen des Magnificat nach den im blauen Kasten vorgestellten Figuren und ordnet ihnen die passenden Fachbegriffe zu.

Die Hungernden beschenkt er mit seinen Gaben und lässt die Reichen leer ausgehen.

Im neunten Satz besteht die Besetzung außer dem basso continuo (▶ S. 34) nur aus zwei Traversflöten und einer Altstimme. Auch heute wird diese Stimme oft von einem Altus, einem Mann gesungen, wie es im Barock üblich war. Musikalisch wird jedes der lateinischen Worte auf jeweils eigene Weise ausgedeutet:

Anfang der Gesangsstimme, Takt 8–9

Takt 12

4 Hört die instrumentale Einleitung des Satzes und beschreibt, welche Wirkung durch die
◎1|30 besondere Besetzung erzeugt wird. Achtet dabei auch auf die Gestaltung der Bassstimme.

5 **a** Untersucht das Notenbild in den abgedruckten Ausschnitten und benennt mit Hilfe des
blauen Kastens die Stellen, an denen Bach Bewegungsfiguren eingesetzt hat. **PH|**S. 17
◎1|30 **b** Findet heraus, welche Worte des lateinischen Textes an diesen Stellen gesungen werden,
und ermittelt ihre Bedeutung.

6 Hört die Arie im Zusammenhang und überlegt, warum Bach den Schluss auf diese Weise
◎1|30 gestaltet hat.

> ### Bewegungsfiguren
>
> Zahlreiche Figuren der barocken Klangrede dienen zur Nachahmung äußerer Bewegungen. Sie rufen beim Hören eine räumliche Vorstellung hervor, indem sie die Richtung und das Tempo einer Bewegung musikalisch nachzeichnen.
> Die bekanntesten Figuren dieser Gruppe sind:
> - die **Anabasis**, eine aufwärts gerichtete Melodielinie, die Aufstieg, Aufgang oder Anstieg nachahmt. Ihr Gegenstück ist
> - die **Katabasis**. Die Melodielinie verläuft abwärts und weist auf Abstieg, Herabfallen oder auch Untergang hin. Eine Sonderform ist der **Passus duriusculus**, eine *chromatische* Abwärtsfigur, die wegen ihrer Folge von Halbtonschritten mit Enge, Leid und Sterben verknüpft wird,
> - die **Tirata**, eine sehr schnell gespielte Tonleiter auf- oder abwärts, die einen Schuss oder Wurf abbildet,
> - die **Circulatio**, eine kreisende Bewegung im Notenbild, die die Vorstellung von Kreisen, Rundung oder Kugelgestalt vermittelt.

Musik macht Zusammenhänge deutlich

Einen cantus firmus nachweisen und deuten

> Er nimmt sich seines Knechtes Israel an und denkt an sein Erbarmen,
> das er unsern Vätern verheißen hat, Abraham und seinen Nachkommen auf ewig.

Diese beiden Verse werden im zehnten und elften Satz des Magnificat vertont. Damit bilden die beiden Sätze inhaltlich eine Einheit. Während Bach im elften Satz eine Fuge komponiert (▶ Kapitel 6.2, S. 180/181), verwendet er im zehnten Satz „Suscepit Israel" die deutschsprachige Fassung des gregorianischen Magnificat, deren Melodie aus dem frühen Mittelalter stammt und auch als tonus peregrinus oder Pilgerton bezeichnet wird. Musikalisch sind die Sätze also dadurch miteinander verbunden, dass Bach auf alte Kompositionstechniken zurückgreift.

1 Hört den Anfang des Satzes und achtet auf die Melodiebewegungen der Singstimmen.
◉1|31 Zeichnet sie nach und erläutert die Beziehung zum Textinhalt. **PH**|S. 18

2 **a** Hört auf den Einsatz der Oboenstimme und verfolgt sie mit Hilfe des Notenbildes mit.
◉1|31 **b** Singt die Melodie des tonus peregrinus und vergleicht sie mit der Oboenstimme.

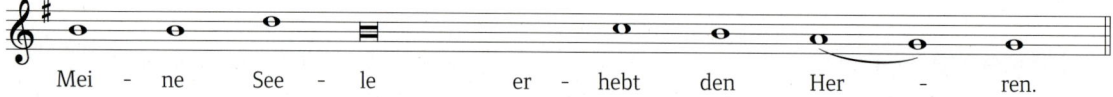

Mei – ne See – le er – hebt den Her – ren.

3 Lest die Informationen im blauen Kasten und findet Gründe für Bachs Kompositionsweise in diesem Satz. Beachtet dabei auch den Inhalt des Textes.

Cantus firmus

Der Begriff cantus firmus (c.f.) setzt sich zusammen aus *cantus:* Gesang, und *firmus:* fest, dauerhaft. Der c.f. ist in polyphoner Musik (▶ Kapitel 6.2) eine Melodie, die von den anderen Stimmen umspielt wird, dabei aber deutlich im Satz zu erkennen ist. Häufig wird im c.f. eine dem Publikum bekannte Melodie verwendet, um auf inhaltliche Gemeinsamkeiten hinzuweisen. Um beim Hören aufzufallen, besteht ein c.f. in der Regel aus langen Notenwerten und wird in einer gut hörbaren Tonlage gesungen oder gespielt.

Unterrichtsprojekt

Eine Bewegungschoreographie zur Musik von J. S. Bach

> Ehre sei dem Vater und dem Sohne und dem Heiligen Geiste, wie es war im Anfang,
> so auch jetzt und immerdar und von Ewigkeit zu Ewigkeit. Amen.

Mit diesem Vers schließt Bach seine Komposition ab. Der Text stammt allerdings nicht aus dem biblischen Magnificat, sondern ist eine Schlussformel in vielen christlichen Gebetstexten. Nun könnt ihr zur Musik Bachs eine Bewegungschoreographie erstellen, die deutlich werden lässt, wie Bach auch diesen Satz als Klangrede gestaltet.

1
 ◉ 1|33, 22

  a Hört euch an, wie Bach den Text im letzten Satz vertont hat, und vergleicht ihn mit dem ersten Satz.

  b Achtet in Melodie und Rhythmus auf hervortretende Figuren sowie auf Besonderheiten der Besetzung und der Klanglage und erprobt dazu passende Bewegungen im Raum.

2
 ◉ 1|33

Erstellt eine grafische Hörpartitur zum letzten Satz, die den musikalischen Verlauf nachzeichnet, und ordnet den benutzten Zeichen entsprechende Bewegungen zu. **PH|S. 19**

3

Entwickelt Bewegungsfolgen für die einzelnen Abschnitte des Satzes und verteilt diese auf die Gruppenmitglieder. Entscheidet dabei auch, ob alle eine gemeinsame Bewegung ausführen oder ob verschiedene Bestandteile der Musik auch durch unterschiedliche Figuren ausgedrückt werden sollen.

4

Probt die Bewegungsabläufe einzeln und im Zusammenhang und nutzt dabei den verfügbaren Raum aus.

5

Bereitet eine Aufführung vor und lasst euch dabei von den zusammengestellten Tipps anregen. Eure Präsentation könnt ihr außerdem durch kurze Moderationstexte ergänzen, die dem Publikum Informationen zu J. S. Bach, zum Magnificat und zur barocken Auffassung von Musik als Klangrede geben.

> Der Eindruck einer gemeinsamen Bewegungschoreographie lässt sich durch einfache Mittel verstärken:
> – Kleidet euch einheitlich, am besten in schwarz.
> – Nutzt weiße Masken, die sich leicht aus stärkerem Papier oder Pappe herstellen lassen, sowie nach Möglichkeit weiße Handschuhe.
> – Arm- oder Handbewegungen erscheinen mit Hilfe von leichten Tüchern größer.
> – Gestaltet den Raum so, dass das Publikum in einem Stuhlkreis um die Darstellergruppe herum sitzt.
> – Findet bei der Aufführung einen Fixpunkt, an dem ihr euren Blick ausrichten könnt.

In diesem Kapitel …
– untersucht ihr, welche Wirkungen
  unterschiedliche Klangfarben
  und Spielweisen hervorrufen,
– vergleicht ihr verschiedene
  melodisch-rhythmische
  Gestaltungsweisen,
– untersucht ihr, wie Musik Gedanken
  und Gefühle ausdrücken kann,
– übt ihr, über den Ausdruck von
  Musik zu sprechen.

geheimnisvoll   einsam

unbeschwert   monoton   verträumt

heiter   angespannt   traurig

wehmutsvoll   öde

düster   schaurig   hoffnungsvoll

trostlos   kalt   bewegt

mutig   angsteinflößend

nachdenklich   regungslos

angespannt

Ideen werden Musik
Musikalische Ausdrucksmittel erproben

1 Betrachtet das Foto und beschreibt, welche Gedanken und Gefühle es eurer Meinung nach zum Ausdruck bringt. Findet eine passende Überschrift.

2 **a** Überlegt gemeinsam, welchen Ausdruck Musik haben sollte, die zu diesem Bild erklingt. Dazu hilft euch der Wortvorrat auf der linken Seite.
b Erprobt musikalische Mittel, mit denen dieser Ausdruck umgesetzt werden kann.

3 Erörtert die Schwierigkeiten, die bei der Vertonung von bestimmten Gedanken und Gefühlen bestehen.

Rêverie: Träumen als Klang

Einen inneren Zustand musikalisch ausdrücken

„Rêverie" ist der Titel einer Komposition von Claude Debussy (1862–1918) und heißt auf Deutsch „Träumerei"; die Tempobezeichnung „sognando" (träumend) weist in die gleiche Richtung.

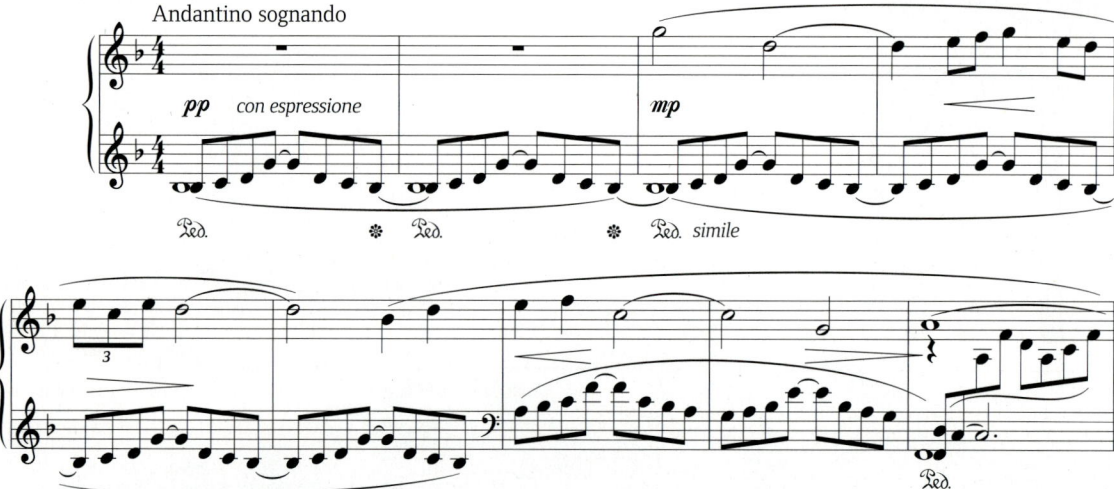

1 a Hört den Anfang der „Rêverie". Beschreibt den Ausdruck der Musik mit Adjektiven.

◉ 1|34 b Erläutert, mit welchen musikalischen Mitteln dieser Ausdruck erzeugt wird. Achtet auf die Melodieführung und ihre rhythmische Gestaltung, auf den Verlauf der Begleitstimme und die Dynamik in beiden Stimmen.

2 Die „Rêverie" wird auch in anderen Besetzungen aufgeführt. Hört zwei verschiedene Arrangements

◉ 1|35–36 des Stücks und vergleicht sie mit der Originalversion. Wie verändert sich der Ausdruck aufgrund der andersartigen Besetzung? **PH|**S. 22

3 a Erstellt eine eigene Version, indem ihr Melodie und Begleitstimmen auf eure Instrumente verteilt. Setzt dabei Tonhöhe, Dynamik, Tonerzeugung und Artikulation bewusst ein. **PH|**S. 22
  b Notiert eure Version mit Angaben zu Dynamik, Tonerzeugung und Artikulation.

Klangfarbe

Unter Klangfarbe (*französisch* timbre) versteht man die Eigenschaft des Klanges, die durch die Zusammensetzung der Obertonreihe erzeugt wird. Jedes Instrument und jede Stimme hat eine eigene charakteristische Klangfarbe. Diese kann durch die Tonhöhe (tiefe, mittlere, hohe Tonlage), die Dynamik, die Tonerzeugung (zupfen, streichen, schlagen …) sowie die Artikulation verändert werden, sodass Klänge als hell, dunkel, weich, hart, warm, scharf oder spitz wahrgenommen werden. Seit dem 19. Jahrhundert hat der gezielte Einsatz von Klangfarben an Bedeutung gewonnen.

In praise of dreams

Jan Garbarek (*1947) ist ein norwegischer Musiker, der nicht nur für sein virtuoses und klangvolles Saxophonspiel bekannt ist, sondern auch für seine außergewöhnlichen Ensemble-Besetzungen. Für sein Album „In praise of dreams" aus dem Jahr 2005 hat er mit Manu Katché (Drums, Percussion, Samples) und Kim Kashkashian (Viola) zusammengearbeitet.

4 Hört einen Ausschnitt aus „In praise of dreams" und beschreibt diesen mit
1|37 Hilfe von Adjektiven. Vergleicht eure Ergebnisse mit den Adjektiven, die ihr in Aufgabe 1 ausgewählt habt.

5 a Lest den unten abgedruckten Auszug aus einem Interview mit Jan Garbarek und fasst ihn mit eigenen Worten zusammen.
b Erläutert die Bedeutung der Instrumentenwahl für diese Komposition. Geht dabei auch auf andere musikalische Parameter ein, die den Ausdruck der Musik beeinflussen.

6 Vergleicht die beiden Stücke „Rêverie" und „In praise of dreams" und erläutert, wie der musikalische Ausdruck zu den gewählten Titeln passt.

7 Erstellt eine eigene Komposition mit dem Titel „Wenn ich träume". Nutzt dazu eigene Instrumente, Keyboard- oder Computerklänge.

Auf die Frage, ob die Stimmung eines Stückes die Wahl der Instrumente bestimmt oder ob umgekehrt die Instrumentenwahl vor der Komposition entschieden wird, antwortet Jan Gabarek in einem Interview:

Ein klares „sowohl als auch" – je nachdem! (lacht) Aber in erster Linie ist es das akustische Timbre, die Klangfarbe eines Stückes, die entscheidend ist – und welche weiteren Instrumente noch mit dabei sind. Ich habe beispielsweise ein paar Alben mit dem „Hilliard Ensemble" eingespielt, jener britischen Gesangsgruppe. Das sind drei Tenöre und ein Counter-Tenor. Würde
5 *ich dann das Tenor-Sax spielen, wird es in diesem Register einfach zu überladen. Daher verwende ich in dieser Konstellation zu 95 % das Soprano – es gibt mir sehr viel Freiheit, höher zu gehen, sozusagen über den Sängern meine Saxophonklänge schweben zu lassen. Das schafft letztendlich mehr Raum!*
Eine ganz andere Sache ist es, wenn ich mit dem tunesischen Oudspieler Anour Brahem auf-
10 *nehme. Die Oud ist tiefer als sonst gestimmt, aber ansonsten das gleiche Instrument: Es erzeugt keinen stehenden Klang, sondern kurze, gezupfte Einzeltöne. Hier finde ich, in diesen Kontext passt das Tenor viel besser. Es gibt dem Ganzen eine gewisse Transparenz.*
Auf mein neues Album bezogen: Die Bratsche hat einen enormen Tonumfang. Meiner Ansicht nach klingt auch in diesem Kontext das Tenor am besten. Manchmal aber geht es einem ja
15 *nicht um den Zusammenklang, sondern um den Gegensatz, den Kontrast. Dann wähle ich zur Bratsche das Sopransax.*

Der Klang des Sieges?

Musik als Ausdruck einer Haltung

Chariots of fire

Musik: Vangelis (*1943)

1 **a** Erstellt zu „Chariots of fire" ein Standbild, das die Haltung ausdrückt, die die Musik in euch
entstehen lässt. Der Wortvorrat auf ▶ Seite 40 hilft euch bei euren Überlegungen.

⊙ 1|38

b Stellt eure Ergebnisse einander vor. Tauscht euch über Gemeinsamkeiten und Unterschiede
eurer Standbilder aus und haltet die wichtigsten Merkmale fest.

c Formuliert gemeinsam ein Fazit zur Wirkung des Musikstücks auf die Haltung des Hörers.

Synthesizer

Ein Synthesizer erzeugt und *moduliert* (das heißt: formt oder wandelt) Töne auf elektronischem
Weg. Die ersten Synthesizer hatten die Größe eines Kleiderschranks. Als man in den 1970er Jahren
damit begann, auch kleinere Synthesizer herzustellen, wurden diese Instrumente sehr populär. Sie
bieten die Möglichkeit, Klangfarben in Musikstücken einzusetzen, die mit natürlichen Instrumenten
nicht erzeugt werden können. Das erweitert die musikalischen Ausdrucksmöglichkeiten. Mittlerweile
werden statt analoger Synthesizer häufig digitale Synthesizer eingesetzt. Diese bieten noch mehr
Möglichkeiten, Klänge zu formen und verändern. Viele Musiker wie Vangelis (geboren 1943)
schätzen jedoch auch heute noch analoge Synthesizer, bei denen man die Klänge mit „Fingerspit-
zengefühl" verändern kann. In gewisser Weise sind auch Keyboards Synthesizer. Allerdings sind hier
alle Klänge (Sounds) fest abgespeichert und nicht mehr vom Spieler zu modulieren.

Vangelis am Synthesizer

Minimoog – der erste leicht zu transportierende Synthesizer (ab 1970)

2 ⊚ 1|38

a Beschreibt mit Hilfe der Aufnahme und des Notentextes die musikalische Gestaltung der Melodie von „Chariots of fire". Formulierungshilfen findet ihr auf dieser Seite. Achtet auf
- wiederkehrende Motive im Tonhöhenverlauf der Melodie,
- Rhythmen, die die Melodie prägen,
- die Klangfarbe von Melodie und Begleitung. **PH**|S. 23

b Erläutert auf der Grundlage eurer Beschreibung den Zusammenhang zwischen musikalischer Gestaltung und Wirkung auf den Hörer.

3 Spielt die Melodie „Chariots of fire". Experimentiert dabei mit unterschiedlichen Instrumenten oder Keyboardsounds sowie mit verschiedenartigen Spielweisen (▶ S. 47). Wie lässt sich dadurch die Wirkung der Musik verändern? **PH**|S. 23

4 Bei den Olympischen Spielen 2012 wurde „Chariots of fire" bei jeder Siegerehrung gespielt. Diskutiert, welche musikalischen Gründe für den Einsatz dieses Stückes sprechen.

Formulierungshilfen für die Beschreibung von Melodien

Musikalische Wirkung, zum Beispiel: einförmig, einprägsam, markant, regelmäßig, steigernd, unruhig, wechselhaft

Musikalische Mittel, zum Beispiel: **Rhythmus:** Achtelrhythmus, Triolen, abwechselnd Halbe und Viertel
Melodie: aufwärts/abwärts, wellenförmig, hohe/mittlere/ tiefe Klanglage, Tonschritte/-sprünge
Artikulation: staccato/legato/portato
Dynamik: piano, mezzoforte, fortissimo, dynamische Entwicklung im Crescendo/Decrescendo
Tempo: langsam/schnell, ritardando/accelerando (verlangsamend/beschleunigend)

Mögliche Beschreibung: Die Melodie beginnt auf dem Ton g mit einem markanten Rhythmus, der in einer Achteltriole schrittweise aufwärts verläuft und mit einem Tonsprung nach unten abschließt. Dies wird legato und in langsamem Tempo gespielt …

Sehnsüchtiges Warten

Die musikalische Gestaltung eines Gefühls

Dies ist ein Plakat zur Oper „Madama Butterfly"
des italienischen Komponisten Giacomo Puccini
(1858–1924). Die Oper wurde 1904 uraufgeführt.
Darin verliebt sich der in Japan stationierte amerikanische Offizier Pinkerton in die Geisha Cho-Cho-San,
die er Butterfly (Schmetterling) nennt. Nach Landes-
sitte will er sie für 999 Jahre heiraten. Allerdings
nimmt er diese Hochzeit nicht ernst. Das traditionelle
religiöse Hochzeitsritual ist für ihn nur der äußer-
liche, reizvolle Rahmen. Er hat nicht die Absicht,
Cho-Cho-San nach Ablauf seiner Dienstzeit in die
USA mitzunehmen. Für sie hingegen ist die Ehe
unauflöslich, sie nimmt aus Liebe sogar die Religion
ihres Mannes an und wird deshalb von ihrer Familie
verstoßen. Nachdem Pinkerton zurück in die USA
gegangen ist, bekommt sie ein Kind von ihm. Die
nächsten drei Jahre wartet sie sehnsüchtig auf seine
Rückkehr. Eines Tages wird ihr mitgeteilt, dass
Pinkertons Schiff am nächsten Morgen in den Hafen
einlaufen wird…

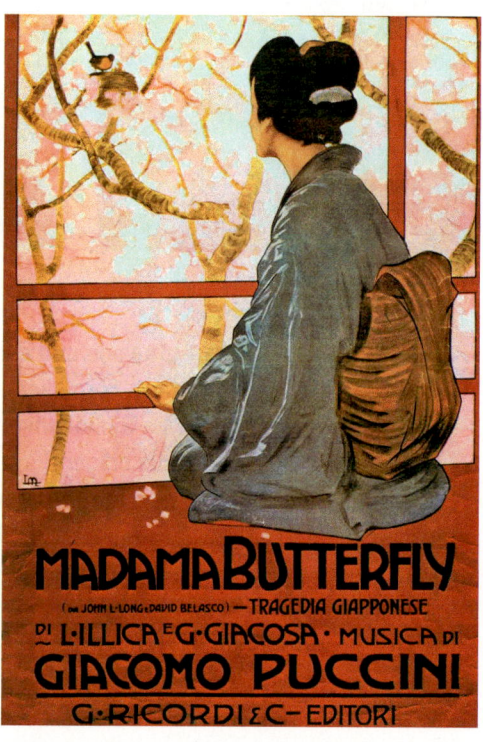

1
a Singt gemeinsam die Chorstimme des Spielsatzes (▶ S. 48/49). „Choro a bocca chiusa"
ist italienisch und bedeutet: „Chor mit geschlossenem Mund". Zum Einstudieren solltet ihr
die Melodie aber auf einem Vokal oder einer Gesangssilbe singen, um euch besser hören
zu können.
b Tauscht euch mit Hilfe des Wortvorrats auf ▶ Seite 40 über die Wirkung der Chorstimme aus.
Bezieht euch dabei auf konkrete musikalische Ereignisse.

2 Studiert den Spielsatz „Choro a bocca chiusa" ein und führt ihn gemeinsam auf. Lasst euch von
den „Tipps" leiten.

3 Wertet euer Musizieren aus:
a Überprüft, wie die Verteilung der Instrumente sowie eure Spielweise die Wirkung
der Gesangsstimme unterstützt.
b Tauscht euch aus, was gut gelungen ist und
was noch verbessert werden soll.
c Wiederholt eure Aufführung.

> Tipps zur Einstudierung eines Spielsatzes:
> – Sprecht die Rhythmen der einzelnen Stimmen.
>   Achtet darauf, welche Stimmen gleiche oder
>   ähnliche Rhythmen haben;
> – übt die sich wiederholenden Rhythmen und
>   beachtet Abweichungen;
> – prüft, mit welchen Instrumenten die Begleit-
>   stimmen gut zu spielen sind;
> – übt die Stimmen abschnittsweise.

4 Hört euch die Opernaufnahme des „Choro a bocca
⊚ 1|39   chiusa" an:

  a Beschreibt den Klang der Aufnahme.
  Achtet dabei besonders auf die verwendeten
  Instrumente und deren Spielweise.

  b Erläutert das Verhältnis von Gesangsstimme
  und Begleitstimmen.

  c Vergleicht die Opernaufnahme mit eurer
  eigenen Aufführung.

5 **a** Recherchiert die vollständige Handlung der
  Oper und erläutert den Zusammenhang,
  in dem dieses Musikstück in der Oper erklingt.

  b Überprüft eure Version des „Choro a bocca
  chiusa" anhand eurer neuen Kenntnisse über

Giacomo Puccini, 1919

die Opernhandlung. Einigt euch auf konkrete musikalische Änderungen an eurer Umsetzung,
wenn euch diese nun notwendig erscheinen. Achtet darauf, nicht die Orchesteraufnahme
zu imitieren, sondern eure eigenen Ideen umzusetzen.

6 **a** Studiert zur Musik eine Spielszene ein, in der ihr pantomimisch darstellt, welche Gefühle in
  Cho-Cho-San vorgehen.

  b Führt die Spielszene zum Spielsatz auf und wertet eure Umsetzung anschließend
  gemeinsam aus.

Artikulation (Spielweise) und Spielanweisungen

Oftmals geben Komponisten Anweisungen zur Artikulation (Spielweise) der Melodien vor.
Die wichtigsten Spielweisen sind:

- **staccato:** sehr kurz und abgesetzt singen oder spielen
→ durch Punkte über oder unter den Noten gekennzeichnet

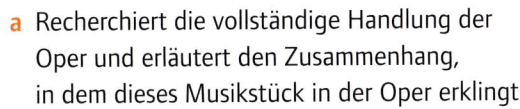

- **portato:** den Ton halten, aber vor dem nächsten Ton absetzen
→ durch waagerechte Striche über oder unter den Noten
gekennzeichnet

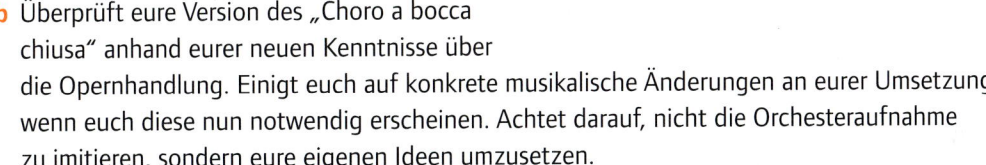

- **legato:** gebunden spielen
→ durch Bögen über oder unter den Noten gekennzeichnet

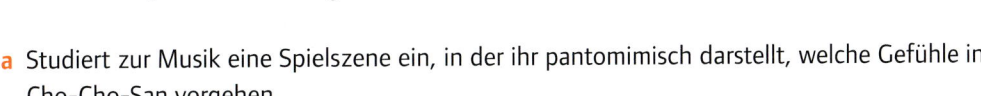

Spielanweisungen

Darüber hinaus können Anweisungen für spezielle Spieltechniken gegeben werden. In Puccinis
Komposition erhalten die Violinen die Spielanweisung *pizzicato*. Das bedeutet, dass die Saiten der
Violine nicht gestrichen, sondern gezupft werden. So entsteht beim Staccato-Spiel ein anderer
Klangeindruck, als wenn die Saite mit dem Bogen gestrichen würde.

Sehnsüchtiges Warten

Einen Spielsatz einstudieren

Choro a bocca chiusa – Spielsatz

Musik: Giacomo Puccini, Satz: Rasmus Frederich

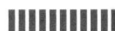

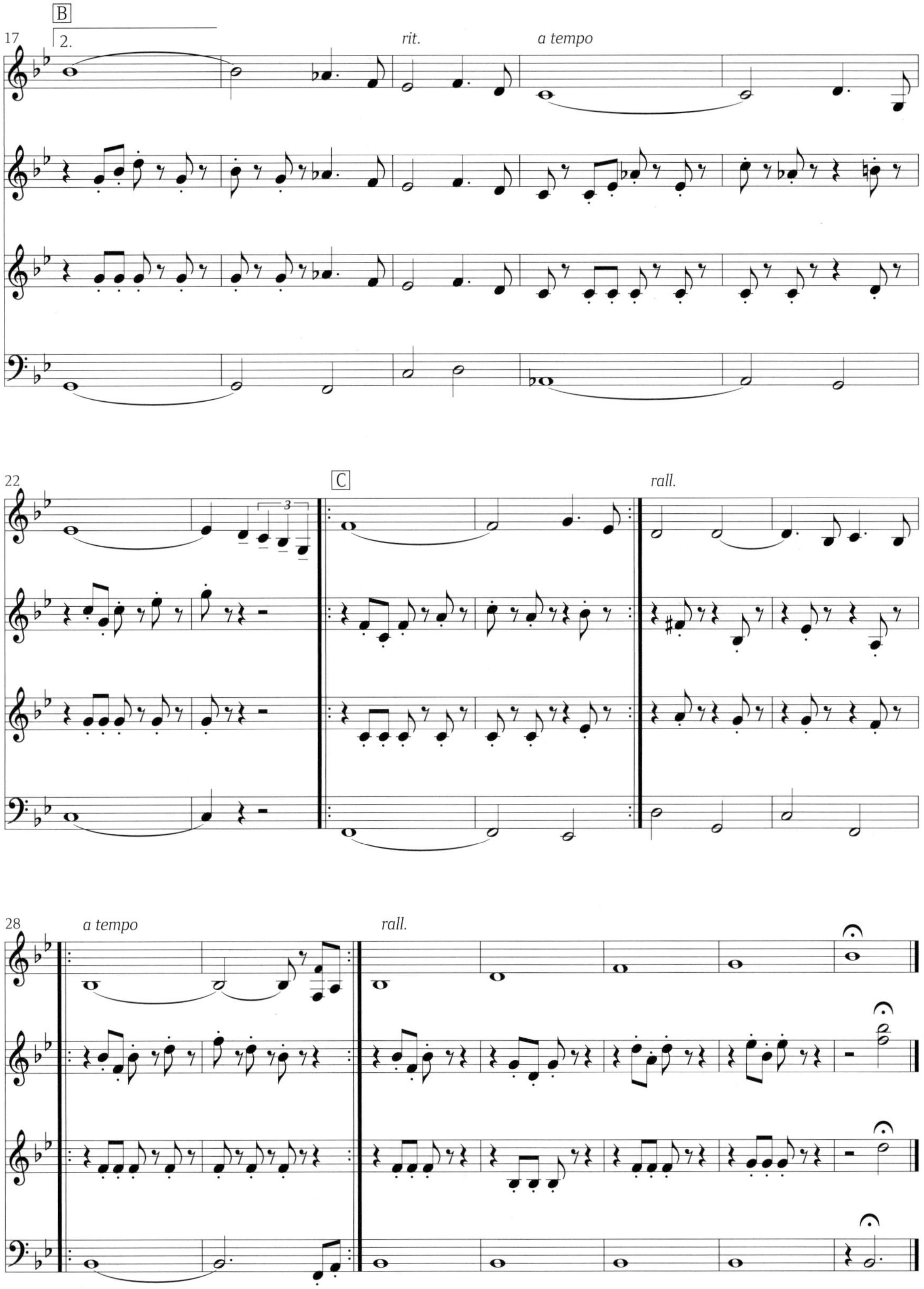
B
17
2.
rit.
a tempo
22
3
C
rall.
28
a tempo
rall.

Atmosphères: Ungewissheit liegt in der Luft

Mit Klangflächen eine Stimmung erzeugen

Der Komponist György Ligeti (1923–2006) entwickelte Ende der 1950er Jahre eine eigene Musiksprache: In seinen Kompositionen richtete er sich nicht nach vorgegebenen Strukturen oder harmonischen Regeln. Sein Ziel war es vielmehr, eine „unmittelbare Klanglichkeit" zu erzeugen. Sein Werk „Atmosphères für großes Orchester ohne Schlagzeug" wurde 1961 uraufgeführt und besonders als Filmmusik in Stanley Kubricks Film „2001 – Odyssee im Weltraum" populär. Ligeti selbst beschreibt sein Stück als „etwas Atmosphärisches, also Schwebendes, nicht Festgesetztes, fast Konturloses, ineinander Übergehendes".

Takt 1–3, Violine 2

[„Atmosphères], das ist eine Musik, die den Eindruck erweckt, als ob sie kontinuierlich dahinströmen würde, als ob sie keinen Anfang hätte, auch kein Ende; was wir hören, ist eigentlich ein Ausschnitt von etwas, das schon immer angefangen hat und noch immer weiterklingen wird."
(G. Ligeti, 1968)

Cluster

Der Begriff Cluster stammt aus dem Englischen und bedeutet ursprünglich ‚Traube', ‚Schwarm' oder ‚Haufen'. In der Musik versteht man darunter einen Zusammenklang von mehreren Tönen, die so übereinander geschichtet werden, dass eine „Tontraube" entsteht: Die Stimmen verschmelzen zu einer Klangfläche. Die Wirkung eines Clusters ist abhängig von der Länge, der Besetzung, dem Tonumfang sowie der Lautstärke der verwendeten Töne. Folgende Clustertypen lassen sich unterscheiden:

a **statischer, stehender Cluster:**
Alle einzelnen Stimmen halten einen Ton.

b **stehender Cluster mit innerer Bewegung:** Die Töne des Clusters  sind konstant, die Einzelstimmen bewegen sich darin jedoch.

c **bewegter Cluster:** Die Töne oder die Struktur des gesamten Clusters verändern sich allmählich.

Takt 23–25, Violine 1

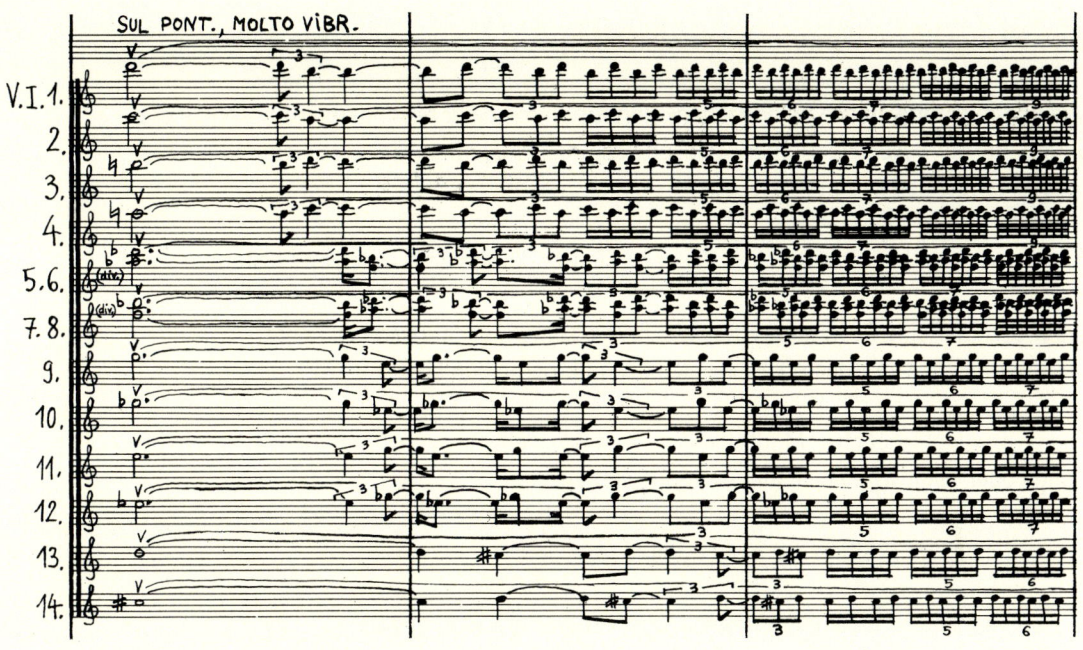

„Typisch für alle diese Stücke ist: Es gibt kaum Zäsuren, die Musik fließt also wirklich weiter. Das formale Charakteristikum dieser Musik ist die Statik. Die Musik scheint zu stehen, aber das ist nur ein Schein; innerhalb dieses Stehens, dieser Statik, gibt es allmähliche Veränderungen; ich würde hier an eine Wasseroberfläche denken, auf der ein Bild reflektiert wird; nun trübt sich allmählich diese Wasseroberfläche, und das Bild verschwindet, aber sehr, sehr allmählich. Dann glättet sich das Wasser wieder, und wir sehen ein anderes Bild." (G. Ligeti, 1968)

1   **a** Beschreibt den Klang der „Atmosphères", wie ihr ihn euch beim Betrachten der Partiturausschnitte vorstellt.

⦿ 1|40   **b** Hört den Anfang der Komposition und beschreibt euren Höreindruck. Stimmt er mit euren Vorstellungen überein oder gab es Überraschungen?

2   Beschreibt die Clusterbildung in den Notenausschnitten. Nutzt dafür auch den blauen Kasten.

3   **a** Erklärt die Zitate von Ligeti in eigenen Worten.

  b Erläutert mit Hilfe der Zitate und eurer Ergebnisse aus Aufgabe 2, mit welchen musikalischen Mitteln Ligeti das „Atmosphärische" in seinem Musikstück erzeugt.

4   **a** Hört erneut den Anfang der „Atmosphères" und stellt den musikalischen Verlauf

⦿ 1|40   grafisch dar. Beachtet dabei den Clustertyp, die Intensität, die Tonhöhe und die Länge der verwendeten Cluster. **PH|**S. 24

  b Vergleicht unterschiedliche Darstellungsweisen und diskutiert ihre Vor- und Nachteile.

Unterrichtsprojekt

Eine Klangflächenkomposition gestalten

Nun könnt ihr eine eigene Klangflächenkomposition mit einer besonderen Atmosphäre entwerfen. Bei der Beschreibung der Atmosphäre könnt ihr die Begriffe auf ► Seite 40 nutzen. Geht folgendermaßen vor:

1 Erprobt an euren Instrumenten verschiedene Klangwirkungen mit Hilfe von Clustern.

2 Einigt euch auf eine Gestaltungsidee, die ihr mit Klangflächen darstellen könnt.
Wählt dazu eine Atmosphäre aus, die sich genau beschreiben lässt.

3 Überprüft eure klanglichen Möglichkeiten, zum Beispiel welche Instrumente,
Klänge oder Geräusche euch zur Verfügung stehen.

4 Entwerft eine Komposition zur ausgewählten Atmosphäre.

5 Führt eure Klangflächenkomposition auf und vergleicht eure Ergebnisse.
Achtet dabei auf die Stimmigkeit von Klang und Atmosphäre sowie auf die Besonderheiten
der verwendeten Cluster.

Mögliche Tonreihen zum Aufbau eines Clusters

Nicht nur der Clustertyp hat Auswirkungen auf den Klang einer Klangfläche, sondern auch der Aufbau des Clusters. Hier seht ihr einige Tonreihen, die zum Aufbau eines Clusters verwendet werden können:

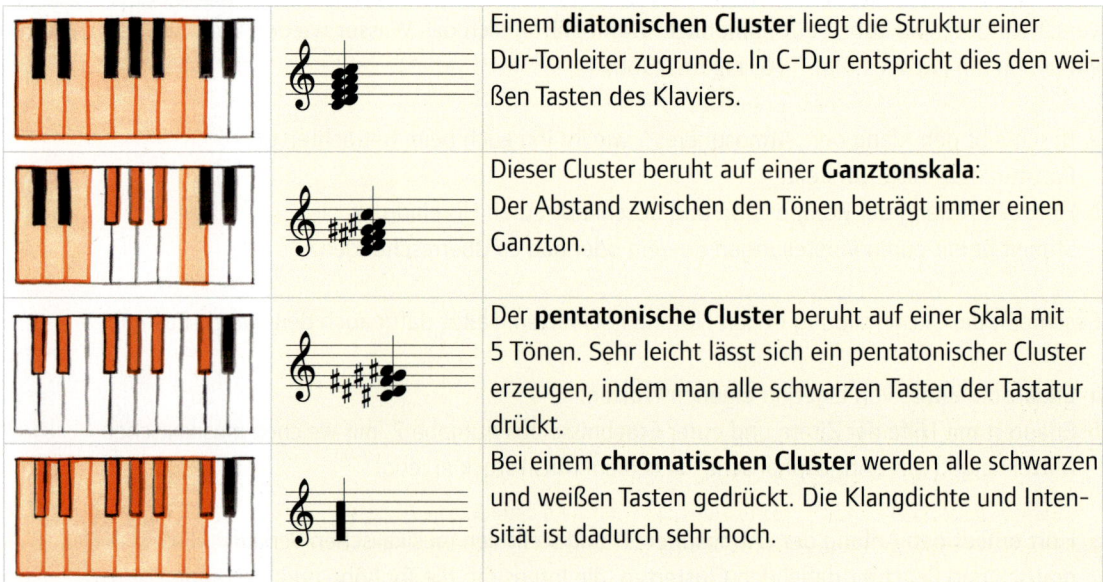

		Einem **diatonischen Cluster** liegt die Struktur einer Dur-Tonleiter zugrunde. In C-Dur entspricht dies den weißen Tasten des Klaviers.
		Dieser Cluster beruht auf einer **Ganztonskala**: Der Abstand zwischen den Tönen beträgt immer einen Ganzton.
		Der **pentatonische Cluster** beruht auf einer Skala mit 5 Tönen. Sehr leicht lässt sich ein pentatonischer Cluster erzeugen, indem man alle schwarzen Tasten der Tastatur drückt.
		Bei einem **chromatischen Cluster** werden alle schwarzen und weißen Tasten gedrückt. Die Klangdichte und Intensität ist dadurch sehr hoch.

Tipps zu Aufgabe 1

Experimentiert mit unterschiedlichen Klangwirkungen, zum Beispiel so:
- Verändert den Aufbau des Clusters.
- Setzt unterschiedliche Clustertypen ein.
- Wechselt die Tonhöhe beziehungsweise die Klanglage.
- Verändert die Lautstärke.
- Setzt verschiedene Instrumente oder Keyboardsounds ein.

Tipps zu Aufgabe 3

Mögliche Fragen, die ihr euch stellen könnt, sind zum Beispiel:
- Wie viele Spieler sind beteiligt?
- Soll die ganze Klasse an einer Komposition arbeiten oder soll in mehreren Gruppen gearbeitet werden?
- Wie viel Zeit steht für die einzelnen Schritte zur Verfügung?
- Wie viel Zeit habt ihr für die gesamte Ausarbeitung?

Tipps zu Aufgabe 4

Mögliche Fragen zur musikalischen Gestaltung sind zum Beispiel:
- Welche Clusterarten wollt ihr einsetzen?
- Wie sollen Wechsel bei verschiedenen Clusterarten gestaltet werden?
- Welche Instrumente und Spieltechniken stehen euch zur Verfügung?
- In welcher Tonhöhe und Lage soll gespielt werden?
- Welche Lautstärke ist für die Grundstimmung der Komposition geeignet?
- Soll es dynamische Wechsel geben?
- Wie haltet ihr den Ablauf eurer Komposition fest?

Clusternotation

Neben der traditionellen Notationsform hat sich für Cluster auch die nebenstehende Schreibweise durchgesetzt, die vor allem für das Spiel auf Tasteninstrumenten übersichtlicher ist: Die Balken zeigen den Tonumfang an. Die Vorsetzungs- und Auflösungszeichen beschreiben den inneren Aufbau des Clusters. Sie geben dem Spieler an, ob alle, nur die weißen oder nur die schwarzen Tasten benutzt werden sollen.

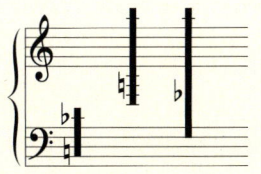

Oben: Paavo Järvi und Hilary Hahn, London, 2010
Unten: Emerson String Quartet, Köln, 2007
Rechts: B.B. King, Mailand, 2012

In diesem Kapitel ...
– erkundet ihr einzelne Instrumente und Instrumentengruppen im Zusammenspiel,
– analysiert ihr den Zusammenklang von Instrumenten in unterschiedlichen Musikstücken,
– erforscht ihr, wie Instrumentalmusik so komponiert wird, dass die Zuhörer ihr gut folgen können.

Wetteifern und zusammenspielen
Das gemeinsame Musizieren erkunden

1 **a** Ordnet die Hörbeispiele den drei Fotos zu und begründet eure Entscheidung.

◉ 2|1–3 **b** Erstellt Standbilder, die das Zusammenspiel der Musiker darstellen.

c Präsentiert eure Standbilder: Haltet Übereinstimmungen und Unterschiede fest.

2 **a** Recherchiert im Internet nach Konzertaufführungen von Instrumentalmusik. Beobachtet das Verhältnis der einzelnen Instrumente und Instrumentengruppen zueinander.

b Erstellt eine Übersicht, welche unterschiedlichen Aufgaben die Musiker beim gemeinsamen Musizieren auf der Bühne haben, und vergleicht sie mit der Rolle eines Solisten oder einer Solistin. Nutzt dafür die Ergebnisse eurer Recherche und eurer Standbilder.

Ein musikalischer Wettkampf

Eine Komposition für zwei Instrumente untersuchen und erproben

Mike Mushok der Band Staind, Reading, 2003

Allison Brown, San Francisco, 2007

Das Musikstück „Dueling Banjos" wurde 1955 von Arthur Smith geschrieben. Dabei griff er auch auf Melodieteile des amerikanischen Folksongs „Yankee Doodle" zurück. 1972 wurde im Film „Deliverance" eine Aufnahme von Eric Weissberg (Banjo) und Steve Mandell (Gitarre) verwendet – dort kommt es zu einem musikalischen Kräftemessen zwischen einem Banjospieler und einem Gitarristen.

1 Studiert „Dueling Banjos" in verteilten Rollen auf euren Instrumenten ein. Ihr könnt dabei von der gestrichelten Linie aus in Takt 15 beginnen oder auch nur einen bestimmten Abschnitt auswählen. Besprecht zuerst mit Hilfe der Noten, wie ihr beim Einstudieren vorgehen wollt.

2 a Führt eure Versionen von „Dueling Banjos" einander vor.
  b Wertet eure musikalische Umsetzung aus. Beachtet dabei euer Vorgehen beim Einstudieren sowie das Verhältnis der beiden Stimmen zueinander beim Spielen.

3 Hört euch Weissbergs und Mandells Interpretation von „Dueling Banjos" an. Beschreibt den
◎ 2|4 weiteren Verlauf des Musikstücks und setzt ihn in Bezug zu euren Ergebnissen aus Aufgabe 2.

4 Ändert beim Spielen die Melodie ab Takt 15/16 ein wenig ab und fordert euren Mitspieler auf, diese Veränderung zu imitieren. Tauscht dann die Rollen und versucht, immer komplizier- tere Abänderungen zu erfinden.

Fermate

Die Fermate (*italienisch* fermare: anhalten) zeigt an, dass der Musiker eine Note oder auch eine Pause so lange halten darf, wie es ihm sinnvoll erscheint. Bei einem Orchester zeigt der Dirigent an, wie lang eine Fermate gehalten werden soll. Beim Musizieren ohne Dirigenten muss man bei Fermaten sehr genau aufeinander hören, um beim gemeinsamen Spiel zusammenzubleiben.

Dueling Banjos

Musik: Arthur Smith (*1921)

Zwei gegen alle?

Ein barockes Concerto untersuchen und einordnen

Barocktrompete (links); moderne Ventiltrompete

Der italienische Komponist Antonio Vivaldi (1678–1741) komponierte viele Konzerte, zum Beispiel die Violinkonzerte mit dem Titel „Die vier Jahreszeiten". Sein Konzert für zwei Trompeten ist eines der bekanntesten Werke für Barocktrompete. Auf einer Barocktrompete können nur die Töne der Naturtonreihe erklingen. Daher ist es erst in höheren Lagen möglich, Tonschritte zu spielen. Das lässt sich auch bei den Trompetenstimmen in Vivaldis Konzert sehen. Die leichter spielbare Ventiltrompete wurde erst im 19. Jahrhundert erfunden.

1
◎ 2|5
a Hört den Beginn des Trompetenkonzerts und ordnet die Beschreibungen A–E (rechts) den Markierungen im Notentext der Trompetenstimmen zu.
b Wertet eure Zuordnung aus und begründet sie anhand des Verhältnisses der Instrumente zueinander. Nutzt dafür auch die Informationen im blauen Kasten.

2
Untersucht anhand der Noten das Verhältnis der beiden Trompetenstimmen zueinander. Dabei helfen euch die Informationen im blauen Kasten. **PH|**S. 26

3
◎ 2|5
Hört den gesamten ersten Satz des Trompetenkonzerts und achtet darauf, wie das Verhältnis von Trompeten und Streichorchester im weiteren Verlauf gestaltet ist.

Das Konzert und das konzertierende Prinzip

Der Begriff **Konzert** stammt aus dem Italienischen und lässt sich von den beiden lateinischen Wörtern „concertare" (wetteifern, wettstreiten) und „conserere" (zusammenreihen, zusammenwirken) ableiten. Das **konzertierende Prinzip** meint also das oftmals wetteifernde Zusammenwirken unterschiedlicher Stimmen oder Stimmgruppen. Inzwischen wird der Begriff vor allem für Instrumentalmusik genutzt, in der das solistische Spiel (*italienisch* solo: allein) dem vollen Orchesterklang (*italienisch* tutti: alle) gegenübersteht. Je nach Besetzung unterscheiden wir das **Solokonzert** (einzelner Solist), das **Doppelkonzert** (zwei Solisten) sowie das **Concerto Grosso** (eine Gruppe von Solisten). Im Aufbau der Komposition kann das Verhältnis von Solo und Tutti sehr unterschiedlich gestaltet werden. So kann das Soloinstrument sehr in den Vordergrund rücken oder mit den Orchesterstimmen kunstvoll verwoben sein.

Concerto in C für zwei Trompeten und Streicher – Trompetenstimmen

I. Allegro

Antonio Vivaldi (1678–1741)

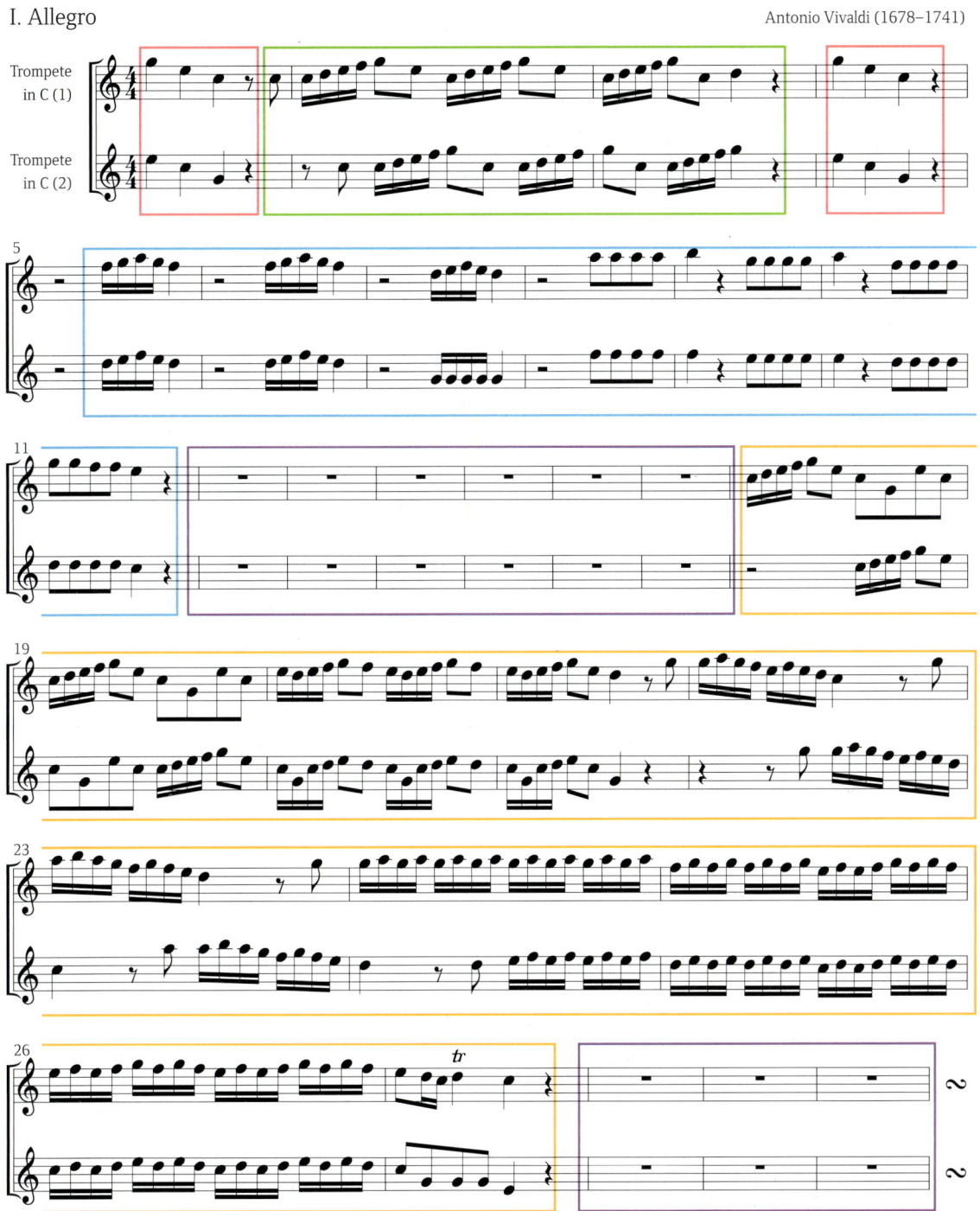

Beschreibungen für die farbig markierten Stellen (unsortiert):

A Tutti und Solisten spielen rhythmisch unisono (einstimmig) die Melodie; **B** Die Solisten spielen die Melodie, das Orchester begleitet zurückhaltend; **C** Das Tutti spielt die Melodie, die Trompeten haben Pause; **D** Die Tutti-Streicher und Solo-Trompeten spielen wechselweise die Melodie; **E** Die Solo-Trompeten wetteifern im Melodiespiel miteinander, jede wird dabei von einer Streichergruppe unterstützt.

Viele Solisten und alle gut in Form!

Form und Gestaltung von Blues-Soli untersuchen und gestalten

Henry „Red" Allen

Coleman Hawkins (Saxophon, Mitte) und Buster Bailey (Klarinette)

Henry „Red" Allen (1907–1967) war ein amerikanischer Jazz-Trompeter und Bandleader und entstammte einer Familie mit vielen Musikern. Er spielte die Trompete mit einem so charakteristischen Sound, dass ihn seine Plattenfirma Ende der 1920er Jahre als Antwort auf den sehr populären Louis Armstrong aufbauen wollte. Tatsächlich spielte Allen im Laufe seiner Karriere auch gemeinsam mit Armstrong in Jazz-Bands. Die Aufnahme von „Let me miss you, baby" entstand im Jahr 1957 im Rahmen einer Jazz-Session in New York. Henry „Red" Allen singt und spielt Trompete. Die weiteren Soli werden von Coleman Hawkins (Tenorsaxophon), J.C. Higginbotham (Posaune) und Buster Bailey (Klarinette) gespielt. Sie alle waren zu der Zeit wegen ihrer Improvisationskünste gefragte Musiker in der Jazzszene.

1 Hört Henry „Red" Allens Blues „Let me miss you, baby".

◉ 2|6 **a** Nennt beim erneuten Hören den Abschnitt des Soloteils, der euch am besten gefallen hat. Erklärt auch, warum euch dieser Abschnitt gefallen hat.

b Untersucht beim Hören mit Hilfe des Akkordschemas, welches Instrument wie viele Takte des Soloteils zum Improvisieren nutzt. **PH|S. 27**

2 Untersucht die Soli der einzelnen Instrumente genauer.

◉ 2|6 Teilt euch dazu die Arbeit auf. **PH|S. 27**

a Hört das ausgesuchte Solo aufmerksam an und arbeitet zwei Gestaltungsmittel heraus, die der Solist beim Improvisieren nutzt.

b Präsentiert euch gegenseitig eure Ergebnisse und haltet die Gestaltungsmittel fest.

> Achtet beim Untersuchen eines Solos zum Beispiel auf:
> – die Bedeutung der ersten Töne des Solos für den weiteren Verlauf,
> – Wiederholungen von Tönen oder Abschnitten,
> – die Länge der einzelnen Melodiephrasen (Umfang in Takten),
> – die spieltechnischen Besonderheiten.

Akkordschema des Soloteils

(Originaltonart: As)

G^7	C^7	G^7	G^7	
C^7	C^7	G^7	G^7	
D^7	C^7	G^7	D^7	

Blues-Tonleiter in G

(▶ Kapitel 6.1, S. 166/167)

Akkorde zur Begleitung des Soloteils

als Vierklänge notiert

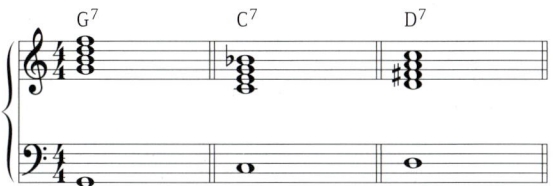

vereinfacht notiert

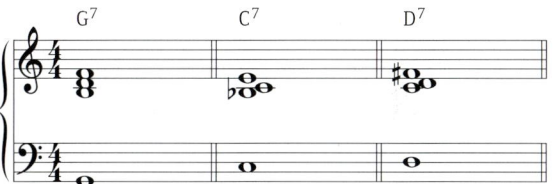

Vorschlag für mögliche Begleitrhythmen

Vorschlag A

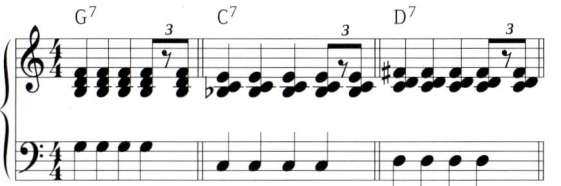

Vorschlag B

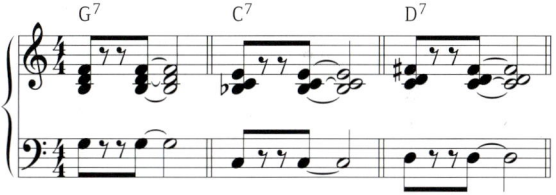

3 **a** Studiert das Akkordschema ein und musiziert es gemeinsam. Spielt als Begleitrhythmus zunächst durchgehend Viertelnoten. Wenn das gut funktioniert, probiert auch andere Rhythmen aus.

b Erfindet mit Hilfe der abgedruckten Blues-Tonleiter melodische Bausteine und rhythmisiert sie. Ihr müsst nicht alle Töne verwenden! **PH|**S. 27

c Kombiniert die erfundenen Bausteine zu einer Improvisation, die zwölf Takte lang ist, und führt sie zur Akkordbegleitung auf. Denkt beim Improvisieren an die Gestaltungsmittel, die ihr in Aufgabe 2 herausgearbeitet habt.

4 Erläutert unterschiedliche Möglichkeiten, das Verhältnis von Solostimmen zum Gesamtklang zu gestalten, indem ihr den Blues von Henry „Red" Allen mit dem euch bekannten Satz aus Antonio Vivaldis Trompetenkonzert vergleicht.

Der Virtuose

Die Rolle des Solisten in einem Violinkonzert untersuchen und einordnen

Niccolò Paganini (1782–1840) ist ein bis heute bekannter Geigenvirtuose und Komponist. Er wurde in Genua geboren. Zu Beginn seiner Karriere reiste er viele Jahre als Musiker durch Italien. Ende der 1820er Jahre spielte er Konzerte in ganz Europa, für die die Zuhörer zum Teil viel Geld bezahlten. Seine Auftritte galten weithin als besondere Ereignisse.

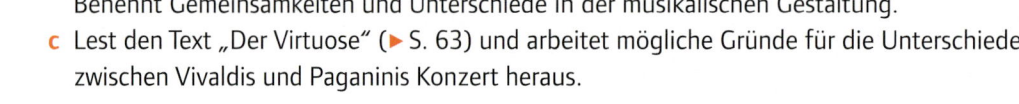

Georg Friedrich Kersting (1785-1847): Niccolò Paganini, 1830/31

1   **a** Betrachtet das abgedruckte Gemälde und beschreibt, wie Niccolò Paganini von dem Maler Georg Friedrich Kersting dargestellt wird.

   b Deutet das Gemälde. Wie wird der Musiker vom Maler in Szene gesetzt? Welchen Eindruck soll der Betrachter von ihm gewinnen?

2   **a** Hört euch einen Ausschnitt aus dem 1. Violinkonzert von Niccolò Paganini an. Beschreibt die Stimme der Solo-Geige und erklärt, welche Aufgabe dem Orchester zukommt.
⊚ 2|7

⊚ 2|5   **b** Vergleicht diesen Ausschnitt mit dem ersten Satz aus Vivaldis Trompetenkonzert (▶ S. 59). Benennt Gemeinsamkeiten und Unterschiede in der musikalischen Gestaltung.

   c Lest den Text „Der Virtuose" (▶ S. 63) und arbeitet mögliche Gründe für die Unterschiede zwischen Vivaldis und Paganinis Konzert heraus.

3   **a** Informiert euch im nebenstehenden Text und im Internet über Paganinis Geigenspiel.

   b Betrachtet die zeitgenössische Karikatur von J. P. Lyser und stellt Zusammenhänge zu den Informationen in den beiden Texten her. Wie bewertet ihr Paganinis Können und seine Inszenierung als Virtuose?

   c Überlegt, welche heutigen Musiker ihr als Virtuosen bezeichnen würdet. Sammelt Informationen über ihren Werdegang und recherchiert im Internet nach Live-Auftritten.

   d Vergleicht eure Eindrücke und erläutert, welche Gemeinsamkeiten und Unterschiede zur Person und zum Auftreten Paganinis ihr erkennt.

4   Hört die Soli in Henry „Red" Allens Blues (▶ S. 60) und diskutiert, ob ihr die
⊚ 2|6   Solisten als Virtuosen bezeichnen würdet. Was spricht eurer Meinung nach dafür, was dagegen?

Der Virtuose

Heutzutage stehen bei Konzertkritiken meistens die Solisten im Mittelpunkt des Interesses. Über die Kompositionen wird oftmals nur wenig mitgeteilt. Das Konzert ist in den Augen des Publikums dann gut gelungen, wenn der Solist eine technisch und musikalisch gelungene Vorstellung bietet. Das gilt für Konzerte im klassischen Bereich ebenso wie in der Pop-
5 musik. Diese Konzentration auf den Star des Abends hat seinen Ursprung im 19. Jahrhundert. Das vom Bürgertum getragene Musikleben entwickelte sich rasch; es entstanden immer größere Konzertsäle. Hinzu kommt, dass man der Musik der Virtuosen geradezu übersinnliche Fähigkeiten zuschrieb. Das begünstigte geheimnisvolle Inszenierungen wie die von Paganini. Das Virtuosentum war von Beginn an umstritten. So sprach der Kompo-
10 nist Robert Schumann (1810–1856) verächtlich von „Virtuosengeklimper". Andererseits wurde anerkannt, dass die technischen Fähigkeiten der Virtuosen auf ihrem Instrument den Komponisten neue Ausdrucksmöglichkeiten für ihre Werke eröffneten. Der spanische Geiger Pablo de Sarasate (1844–1908) sah das aber wohl anders. Angeblich weigerte er sich, das Violinkonzert von Johannes Brahms (1833–1897) zu spielen, weil vor seinem
15 Einsatz ein zu langes Solo der Oboe seinem eigenen Auftritt den Glanz nehmen würde.

Paganinis Geigentechnik – Können oder Show?

Es gibt viele Berichte von Zeitgenossen Paganinis, die die Schwierigkeiten und die Geschwindigkeit der von ihm gespielten Musikstücke hervorheben. Außerdem waren die Zuschauer verzaubert von den ungewöhnlichen Spieltechniken, die er perfekt beherrschte. Hinzu kam, dass er sogar dann ungestört weiterspielte, wenn Saiten der Geige beim
5 Musizieren rissen. Wie machte er das nur?
Zum einen weitete er bekannte Geigentechniken aus. Zum Beispiel verwendete er viele Doppelgriffe. Mit der linken Hand konnte er die Saiten zupfen, während er mit der rechten Hand den Bogen benutzte. So begleitete er sein eigenes Melodiespiel mit gezupften Tönen, was für Überraschung sorgte. Ein optisch ungewöhnlicher Effekt entstand dadurch, dass er
10 den Bogen ganz anders bewegte als andere Geiger zu der Zeit.
Zum anderen inszenierte er seine Auftritte sehr bewusst. Ziemlich sicher ist beispielsweise, dass er gezielt übte, um ganze Musikstücke nur auf der G-Saite der Geige zu spielen. Nicht beweisen lässt sich allerdings, ob er tatsächlich vor Konzerten die anderen Saiten lockerte,
15 damit diese dann auf der Bühne rissen, sodass er zeigen konnte, wie er tatsächlich alles auf einer Saite spielte. Paganini war ein Meister der Inszenierung. Dazu gehörten nicht nur seine dunkle Kleidung und sein düsteres Auftreten.
20 Das 1. Violinkonzert zum Beispiel steht in der Tonart Es-Dur, die auf der Geige schwierig zu spielen ist. Während sich das Orchester mit dieser Tonart abmühte, stimmte er seine Geige einfach einen Halbton höher, sodass er die
25 Griffe der wesentlich leichteren Tonart D-Dur nutzen konnte.

Johann Peter Lyser (1804 - 1870): Paganini, der Hexenmeister

Eine Melodie in zwei Gestalten

Solo und Tutti als Melodieträger erkunden

Pjotr Iljitsch Tschaikowski

Klarinettistin im Orchester

Geigentutti im Orchester

Pjotr Iljitsch Tschaikowski (1840–1893) komponierte Konzerte, Opern, Sinfonien, Kammer-
musik, Klavier- und Chormusik. Seine Ballette, zum Beispiel „Der Nussknacker" und
„Schwanensee", und seine Sinfonien werden heute immer wieder neu interpretiert. Aus
seinen Briefen weiß man, dass er zeit seines Lebens trotz seiner Erfolge als Komponist
immer wieder sehr unglücklich war. Die 5. Sinfonie schrieb er im Jahr 1888. Er selbst sah
sie im Vergleich zu seinen anderen Sinfonien als nicht so gut gelungen an. Im Laufe
der Zeit ist sie allerdings zu einem seiner beliebtesten Werke geworden.

Tschaikowski, 5. Sinfonie, 1. Satz (Beginn) – **Mitspielsatz**   Satz: Rasmus Frederich

Tschaikowski, 5. Sinfonie, 4. Satz (Takt 474–489) – **Mitspielsatz**   Satz: Rasmus Frederich

1 Studiert den Mitspielsatz zum Beginn des ersten Satzes der 5. Sinfonie ein. Einigt euch nach dem ersten Ausprobieren darauf, wie ihr Tempo und Dynamik sowie die Artikulation von Melodie- und Begleitstimme gestalten wollt.

2 a Hört euch die Orchesteraufnahme an und musiziert den Mitspielsatz zur Aufnahme.

⊚ 218 b Beschreibt, was ihr anpassen musstet, um eure Stimmen spielen zu können.

3 Ändert eure eigene Besetzung des Mitspielsatzes so, dass ihr damit möglichst nah an den Ausdruck und die Klangfarbe der Aufnahme herankommt. Ihr könnt einzelne Instrumente auch nur bestimmte Abschnitte spielen lassen. **PH**|S. 28

4 Studiert den Mitspielsatz zum vierten Satz (Takt 474–489) ein und musiziert ihn zur

⊚ 219 Aufnahme. Einigt euch darauf, wo ihr solistisch und wo ihr im Tutti spielen wollt. Welche Instrumente sollen eingesetzt werden, um den Unterschied zum ersten Satz deutlich werden zu lassen?

5 Vergleicht die Orchesteraufnahme des vierten Satzes der Sinfonie mit der des ersten Satzes.

⊚ 219 a Beschreibt die Unterschiede und Ähnlichkeiten beider Sätze. Achtet dabei besonders auf das Verhältnis von Melodie- und Begleitstimmen.

  b Erläutert, wie sich die jeweilige Gestaltung auf den Gesamtklang auswirkt.

6 Erstellt ein Lernplakat, das Schülerinnen und Schüler aus anderen Klassen über die unterschiedlichen Möglichkeiten des Zusammenspiels im Orchester informiert. Nutzt dafür auch eure Erkenntnisse aus den vorherigen Doppelseiten.

Aus Einzelteilen wird ein Ganzes

Bausteine eines Big-Band-Arrangements untersuchen

Glenn Miller (1904–1944) und seine Big Band wurden Ende der 1930er-Jahre durch Hits wie „Moonlight-Serenade", „In the mood" (▶ Kapitel 6.1), „Tuxedo Junction" und „Pennsylvania 6-5000" weltweit bekannt. Ihre Spielweise, die Arrangements und die Art der Auftritte der Big Band orientierten sich an dem, was der weißen Mittelschicht der USA musikalisch vertraut war. So wurde der Jazz auch in dieser Schicht populär. Der typische „Glenn-Miller-Sound" ist weich und präzise zugleich. Die Arrangements haben eine klare Struktur und sind sehr eingängig. Die Soloabschnitte sind in

ihrem Umfang genau festgelegt und meist auch verbindlich notiert. Freie, ausdrucksvolle oder sehr lange Soli, wie in anderen Strömungen des Jazz, kommen nicht vor. Diese klaren Vorgaben machen es möglich, dass bis heute lizenzierte „Glenn-Miller-Big-Bands" durch die USA und Europa touren. Allerdings hat sich dieser Stil in den Augen vieler schwarzer Jazzmusiker zu weit von dem Ursprung des Jazz entfernt. Auf dem Foto sieht man die Aufstellung von Glenn Millers Big Band und wie die Band Trompeten- und Posaunendämpfer nutzt.

Tuxedo Junction

Musik: E. Hawkins, W. Johnson, J. Dash

1 Spielt oder summt die Melodie sowie die weiteren musikalischen Bausteine von „Tuxedo Junction". Beschränkt euch bei Baustein 3 auf die oberste, beim Riff auf die unterste Stimme.

Musikalische Bausteine des Arrangements:

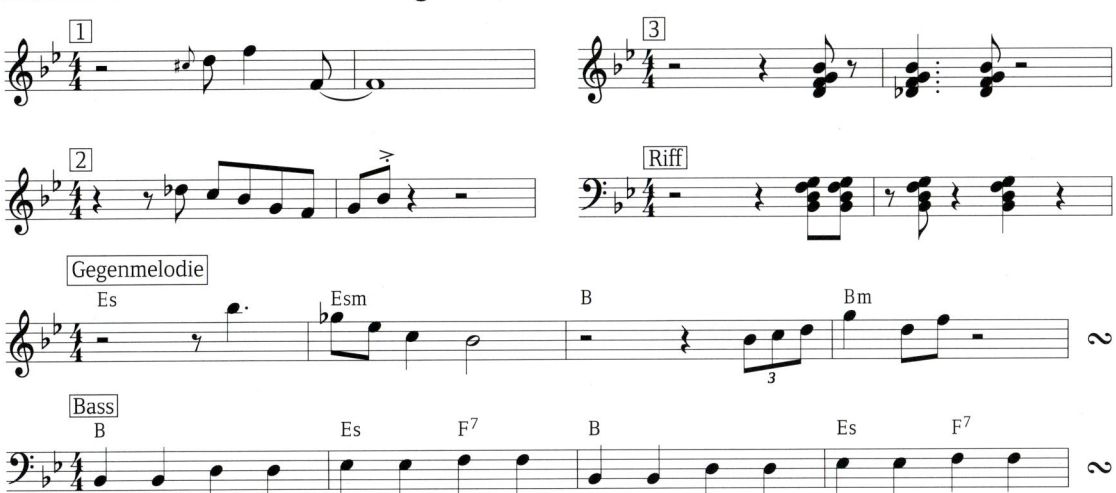

Im B-Teil kann die Bassstimme immer den Grundton spielen.

2 **a** Hört die Aufnahme und verfolgt die Melodie sowie die abgedruckten Bausteine mit.

⊚ 2|10 **b** Achtet beim erneuten Hören darauf, wann die abgedruckten Bausteine erklingen.

c Erstellt eine Übersicht zum Arrangement. Der Anfang ist unten abgedruckt. **PH|**S. 29

3 Erklärt mit Hilfe eurer Ergebnisse aus Aufgabe 2, wie das Verhältnis der Instrumente zueinander geregelt ist. Nutzt dazu auch die Informationen im blauen Kasten.

4 Vergleicht das Arrangement von Glenn Miller mit der Aufnahme des Big-Band-Leaders Duke

⊚ 2|11 Ellington und erläutert die Unterschiede und Gemeinsamkeiten.

	Intro (über A-Teil)	A-Teil	B-Teil	…
Anzahl der Takte	8 Takte	8 Takte	8 Takte	
Reed-Section	–	Melodie A-Teil	…	
Solo-Trompete(n)	–	Baustein 1	…	
Trompeten	–	–	…	
Posaunen	Riff	Riff	…	
Rhythm-Section	Bass-Lauf und Akkorde	Bass-Lauf und Akkorde	…	

Big Band und Big-Band-Sections

Eine Big Band besteht in der Regel aus folgenden Stimmgruppen (*englisch* sections), in denen die Instrumente jeweils eigenständige Stimmen spielen:

Reed-Section: 4–5 Saxophone, oftmals ergänzt durch eine Klarinette

Brass-Section: 4–5 Trompeten und 4–5 Posaunen, in zwei Gruppen unterteilt

Rhythm-Section: Schlagzeug, Bass, Klavier und Gitarre

In einem Big-Band-Arrangement ergänzen die Sections einander, indem sie zum Beispiel die melodieführende Section durch rhythmische Einwürfe, so genannte „shouts" begleiten.

Unterrichtsprojekt

Ein eigenes Band-Arrangement erarbeiten und aufführen

Soft winds

Musik: Fletcher Henderson

1 Teilt euch in Gruppen ein, mit denen ihr ein Arrangement einstudieren könnt. Überprüft dazu, welche Instrumente euch zur Verfügung stehen. **PH**|S. 30

2 **a** Erstellt zu Benny Goodmans „Soft winds" oder Shorty Rogers' „That's what I'm talkin' 'bout" ein Arrangement für eure Besetzung. Nutzt zur Planung und Gestaltung die abgedruckten Hilfen und Hinweise sowie die Fragen auf der folgenden Seite.
b Studiert euer Arrangement ein und inszeniert euren Auftritt auf der Bühne. Auch dabei helfen euch die abgedruckten Fragen.

3 Wertet gegenseitig eure Arrangements und die Inszenierung des Auftritts aus. **PH**|S. 30

Hilfen und Hinweise zum Arrangieren

Verwendete Akkorde: Grundstellung   Umkehrungen mit Melodielinie

Vorschlag für einen walking bass:

Blues-Tonleiter in B: Erste Ideen für weitere Bausteine:

That's what I'm talkin' 'bout

Musik: Milton Rogers

Fragen an unser Arrangement:

Begleitung durch Melodieinstrumente und Rhythmusgruppe:

- Soll der Bass Grundtöne oder einen walking bass spielen?
- Spielt die Rhythmusgruppe die Harmonien in Viertelnoten oder in einem anderen Begleitrhythmus?
- Sollen vollständige Akkorde oder nur einige Akkordtöne gespielt werden?
- Wie können wir Akkordumkehrungen nutzen?
- Wird bei allen Solisten gleich begleitet oder soll es hier Unterschiede geben?

Melodiegestaltung:

- Wo gibt es Pausen in der Melodie, sodass Platz für andere melodische oder rhythmische Bausteine ist?
- Sollen Riffs oder Shouts auch während der Soli gespielt werden?
- Wie lassen sich Klangfarbenwechsel erzielen und sinnvoll einsetzen, zum Beispiel durch eine andere Besetzung der Melodie?

Soloteile:

- Welchen Tonvorrat können die Solisten verwenden?
- Wie sollen die einzelnen Soloteile aufgebaut sein?
- Wie viele Durchgänge darf jeder Solist spielen?
- In welchen Abständen sollen die Solisten aufeinander folgen?
- Welche spieltechnischen Effekte können wir nutzen, zum Beispiel mit Hilfe von Dämpfern oder Effektgeräten?

Überlegungen zu unserer Inszenierung auf der Bühne:

- Wo stehen die einzelnen Spieler unserer Besetzung auf der Bühne?
- Soll sich während der Soloteile etwas an der Aufstellung ändern?
- Sind die Lautstärken der Instrumente gut aufeinander abgestimmt?
- Wie können die Solisten durch ihre Körpersprache überzeugend wirken?

Oben: Karikatur, 19. Jahrhundert
Unten: Laura Ward und Brayn Hymel, New York, 2008 (u.)
Rechts: Moritz von Schwind (1804-1871):
„Erscheinung im Walde", um 1858

In diesem Kapitel …

– musiziert ihr Lieder, in denen
  Geschichten erzählt werden,
– untersucht ihr, wie Lieder den Inhalt
  von Geschichten darstellen können,
– vergleicht ihr verschiedene Vertonungen eines berühmten Textes.

Ungewöhnliche Begegnungen
Balladen untersuchen und gestalten

1 Beschreibt, was auf der Tuschezeichnung „Erscheinung im Walde" zu sehen ist, und erfindet dazu eine kurze Geschichte.

2 a Gestaltet diese Geschichte so, dass der Text gesungen werden kann.
  b Findet oder erfindet eine passende Melodie und tragt euer Ergebnis vor.

3 Schaut die Abbildungen auf der linken Seite an und überlegt, welche Musik in den dargestellten Situationen erklingen könnte.

4 Sammelt Lieder und Songs, in denen eine Geschichte erzählt wird.

Schaurige Geschichten

Bänkellieder und Moritaten untersuchen

Geschichten, die fahrende Sänger bis ins letzte Jahrhundert hinein auf Jahrmärkten als Lieder vortrugen, nennt man **Bänkellieder**. Die Sänger standen gut sichtbar erhöht auf einer kleinen Bank, dem „Bänkel“, oft begleitet von einem Leierkasten. Dazu zeigten sie auf großen Schautafeln Bilder, die die Geschichte illustrierten. Besonders beliebt waren Geschichten von Mord und Totschlag, die so genannten **Moritaten**.

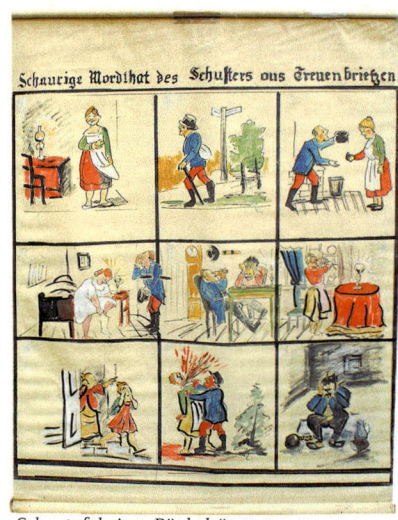

Schaurige Mordthat des Schusters aus Treuenbrietzen
Schautafel eines Bänkelsängers

1 Singt das Bänkellied. Beschreibt, wie die Geschichte durch die Musik im Verlauf aller Strophen wirkt, und untersucht die musikalischen Gestaltungsmittel.

Sabinchen war ein Frauenzimmer

Text: 1849, Musik: Ende 19. Jahrhundert

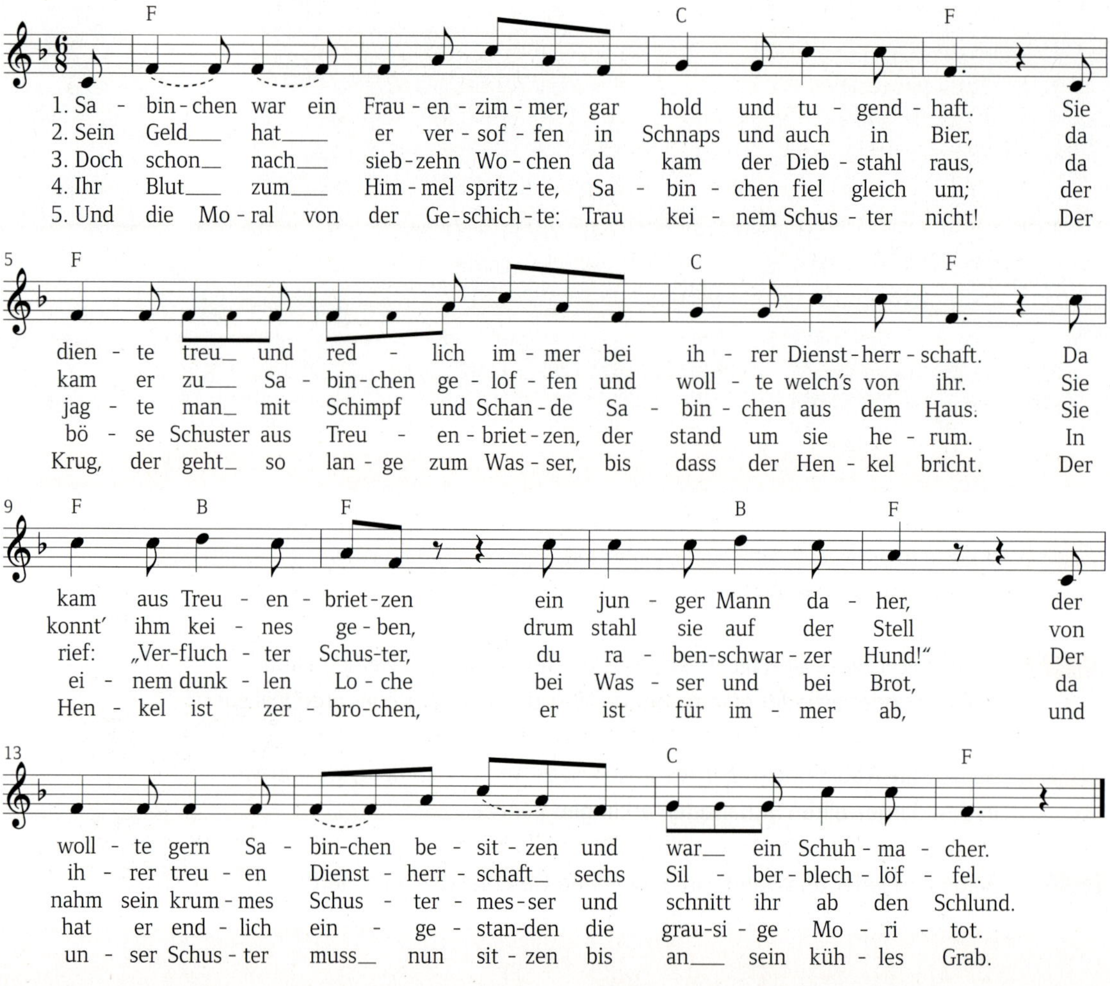
F C F
1. Sa - bin - chen war ein Frau - en - zim - mer, gar hold und tu - gend - haft. Sie
2. Sein Geld_ hat_ er ver - sof - fen in Schnaps und auch in Bier, da
3. Doch schon_ nach_ sieb - zehn Wo - chen da kam der Dieb - stahl raus, da
4. Ihr Blut_ zum_ Him - mel spritz - te, Sa - bin - chen fiel gleich um; der
5. Und die Mo - ral von der Ge - schich - te: Trau kei - nem Schus - ter nicht! Der
5 F C F
dien - te treu_ und red - lich im - mer bei ih - rer Dienst - herr - schaft. Da
kam er zu_ Sa - bin - chen ge - lof - fen und woll - te welch's von ihr. Sie
jag - te man_ mit Schimpf und Schan - de Sa - bin - chen aus dem Haus. Sie
bö - se Schuster aus Treu - en - briet - zen, der stand um sie he - rum. In
Krug, der geht_ so lan - ge zum Was - ser, bis dass der Hen - kel bricht. Der
9 F B F B F
kam aus Treu - en - briet - zen ein jun - ger Mann da - her, der
konnt' ihm kei - nes ge - ben, drum stahl sie auf der Stell von
rief: „Ver - fluch - ter Schus - ter, du ra - ben - schwar - zer Hund!“ Der
ei - nem dunk - len Lo - che bei Was - ser und bei Brot, da
Hen - kel ist zer - bro - chen, er ist für im - mer ab, und
13 C F
woll - te gern Sa - bin - chen be - sit - zen und war_ ein Schuh - ma - cher.
ih - rer treu - en Dienst - herr - schaft_ sechs Sil - ber - blech - löf - fel.
nahm sein krum - mes Schus - ter - mes - ser und schnitt ihr ab den Schlund.
hat er end - lich ein - ge - stan - den die grau - si - ge Mo - ri - tot.
un - ser Schus - ter muss_ nun sit - zen bis an_ sein küh - les Grab.

Rudolf Forster als Mackie Messer in der Verfilmung von 1931

Ende der „wilden" 1920er-Jahre ist die „Moritat von Mackie Messer" berühmt geworden. Dieser ist Hauptfigur in der „Dreigroschenoper" (1928) von Bertolt Brecht (1898–1956) und Kurt Weill (1900–1950). Darin wird der Stoff der barocken „Beggar's Opera" von John Gay genau 200 Jahre später in die Zeit nach dem Ersten Weltkrieg und in den damals modernen Jazzstil übertragen. Als „Mackie-Messer-Song" wurde die Moritat mittlerweile zu einem internationalen Jazz-Standard.

Moritat von Mackie Messer

Text: Bertolt Brecht, Musik: Kurt Weill, 1928

1. Und der Hai-fisch, der hat Zäh-ne und die trägt er im Ge-sicht, und Mac-heath der ___ hat ein Mes-ser, doch das Mes-ser sieht man nicht. ___

2. An 'nem schönen blauen Sonntag
   liegt ein toter Mann am „strand".
   Und ein Mensch geht um die Ecke,
   den man Mackie Messer nennt.

3. Und Schmul Meier bleibt verschwunden,
   und so mancher reiche Mann,
   und sein Geld hat Mackie Messer,
   dem man nichts beweisen kann.

4. Jenny Towler ward gefunden
   mit 'nem Messer in der Brust,
   und am Kai geht Mackie Messer,
   der von allem nichts gewusst.

5. Und das große Feuer in Soho –
   sieben Kinder und ein Greis,
   in der Menge Mackie Messer, den
   man nichts fragt und der nichts weiß.

2 a Singt das Lied und vergleicht Text und Melodie mit „Sabinchen war ein Frauenzimmer".
   b Beschreibt bei beiden Liedern, wie sich die Wirkung der Texte verändert, wenn sie gesungen werden.

3 Hört zwei Aufnahmen der „Moritat von Mackie Messer"
2|12–13 und beschreibt jeweils die Singweise und den Klang der begleitenden Instrumente sowie die Wirkung beider Interpretationen.

4 Der Wiener Chansonnier Georg Kreisler (1922–2011) nannte sein
2|14 Chanson „Bidla Buh" (1959) einen „Everblack". Hört dieses Chanson und erläutert Kreislers Idee, die Geschichte in Musik zu setzen, indem ihr zu Musik, Titel und Vortragsweise Stellung nehmt.

5 Beschreibt, welche Situationen auf der Schautafel (S. 72) dargestellt sind, und überlegt, wer oder was in heutiger Zeit die Rolle und Funktion der Bänkelsänger und ihrer Lieder übernommen hat.

Bertolt Brecht, 1928

Ein berühmtes Gedicht und seine Vertonungen I

Die Beziehung zwischen Text und Melodie erkunden

Moritz von Schwind (1804-1871): der Erlkönig, 1830

Johann Wolfgang von Goethe (1749–1832) dichtete die Ballade „Der Erlkönig" im Jahr 1782 für sein Singspiel „Die Fischerin". Sie wird dort von der Titelfigur als Einlage vorgetragen.

Der Text der Ballade geht auf die 1778 entstandene Übersetzung eines dänischen Gedichtes zurück. Darin tritt „Ellerkonge", der Elfenkönig auf. Bei Goethe wird daraus der König der Erlen.

Der Erlkönig

1. Wer reitet so spät durch Nacht und Wind?
   Es ist der Vater mit seinem Kind.
   Er hat den Knaben wohl in dem Arm,
   er fasst ihn sicher, er hält ihn warm.

2. „Mein Sohn, was birgst du so bang dein Gesicht?"
   „Siehst, Vater, du den Erlkönig nicht?
   Den Erlenkönig mit Kron' und Schweif?"
   „Mein Sohn, es ist ein Nebelstreif."

3. „Du liebes Kind, komm, geh mit mir!
   Gar schöne Spiele spiel' ich mit dir;
   manch' bunte Blumen sind an dem Strand,
   meine Mutter hat manch gülden Gewand."

4. „Mein Vater, mein Vater, und hörest du nicht,
   was Erlenkönig mir leise verspricht?"
   „Sei ruhig, bleibe ruhig, mein Kind;
   in dürren Blättern säuselt der Wind."

5. „Willst, feiner Knabe, du mit mir gehn?
   Meine Töchter sollen dich warten schön;
   meine Töchter führen den nächtlichen Reihn
   und wiegen und tanzen und singen dich ein."

6. „Mein Vater, mein Vater, und siehst du nicht dort
   Erlkönigs Töchter am düstern Ort?"
   „Mein Sohn, mein Sohn, ich seh' es genau,
   es scheinen die alten Weiden so grau."

7. „Ich liebe dich, mich reizt deine schöne Gestalt;
   und bist du nicht willig, so brauch' ich Gewalt."
   „Mein Vater, mein Vater, jetzt fasst er mich an!
   Erlkönig hat mir ein Leids getan!"

8. Dem Vater grauset's, er reitet geschwind,
   er hält in den Armen das ächzende Kind,
   erreicht den Hof mit Mühe und Not -
   in seinen Armen das Kind war tot.

1 **a** Lest den Text und findet heraus, wie viele verschiedene Personen
   in dieser Ballade auftreten.
   b Tragt den Text mit verteilten Rollen vor. Achtet darauf, dass die wörtlichen Reden
   und ihre jeweilige Stimmung lebendig ausgestaltet werden.

2 Sammelt Ideen für eine Vertonung des Textes und erprobt diese an ausgewählten Textstellen.

Der „Erlkönig" wurde bis heute über hundert Mal vertont, erstmals von der Sängerin und Schauspielerin Corona Schröter (1751–1802) zur Uraufführung des Singspiels „Die Fischerin", bei der sie selbst die Titelrolle spielte.

Corona Schröter kam 1775 auf Vorschlag Goethes nach Weimar, wo sie als Hofsängerin angestellt wurde. Da sie auch schauspielerisches Talent hatte, spielte sie im Weimarer Liebhabertheater mit. Mit Goethe stand sie gemeinsam auf der Bühne, zum Beispiel als Iphigenie.

Anton Graff (1736-1813): Corona Schröter

Der Erlkönig

Musik: Corona Schröter, 1782

3

a Singt die erste Strophe der Vertonung von Corona Schröter und beschreibt auffällige musikalische Mittel.

b Untersucht, wie der Inhalt des Textes musikalisch gestaltet wird.

c Überprüft diesen Zusammenhang auch anhand der weiteren Strophen, indem ihr sie zur gleichen Melodie singt oder hört.

> **Ballade**
>
> Seit dem ausgehenden 18. Jahrhundert nannte man die literarische Form, Geschichten in gereimten Gedichten zu erzählen, **Ballade**. Themen konnten Ereignisse aus dem Leben bedeutender Menschen sein (z.B. Prinz Eugen), aber auch merk- und denkwürdige oder gar schaurige Geschichten. Manchmal sollte man daraus auch etwas lernen, die sprichwörtliche „Moral von der Geschichte". In ähnlicher Weise haben auch viele bildende Künstler derartige Geschichten in einem einzigen Bild oder in einer Bildfolge erzählt.

Ein berühmtes Gedicht und seine Vertonungen II

Wirkung und Ausdruck einer Melodie untersuchen und gestalten

Anton Graff (1736-1813): Johann Friedrich Reichardt, 1974

Angelica Kauffmann (1741-1807): Der junge Goethe, 1787

Johann Friedrich Reichardt (1752–1814) galt wegen seines Violinspiels als Wunderkind und unternahm bereits als Zehnjähriger mit seinem Vater Konzertreisen. Obgleich als Hofkapellmeister beim preußischen König Friedrich II. fest angestellt, war er zeitlebens auf Reisen. Um 1786 lernte er Goethe näher kennen, der Reichardts Vertonungen seiner Gedichte überaus schätzte und öfters bei ihm zu Gast war. 1794 vertonte Reichardt den „Erlkönig". Goethe kannte das Lied und hat es anderen Vertonungen des Textes vorgezogen.

1   **a** Singt die ersten drei Strophen des „Erlkönig" von Reichardt und vergleicht sie mit der Vertonung von Corona Schröter.

◎ 2|16   **b** Ordnet die fehlenden Strophen 4, 5, 6 und 8 den abgedruckten Melodieabschnitten zu und begründet eure Entscheidung. Überprüft euer Ergebnis durch Singen, später durch Hören des ganzen Liedes.

   c Nehmt Stellung zur Wirkung der Erlkönig-Geschichte bei dieser Vertonung über alle acht Strophen hinweg. Beschreibt dabei ausgewählte musikalische Merkmale wie zum Beispiel Melodiebewegung, Tonumfang, Rhythmus, Aufbau und Form. Nutzt dazu auch die Informationen im blauen Kasten.

2   Entwickelt Gestaltungsideen, wie man in der Singstimme den Verlauf der Handlung und die auftretenden Personen musikalisch noch unterschiedlicher gestalten könnte.

3   Anhand der folgenden Ideen könnt ihr die Ballade nach eigenen Interessen ausgestalten:

◎ 2|17   **a** Versucht, einen Sprechrhythmus zu finden, mit dem ihr den „Erlkönig" fließend vortragen oder gar rappen könnt. Führt euer Ergebnis der Klasse vor. Lernt dazu das Gedicht auswendig und hört bei Bedarf eine bestehende Rapversion an.

   b Stellt jede Strophe durch ein Standbild dar.

   c Entwerft zum „Erlkönig" je Strophe ein Bild im Stile eines Bänkelliedes oder Comics.

4   Sucht im Internet nach dem Hintergrund für die Errichtung der abgebildeten „Erlkönig"-Statue in der Nähe von Jena.

Otto Späte, Erlkönig-Denkmal, 1893

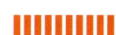

Der Erlkönig

Musik: Johann Friedrich Reichardt, 1794

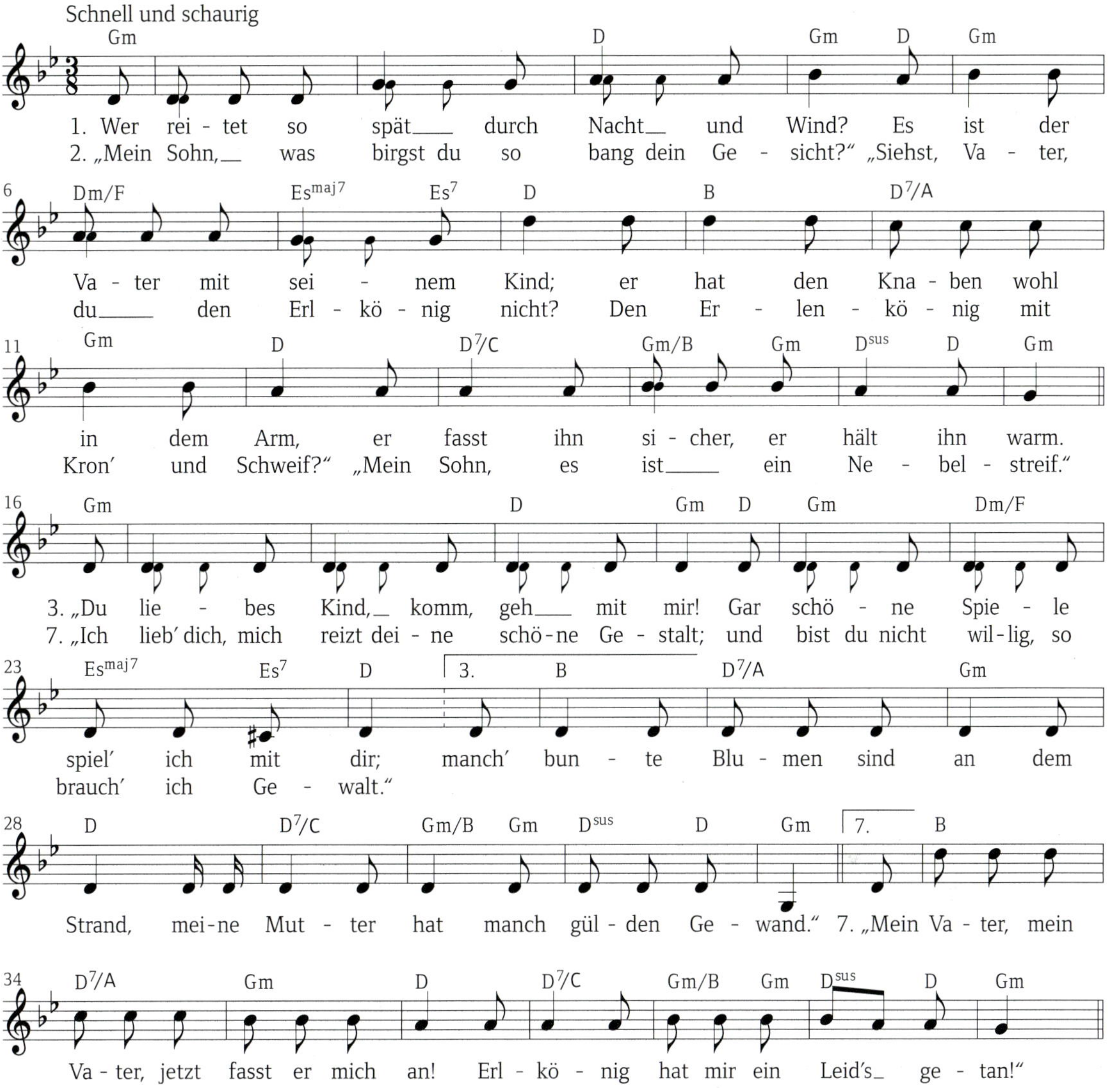
Schnell und schaurig
Gm D Gm D Gm
1. Wer rei - tet so spät durch Nacht und Wind? Es ist der
2. „Mein Sohn, was birgst du so bang dein Ge - sicht?“ „Siehst, Va - ter,
6 Dm/F Esmaj7 Es7 D B D7/A
Va - ter mit sei - nem Kind; er hat den Kna - ben wohl
du den Erl - kö - nig nicht? Den Er - len - kö - nig mit
11 Gm D D7/C Gm/B Gm Dsus D Gm
in dem Arm, er fasst ihn si - cher, er hält ihn warm.
Kron′ und Schweif?“ „Mein Sohn, es ist ein Ne - bel - streif.“
16 Gm D Gm D Gm Dm/F
3. „Du lie - bes Kind, komm, geh mit mir! Gar schö - ne Spie - le
7. „Ich lieb′ dich, mich reizt dei - ne schö-ne Ge - stalt; und bist du nicht wil-lig, so
23 Esmaj7 Es7 D 3. B D7/A Gm
spiel′ ich mit dir; manch′ bun - te Blu - men sind an dem
brauch′ ich Ge - walt.“
28 D D7/C Gm/B Gm Dsus D Gm 7. B
Strand, mei-ne Mut - ter hat manch gül - den Ge - wand.“ 7. „Mein Va - ter, mein
34 D7/A Gm D D7/C Gm/B Gm Dsus D Gm
Va - ter, jetzt fasst er mich an! Erl - kö - nig hat mir ein Leid′s ge - tan!“

Liedformen

Die meisten Volks- und Kirchenlieder sind so geschrieben, dass eine einzige Melodie zu allen Strophen passt; dies gilt ebenso für viele Kunstlieder. In all diesen Fällen spricht man von **Strophenliedern**. Bei manchen Kunstliedern werden dagegen wiederkehrende Melodiephrasen oder sogar ganze Strophen verändert, sodass man zwar die ursprüngliche Melodie noch erkennen kann, aber auch Abweichungen hört. Dies nennt man **variiertes Strophenlied**.
In anderen Kunstliedern werden die einzelnen Strophen der Textvorlage so vertont, dass sich die musikalische Gestaltung mit dem jeweiligen Textinhalt verändert. Ein so gestaltetes Kunstlied nennt man **durchkomponiertes Lied**. Dafür typisch sind außerdem eine gegenüber dem Gesang eigenständige Begleitung sowie rein instrumentale Vor-, Zwischen- und Nachspiele.

Ein berühmtes Gedicht und seine Vertonungen III

Eine besondere Liedform erforschen

Carl Loewe (1796–1869) fiel früh durch seine musikalische
Begabung auf; einer seiner Förderer war J. Fr. Reichardt.
Mit einundzwanzig Jahren vertonte auch er den „Erlkönig".

Ludwig Most (1807-1883):
Carl Loewe

1 **a** Hört das Lied und lest die Noten mit.

2|18 **b** Untersucht, wie Tonlage, Tonumfang und Dynamik zur Darstellung
der handelnden Personen eingesetzt werden. **PH**|S. 32–36

2 Formuliert mit Hilfe des blauen Kastens auf Seite 77 ein Resümee, was
Carl Loewe bei seiner Vertonung anders macht als vor ihm Schröter und Reichardt. **PH**|S. 37

Der Erlkönig

Musik: Carl Loewe, Op. 1 Nr. 3, 1817

Geschwind

cresc.

1. Wer rei-tet so spät durch Nacht und Wind? Es ist der

mf

Va - ter mit sei - nem Kind; er hat den Kna-ben wohl in__ dem Arm, er fasst ihn

si - cher, er hält ihn warm, er fasst ihn si - cher, er hält ihn warm.

mf

pp

2. „Mein Sohn, was birgst du so bang dein Ge - sicht?" „Siehst,

mf

Va - ter, du den Erl-kö-nig nicht? Den Er-len-kö - nig mit Kron' und Schweif?" „Mein

p

Sohn, das ist ein Ne-bel-streif, das ist ein Ne-bel-streif."

heimlich flüsternd und lockend pp

3. „Du lie - bes Kind, komm, geh mit mir! Gar schö - ne Spie - le

spiel' ich mit dir; manch' bun - te Blu-men sind an dem Strand, mei-ne

34 | *a tempo* *p*

Mut - ter hat manch gül - den Ge - wand." _____ 4. „Mein Va - ter, mein Va - ter, und hö - rest du

38 | *mf*

nicht, was Er - len - kö - nig mir lei - se ver - spricht?" „Sei ru - hig, blei - be ru - hig, mein

42

Kind; in dür - ren Blät - tern säu - selt der Wind, in dür - ren Blät - tern säu - selt der Wind."

47 | *pp* *sotto voce*

5. „Willst, fei - ner Kna - be, du mit mir gehn? Mei - ne Töch - ter sol - len dich

53

war - ten schön; mei - ne Töch - ter füh - ren den nächt - li - chen Reihn und

56 | *p*

wie - gen und tan - zen und sin - gen dich ein." _____ 6. „Mein Va - ter, mein Va - ter, und siehst du nicht

60 | *mf*

dort Erl - kö - nigs Töch - ter am düs - te - ren Ort?" „Mein Sohn, mein Sohn, ich seh' es ge -

64 | *p*

nau: es schei - nen die al - ten Wei - den so grau, es schei - nen die al - ten Wei - den so

68 | *pp*

grau." 7. „Ich lieb' dich, mich reizt dei - ne schö - ne Ge - stalt; und

74 | *f*

bist du nicht wil - lig, so brauch' ich Ge - walt." „Mein Va - ter, mein Va - ter, jetzt fasst er mich

77 | *mf* *p*

an! Erl - kö - nig hat mir ein Leid's ge - tan, Erl - kö - nig hat mir ein Leid's ge - tan!"

82 | *ff*

8. Dem Va - ter grau - set's; er rei - tet ge - schwind, er hält in den

85 | *mf* *cresc.*

Ar - men das äch - zen - de Kind, er - reicht den Hof _____ mit Mü - he und

88 | *ff* *p* *pp* *fp*

Not; _____ in sei - nen Ar - men das Kind war tot.

Eine Geschichte vom Wandel der Zeit

Eine Rock-Ballade singen und untersuchen

Mitte der 1960er-Jahre entstanden zahlreiche Songs, die als **Rock-** oder **Pop-Balladen** – englisch ballads – bezeichnet werden. Bekannte Beispiele sind „Yesterday" (1965), „Tears in heaven" (1992) oder die Film-Titelsongs „Everything I do" (1991) und „My heart will go on" (1997).
Rock- und Pop-Balladen verarbeiten aber auch politische Ereignisse und persönliche Erfahrungen. Unter dem Eindruck von Glasnost und Perestroika in Russland Ende der 1980er-Jahre und des damit verbundenen Wandels in Europa schrieb Klaus Meine (geboren 1948) von der deutschen Rock-Band „Scorpions" im Herbst 1989 seine Rock-Ballade „Wind of change". Bis heute sind zahlreiche Cover-Versionen entstanden, unter anderem 2001 von der Gruppe „Auscultate" im Stil gregorianischer Choräle.

Klaus Meine, Lissabon, 2007

1 a Singt „Wind of change". Beschreibt, worum es im Text geht, und erklärt, was wohl mit dem Titel gemeint ist.
b Informiert euch über den politischen Wandel in Europa in den Jahren 1989/90. Überlegt, welches Lebensgefühl der Song in seiner Entstehungszeit zum Ausdruck bringen wollte.
c Untersucht in den verschiedenen Formteilen des Songs, wie die Gestaltung der Melodie den Inhalt des Textes unterstützt.

2 Hört die Originalaufnahme dieser Rock-Ballade an. Beschreibt den Sound und untersucht, ◉ 2|19 wie er zustande kommt. Erklärt, inwiefern er eurer Meinung nach zum Ausdruck der Melodie und zum Inhalt des Textes passt.

3 Hört die gregorianische Cover-Version der Gruppe „Auscultate" an und bildet euch eine ◉ 2|20 Meinung zu dieser Aufnahme. Formuliert eine Besprechung der Aufnahme für eine Zeitung oder als Fernsehkommentar, besonders hinsichtlich Sound und Vortragsweise.

4 Sucht in Liederbüchern und im Internet nach den oben genannten und nach weiteren bekannten Balladen der Rock- und Pop-Musik. Untersucht ihre Texte und deren Umsetzung in Musik und stellt eure Ergebnisse einander vor.

Rock- und Pop-Ballade

Eine **Rock-** oder **Pop-Ballade** (*englisch:* ballad) ist ein gefühlvolles, melancholisches oder sentimentales Lied der Rock- und Pop-Musik in langsamem Tempo, in dem es um Freundschaft, Liebe, Sehnsucht, Hoffnung oder Enttäuschung geht. Häufig ist die Melodik eingängig und die Begleitung eher leise komponiert. Charakteristisch ist die Wiederholung wichtiger Worte und einprägsamer melodischer Abschnitte; auch findet sich des Öfteren eine Steigerung mit Höhepunkt.

Wind of change

Text und Musik: Klaus Meine

Intro

1. I fol - low the Mos-kva___ down to Gor-ky Park___ listen-ing to the wind
2. The world is clos-ing in___ did you e - ver think that we could be so close,
4. Walk-ing down the street dis-tant me-mo-ries___ are bu - ried in the past

___ of change. An Au-gust, sum-mer night___ sol-diers pass-ing by,___
___ like broth-ers. The fu-ture's in the air___ I can feel it ev - 'ry-where
___ for - e - ver. I fol-low the Mos-kva___ down to Gor - ky Park

___ listen-ing to the wind___ of change.
___ blow-ing with the wind___ of change.___
___ listen-ing to the wind___ of change.

3.+7. Take me to the ma-gic of the mo-ment on a glo - ry night where the
5. Take me to the ma-gic of the mo-ment on a glo - ry night where the

chil-dren of to - mor - row dream a - way___ in the wind of change. *1.+2. Mal 𝄋*
chil-dren of to - mor - row share their dreams___ with_ you and me.___ *3. Mal zu Intro*

6. The wind of change blows straight in - to the face_ of time,

___ like a storm-wind that will ring___ the free-dom bell___ for peace of mind.

ab ⊕, dann
Intro al Fine

___ Let_ your ba-la-lai-ka sing___ what my gui - tar_ wants to say.___

Unterrichtsprojekt

Ein Booklet zur CD „Der Erlkönig in vielen Gestalten"

Erstellt ein Booklet zu einer CD, auf der verschiedene Vertonungen des „Erlkönig" zusammengestellt sind. Bildet dazu Arbeitsgruppen, die am Ende ihre Ergebnisse zusammentragen.
Jede Arbeitsgruppe übernimmt eine der folgenden Aufgaben.

1 Recherchiert die Lebensläufe von C. Schröter, J. Fr. Reichardt und C. Loewe. Dazu könnt ihr
- Lebensstationen auf einer Landkarte zusammenstellen,
- eine Personenkonstellation zeichnen, zum Beispiel mit Goethe in der Mitte, in die ihr
  passende Bilder einfügt,
- herausfinden, an welchen Orten heute noch an diese Personen erinnert wird.

2 Stellt Informationen und Gedanken zum „Erlkönig" und zur Erlkönig-Sage zusammen.
Dazu könnt ihr
- den Text der Ballade mit passenden Illustrationen, Gemälden, Fotos oder Zeichnungen
  bebildern,
- durch Vergleich von Erlkönig-Abbildungen, zum Beispiel auf S. 76 unten, erläutern,
  worin sich die Motivgestaltung eines Malers von der eines Komponisten unterscheiden kann,
- ein Interview mit dem Erlkönig erfinden,
- einen Erlkönig-Comic zeichnen,
- einen Artikel für eine Boulevard-Zeitung schreiben.

3 Sammelt witzige Umdichtungen und Vertonungen des „Erlkönig". Dazu könnt ihr
- im Internet recherchieren (Suchbegriff: Erlkönig, Parodie, Kabarett),
- die gefundenen Texte mit dem Originaltext kombinieren,
- unterschiedliche Vertonungen vergleichen.

Hermann Plüddemann (1809-1868): Erlkönig-Illustration aus einem Balladenbuch, 1852

4 Stellt eine weitere Vertonung vor, die bisher nicht behandelt wurde. Dazu bietet sich vor allem die bekannte „Erlkönig"-Fassung von Franz Schubert (1797–1828) an, die er als Achtzehnjähriger komponierte. Hierbei könnt ihr

2|21
– die Musik beschreiben und erklären, wie sie zum Inhalt der Ballade passt,
– einen Ausschnitt des Notentextes farbig markieren, sodass man wichtige musikalische Mittel erkennt, **PH**|S. 38–41
– ein Interview mit einem Sänger oder einer Sängerin führen, um deren Gedanken über diese Vertonung und ihre Interpretation zu erfahren.

Wilhelm August Rieder (1796-1880): Franz Schubert, 1825

5 Informiert euch über die unten gemeinsam abgebildeten vier Komponisten und stellt zusammen, wie jeder auf seine eigene Weise Schuberts „Erlkönig" verarbeitet hat. **PH**|S. 41

6 Sucht nach Erlkönig-Vertonungen in der Pop- oder Rockmusik und stellt sie vor. Dazu könnt ihr
– im Internet recherchieren,
– eine Version genauer untersuchen und erläutern, wie der Text hier vertont oder bearbeitet wird,
– verschiedene Fassungen in unterschiedlichen Stilrichtungen miteinander vergleichen. **PH**|S. 41

7 Gestaltet ein ansprechendes Cover für das Booklet und damit auch für die CD. Dazu könnt ihr
– eine Bildcollage zusammenstellen,
– Notentexte und Ausschnitte aus der Ballade einbeziehen,
– einen Titel für die CD finden.

8 Ein Redaktionsteam hat darüber hinaus die Aufgabe, alle Beiträge zu sammeln und kritisch durchzusehen. Außerdem ist dieses Team verantwortlich für ein einheitliches Layout. Hilfreich ist es,
– eine Formatvorlage für alle Texte zu erstellen,
– einen Mailverteiler einzurichten, um Beiträge elektronisch zu übermitteln,
– eine Gesamtdatei anzulegen, von der am Schluss das eigentliche Booklet erstellt wird.
Das fertige Produkt sollte für alle aus der Klasse vervielfältigt und geheftet werden.

Charles G. Crehan (1829-1891): Franz Liszt am Klavier, 1846, v.li. Josef Kriehuber (Maler und Porträtist), Hector Berlioz, Carl Czerny, Franz Liszt, Heinrich Wilhelm Ernst

Oben: Lohengrin (Klaus Florian Vogt), Berlin, 2012
Unten: Leonora (Anna Netrebko), Il Trovatore, Berlin, 2013
Rechts: Tannhäuser (Torsten Kerl) und Elisabeth
(Nadja Michael), Berlin, 2008

In diesem Kapitel …
– untersucht ihr, wie in einer Oper
  Gefühle, Situationen und
  Handlungen ausgedrückt werden,
– lernt ihr verschiedene Fassungen
  der Sage von Orpheus und
  Eurydike kennen,
– entdeckt ihr, wie man mit
  Musik etwas kommentieren und
  parodieren kann,
– gestaltet ihr selbst eine
  Spielszene mit Musik.

Orpheus oder die Magie der Musik
Eine antike Sage auf der Opernbühne

1 Erklärt, welche typischen Merkmale einer Oper in den Bildern deutlich werden.

2 **a** Ihr hört die bekannte Opernarie „Nessun dorma" von Giacomo Puccini. Beschreibt, wie die
Musik auf euch wirkt, und nennt die musikalischen Mittel, die zu dieser Wirkung führen.
b Überlegt, warum diese Arie bei vielen Menschen besonders beliebt ist.

⊙ 2|22

3 **a** Erinnert euch an Gelegenheiten, bei denen euch Musik besonders berührt hat,
und findet Gründe für diese Wirkung.
b Recherchiert im Internet nach dem Werbespot mit Paul Potts und erklärt
die Reaktionen der Zuhörer.

Der Mythos von Orpheus, dem Sänger und Dichter

Einen antiken Sagenstoff kennenlernen

Mosaikausschnitt mit Orpheus, Syrien,
3. Jahrhundert

Edward John Poynter (1836-1919): Orpheus and Eurydice, 1862

Die Sage von Orpheus

Orpheus war der Sohn von Oiagros, dem König von Thrakien, und der Muse[1] Kalliope.
Er wurde Musiker und Dichter. Mit seinem Gesang, begleitet von der Kithara[2], konnte er Götter,
Menschen, Tiere und sogar leblose Objekte wie Steine verzaubern. Wilde Tiere wurden zahm
und folgten ihm.

Orpheus heiratete die Nymphe[3] Eurydike. Diese wurde eines Tages bei einem Spaziergang durch
die Felder von einer Schlange gebissen und starb daran. Orpheus war untröstlich über den Verlust
seiner Frau und beschloss, sie in der Unterwelt zu suchen.

Am Eingang zur Unterwelt verzauberte Orpheus auch die Dämonen[4] und Persephone, die Frau
des Unterweltgottes Pluto. Diese zeigte sich von Orpheus' Kunst so berührt, dass sie ihm die
Rückkehr Eurydikes zur Erde versprach. Sie stellte allerdings eine Bedingung: Orpheus müsse auf
dem Weg von der Unterwelt zur Erde vor Eurydike gehen, dürfe sie nicht ansprechen und sich
nicht nach ihr umdrehen, um sie anzusehen.

Orpheus war glücklich, dass er Eurydike wieder ins Leben zurückholen konnte, und nahm die
Bedingungen an. Eurydike folgte ihm auf dem Weg aus der Unterwelt. Da dieser sehr lang war,
bekam Orpheus nach einiger Zeit Zweifel, ob Eurydike ihm noch folge. Als die Zweifel zu groß
wurden, drehte er sich doch entgegen den Bedingungen nach Eurydike um und konnte nur
noch sehen, wie sie entschwand und erneut starb. Er versuchte, noch einmal in die Unterwelt
zurückzukehren, wurde aber von Charon[5] daran gehindert und verlor Eurydike endgültig.

Worterklärungen
1 Musen sind Göttinnen der Künste und der Wissenschaften; 2 altgriechisches Saiteninstrument; 3 weibliche Naturgottheit;
4 Wesen zwischen Göttern und Menschen, die den Menschen zumeist bedrohen; 5 Wächter am Eingang zur Unterwelt

1
a Beschreibt, was auf den Abbildungen auf Seite 86 zu sehen ist.
b Lest die Orpheus-Sage und ordnet die abgebildeten Szenen ein.
c Erklärt, welche Bedeutung die Musik in dieser Sage hat. Nutzt dazu auch die Informationen im blauen Kasten.

2 Erstellt ein Plakat mit einer Mindmap zur Figur des Orpheus. Lasst noch Raum für zukünftige Eintragungen. So kann das Plakat eure gesamte weitere Arbeit begleiten.

Frans Francken II., der Jüngere (1581–1642): Orpheus in der Unterwelt

Beispiel für die Anlage einer Mindmap:

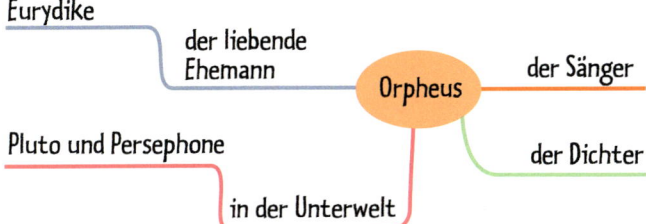

3
a Beschreibt die Darstellung der Unterwelt im Gemälde von Frans Francken II.
b Überlegt, was in dieser Situation wohl zu hören wäre und wie man dies musikalisch darstellen könnte.

4 Gestaltet die abgebildete Szene mit euren Instrumenten.

> **Eine Mindmap erstellen:**
> – In einer Mindmap werden unterschiedliche Gesichtspunkte eines Themas festgehalten.
> – Zusammenhänge werden durch Linien, Pfeile oder andere Zeichen verdeutlicht.
> – Weitere Ideen, Fragen oder Erkenntnisse lassen sich bei Bedarf ergänzen.
> – Außer Stichpunkten können auch Bilder, Skizzen oder Symbole eingefügt werden.
> – So entsteht schrittweise eine Landkarte der unterschiedlichen Bereiche eines Themas.

Sage und Mythos

In **Sagen** werden Geschichten von Helden, Göttern oder phantastischen Wesen erzählt, die sich zu vorgeschichtlichen Zeiten zugetragen haben sollen. Grundlage vieler Sagen sind Mythen, die in vielen Kulturen ähnlich überliefert werden. Ein **Mythos** (*griechisch* für ‚Wort', ‚Erzählung') gibt Antworten auf zentrale Fragen, Grundbedingungen und Erfahrungen menschlichen Lebens und erklärt sie, wie zum Beispiel die Entstehung der Welt, das Verhältnis der Menschen zu göttlichen Mächten oder zu unerklärlichen Phänomenen. Mythen stehen daher immer in engem Bezug zur Religion und deren Deutungen der Welt. Die Musik wird aufgrund ihrer geheimnisvollen, oft auch magischen Wirkung auf den Menschen ebenfalls mit dem Mythischen in Verbindung gebracht.

Orpheus im Reich der Toten

Eine Opern-Szene untersuchen

„L'Orfeo" von Claudio Monteverdi (1567-1643) ist eine der ersten Opern überhaupt. Das Werk wurde 1607 als „Favola in musica" (wörtlich: „Geschichte durch Musik") in der italienischen Stadt Mantua uraufgeführt. Monteverdi schuf mit dem „Orfeo" einen damals völlig neuartigen Stil, indem er die einzelne menschliche Stimme in den Mittelpunkt stellte, manchmal nur durch instrumentale Akkorde begleitet. Mit dieser Kompositionsweise, der so genannten Monodie, glaubte Monteverdi den Gesangsstil der Antike wiederentdeckt zu haben. Gleichzeitig gelang es ihm auf diese Weise, einzelne Personen mit ihren Gefühlen, Gedanken und Wünschen musikalisch darzustellen.

Bernardo Strozzi (1581-1644): Claudio Monteverdi, um 1640

In Monteverdis „L'Orfeo" erscheint Orpheus am Eingang zur Unterwelt. Dort muss er zunächst den Grenzfluss Acheron überqueren. Doch der Fährmann Charon, der die Seelen der Toten zum anderen Ufer bringt, verwehrt ihm den Eintritt. Orpheus versucht daraufhin, Charon mit seinem Gesang zu bewegen, ihn doch in die Unterwelt einzulassen:

Charon	O tu ch'innanzi morte a queste rive Temerario ten vieni, arresta i passi; Solcar quest'onde ad uom mortal non dassi, Né può co'morti albergo aver chi vive. […]	O du, Verwegner, der du vor dem Tod zu diesen Ufern kommst, bleib stehen! Es ist keinem Sterblichen erlaubt, dieses Wasser zu befahren, und kein Lebender darf bei den Toten wohnen. […]
	Sinfonia	
Orpheus	Possente spirto, e formidabil nume, Senza cui far passaggio a l'altra riva Alma da corpo sciolta invan presume. […] Sol tu, nobile Dio, puoi darmi aita, Né temer dei, ché sopra un'aurea cetra Sol di corde soavi armo le dita Contra cui rigida alma invan s'impetra.	Mächtiger Geist und furchtbare Gottheit, ohne den die vom Leib befreiten Seelen vergeblich hoffen, zum anderen Ufer zu gelangen, […] Du allein, edler Gott, kannst mir Hilfe gewähren. Du sollst dich nicht fürchten, denn ich habe nur die süßen Saiten meiner goldenen Leier als Waffe, die selbst die härteste Seele erweichen.

1 Gestaltet den Dialog zwischen Charon und Orpheus zu einer Szene aus, indem ihr Bewegungen, Gestik und Mimik sinnvoll ergänzt.

2 Verfolgt einen Ausschnitt aus der Unterwelt-Szene bei Monteverdi. Beschreibt den Gesamteindruck und die musikalischen Gestaltungsmittel, die diesen hervorrufen. **PH|S. 42 DVD**
◉ 2|23–24

3 Untersucht, wie der Fährmann Charon musikalisch dargestellt wird. **PH|S. 42**
◉ 2|23

4 Beschreibt mit Hilfe eures Höreindrucks und des abgedruckten Notenbeispiels charakteristische Merkmale der Singstimme und der Begleitstimmen. **PH|S. 42**
◉ 2|23

Beispiel 1: Gesang des Charon (Ausschnitt) aus dem 3. Akt von Claudio Monteverdis „L'Orfeo"

5 **a** Vergleicht den Gesang des Orpheus mit dem des Charon. Nutzt dazu auch die Informationen im blauen Kasten. **PH|** S. 42

◉ 2|25   **b** Erklärt, warum Monteverdi Orpheus an dieser Stelle der Handlung so singen lässt.

Beispiel 2: Gesang des Orpheus (Ausschnitt) aus dem 3. Akt von Claudio Monteverdis „L'Orfeo"

6 Der Gesang des Orpheus erweckt das Mitleid der Persephone, die ihren Mann Pluto dazu bewegt, Eurydike wieder an Orpheus zurückzugeben. Schreibt einen zu dieser Szene passenden Dialog zwischen Persephone und Pluto.

Syllabische und melismatische Textvertonung

Eine **syllabische Vertonung** liegt vor, wenn jeder Textsilbe nur ein einziger Ton zugeordnet ist. Im Gegensatz dazu erklingen bei der **melismatischen Vertonung** mehrere Töne auf eine Textsilbe. Mit den dabei entstehenden Melismen kann man bestimmte Textsilben oder Worte hervorheben und den Gesang kunstvoller gestalten. Andererseits ist der Text hier im Vergleich zur syllabischen Vertonung oft weniger gut zu verstehen.

Der Schrecken der Unterwelt

Zwei Opernszenen vergleichen

Die Oper „Orfeo ed Euridice" von Christoph Willibald Ritter von Gluck (1714–1787) entstand 1762 zunächst in italienischer Sprache. 1774 arbeitete Gluck die Oper für eine Aufführung in Paris um, wo sie nun in französischer Sprache am 2. August 1774 in der Académie Royale de Musique unter dem neuen Titel „Orphée et Euridice" uraufgeführt wurde. Eine der wichtigsten Änderungen: Die Rolle des Orpheus wurde nicht mehr von einem Kastraten, sondern von einem hohen Tenor gesungen.

Joseph Duplessis (1725-1802): Christoph Willibald Gluck, 1775

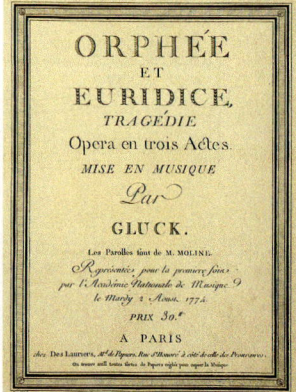
Ankündigung der Oper

Beginn des 2. Aktes im Textbuch zu Glucks „Orphée et Euridice" (in deutscher Übersetzung):

Das Tor zur Unterwelt, aus dem dichter Rauch und Flammen dringen. Orpheus lässt seine Leier erklingen. Die erstaunten Geister, Furien[1] und Dämonen stören durch Tänze seine Musik und versuchen, ihn zu erschrecken.

Chor der Geister, Furien und Dämonen
 Wer ist der Kühne,
 der es wagt, seinen Schritt
 an diese düstere Stätte zu setzen,
 und vor dem Tod
 nicht erzittert?

Tanz der Furien

Chor der Geister, Furien und Dämonen
 Wer ist der Kühne, der es wagt …
 Angst und Schrecken
 sollen sein Herz erfassen,
 wenn er das schreckliche Heulen
 des geifernden, brüllenden
 Cerberus[2] hört.

Worterklärungen: 1 Rachegöttinnen; 2 Höllenhund, der den Eingang zur Unterwelt bewacht

---

Verschiedene Teile in der Oper

Wie im Schauspiel bezeichnet man auch in der Oper die größten Abschnitte als **Akte**. Diese gliederten sich in **Szenen**, die in der Oper wiederum aus verschiedenen Teilen bestehen können. So findet man zum einen Teile, in denen die Handlung fortgeführt wird und Handlungspersonen miteinander sprechen. Wird darin gesungen, ist der Gesang zumeist dem normalen Sprechen ähnlich. Man nennt diese Teile daher **Rezitativ** (von *lateinisch* recitare = vortragen). In einer **Arie** wird dagegen die Handlung nicht fortgeführt. Hier kommen statt dessen Gefühle, Absichten und Charakterzüge einzelner Handlungspersonen zum Ausdruck. Dabei können Solosängerinnen und Sänger zugleich ihre Stimme und ihr Können zeigen. Ein **Chor** erscheint, wenn in der Handlung größere Gruppen auftreten. Instrumentalstücke ohne Gesang führen in die Stimmung einer Szene ein, **Ballette** drücken Teile der Handlung und deren Stimmung über tänzerische Bewegungen zu passender Musik aus.

1 Lest den Szenenausschnitt und überlegt, welche musikalische Gestaltung dazu passen würde.

2 **a** Hört den Opernausschnitt und beschreibt euren Gesamteindruck.

⊚ 2|26 **b** Untersucht, wie die musikalische Gestaltung der einzelnen Abschnitte den Textinhalt
verdeutlicht. Nutzt dazu auch die Informationen im blauen Kasten. **PH**|S. 43

3 Untersucht auf der Grundlage eures Höreindrucks und des abgedruckten Notenbeispiels,
⊚ 2|27 wie der Dialog zwischen Orpheus und dem Chor der Geister musikalisch gestaltet ist. **PH**|S. 43

4 Vergleicht die musikalische Darstellung der Szene mit derjenigen der Unterwelt-Szene
) 2|23–27 in Monteverdis „L'Orfeo". Benennt Gemeinsamkeiten und Unterschiede und haltet eure
Ergebnisse auf der Mindmap fest.

Beispiel 1: Ausschnitt aus dem 2. Akt, 1. Szene von Glucks „Orphée et Euridice"

Der Verlust der Geliebten

Den Ausdruck von Gefühlen untersuchen

Der Biss der Schlange hat Eurydike getötet. Als Orpheus diese Nachricht erhält, will er in seinem Schmerz das Unmögliche wagen …

Tu se' morta, mia vita, ed io respiro?	Du bist tot, mein Leben, und ich atme noch?
Tu se' da me partita	Du bist von mir gegangen,
Per mai più non tornare, ed io rimango?	um niemals zurückzukehren, und ich muss bleiben.
No, che se i versi alcuna cosa ponno,	Nein! Ich werde durch die Macht meiner Lieder
N'andrò sicuro a' più profondi abissi;	in die tiefsten Abgründe gelangen,
E intenerito il cor del Re dell'ombre,	und wenn ich das Herz des Königs der Unterwelt bezwungen habe,
Meco trarrotti a riveder le stelle,	werde ich dich zum Licht der Sterne führen.
Oh, se ciò negherammi empio destino,	Wenn aber ein grausames Schicksal mir dies versagt,
Rimarrò teco in compagnia di morte.	werde ich bei dir im Reich der Toten bleiben.
Addio terra, addio cielo e sole, addio.	Leb wohl, Erde! Lebt wohl, Himmel und Sonne, lebt wohl!

Beispiel 1: Ausschnitt aus dem 2. Akt von Monteverdis „L'Orfeo"

1
a Macht euch klar, welche Gefühle Orpheus hier ausdrückt. Schlüpft in seine Rolle und tragt den deutschen Text entsprechend vor. Setzt Tempo, Lautstärke und Artikulation sinnvoll ein.
◉ 3|1 b Verfolgt den Opernausschnitt und untersucht mit Hilfe des Notenbeispiels, wie der Textinhalt musikalisch verdeutlicht wird. Nutzt dabei die Fragen auf Seite 93. **PH|S. 44 DVD**

2
a Hört die Klage des Orpheus in Glucks Oper und erklärt mit Hilfe der abgedruckten Noten,
◉ 3|2 wie der Text hier musikalisch ausgestaltet wird. **PH|S. 44**
b Erklärt, wie die instrumentale Begleitung den Ausdruck der Singstimme unterstützt.

3 Vergleicht die beiden Werkausschnitte miteinander und erläutert, wie die Erfahrung des Verlustes jeweils musikalisch ausgedrückt wird. Ergänzt die Mindmap mit euren Ergebnissen. **PH|S. 44**

Orpheus hat sich auf dem Weg aus der Unterwelt entgegen dem Verbot nach Eurydike herumgedreht und sie so endgültig verloren …

J'ai perdu mon Euridice,	Ich habe sie verloren, meine Eurydike,
rien n'égale mon malheur.	ohnegleichen ist mein Elend.
Sort cruel, quelle rigueur!	Grausames Schicksal! Welche Unerbittlichkeit!
Je succombe à ma douleur.	Ich erliege meinem Schmerz!
Euridice! Réponds! Quel supplice!	Eurydike! Gib Antwort! Welche Qual!
Réponds moi! C'est ton époux fidale.	Gib Antwort mir! Dein treuer Gatte ruft dich,
Entends ma voix qui t'appelle.	höre meine Stimme.
Euridice! Mortel silence, vaine espérance!	Eurydike! Tödliche Stille! Vergebliche Hoffnung!
Quelle souffrance! Quel tourment	Welch ein Leiden! Welche Marter zerreißt mir
déchire mon coeur!	das Herz!

Beispiel 2: Ausschnitt aus dem 3. Akt von Glucks „Orphée et Euridice"

Fragen zur Untersuchung des Verhältnisses zwischen Text und Musik:
– Welcher Bezug besteht zwischen den im Text ausgedrückten Gefühlen und dem Charakter sowie der Wirkung der Musik?
– In welcher Weise ahmt die Singstimme die Art des Sprechens nach, zum Beispiel die Sprachmelodie, den Tonfall der Stimme oder den Sprachrhythmus, und welche Gefühle werden damit ausgedrückt?
– Welche Aussagen werden in der Musik besonders betont, zum Beispiel durch Wortwiederholungen, hohe Töne, lange Notenwerte und Akzente?

„Orpheus in der Unterwelt" – Das Ende eines Mythos?

Eine musikalische Parodie untersuchen

Jacques Offenbach

Orphée aux enfers im Theater Bouffes-Parisiens

Ein Jahrhundert nach Gluck griff Jacques Offenbach (1819–1880) die Orpheussage auf. „Orphée aux enfers" („Orpheus in der Unterwelt") wurde am 21. Oktober 1858 in Offenbachs eigenem „Théâtre des Bouffes-Parisiens" in Paris uraufgeführt.

Orpheus, ein Geiger und Musiklehrer, ist mit Eurydice verheiratet. Beide haben Eheprobleme, fühlen sich voneinander gelangweilt und betrügen sich gegenseitig. Pluto, der Gott der Unterwelt, zeigt dagegen Interesse an Eurydice und holt sie mit Hilfe eines Schlangenbisses zu sich in die Unterwelt. Orpheus freut sich darüber, dass er seine Frau losgeworden ist, und Eurydice verspricht sich ebenfalls ein interessanteres Leben in der Unterwelt. Aber die Öffentliche Meinung, die hier als handelnde Person auftritt und auf die Einhaltung der Sitten achtet, zwingt Orpheus dazu, seine Ehefrau von Jupiter, dem Göttervater, wieder zurückzufordern. Dieser verspricht, Eurydice aus der Unterwelt zurückzuholen, und begibt sich persönlich in Begleitung der anderen Götter dorthin, allerdings mit der Absicht, Eurydice für sich selbst zu gewinnen. Dieser Plan wird aber von Pluto vereitelt. Während alle ein großes höllisches Fest feiern, erscheint Orpheus in der Unterwelt, um Eurydice zurückzufordern. Aus Angst vor der Öffentlichen Meinung gibt Jupiter sie an Orpheus zurück, unter der Bedingung, dass Orpheus sie nicht ansehen darf, solange sie in die Oberwelt aufsteigen. Kurz vor dem Ziel sendet Jupiter plötzlich einen Donner, sodass sich Orpheus erschrocken umwendet und Eurydice erneut verliert. Sie wird von Jupiter in eine Dienerin des Weingottes Bacchus verwandelt.

1 Vergleicht die Handlung bei Offenbach mit der antiken Fassung des Mythos. **PH|**S. 45

2 Überlegt, mit welchen Absichten Offenbachs Fassung entstanden sein könnte.

Satire und Parodie

Eine **Satire** verfolgt die Absicht, bestimmte Personen, gesellschaftliche Zustände, Anschauungen oder Normen zu kritisieren oder lächerlich zu machen. Dies geschieht durch die Mittel der Übertreibung, Verspottung oder Ironie. Eine musikalische Satire ist häufig mit einer **Parodie** verknüpft. Diese entsteht, indem charakteristische Teile eines bekannten Werks nachgeahmt, dabei aber so verändert werden, dass ein komischer Effekt entsteht. Satire und Parodie sind damit Möglichkeiten, etwas zu kommentieren.

Orpheus erscheint in Begleitung der Öffentlichen Meinung vor Jupiter und den anderen Göttern im Olymp, um Eurydice zurückzufordern:

Jupiter (zu Orpheus)	Que me veux-tu, faible mortel?	Was willst du von mir, schwacher Sterblicher?
Öffentliche Meinung	Voici le moment solennel!	Das ist der feierliche Augenblick!
(leise zu Orpheus)	Tu vas, d'une voix attendrie,	Du wirst mit einer gerührten Stimme
	implorer du grand Jupiter	vom großen Jupiter erflehen
	le droit de reprendre à l'enfer	das Recht, von der Unterwelt zurückzuholen
	ton épouse tendre et chérie!	deine zarte und geliebte Gattin.
Orpheus	Vous le voulez?	Ihr wollt es so?
Öffentliche Meinung	Allons!	Los jetzt!
Orpheus	On m'a ravi mon Eurydice …	Man hat mir meine Eurydike geraubt.
Diana, Cupido, Venus	Rien n'égale son tourment!	Nichts gleicht seinen Qualen!
	(Orphée prend son violon et joue.)	*(Orpheus nimmt seine Geige und spielt.)*
Diana	Rien n'égale sa douleur!	Nichts gleicht seinem Schmerz.
Diana, Cupido, Venus	Rien n'égale sa douleur!	Nichts gleicht seinem Schmerz.
Orpheus	Et le ravisseur,	Und der Entführer –
Jupiter	C'est?	Ist …?
Orpheus	(avec force) C'est Pluton!	(mit Nachdruck) – ist Pluto!
alle	C'est Pluton!	Pluto ist's!

3 Lest den Text der Szene in verteilten Rollen.

4 Vergleicht die Szene mit den entsprechenden Unterweltsszenen bei Monteverdi und Gluck.

5 Verfolgt die Szene und beschreibt euren Gesamteindruck. **DVD**
◉ 3|3

6 Offenbach verwendet in dieser Szene ein Zitat aus der euch bereits bekannten Arie aus Glucks „Orphée et Euridice" (▶ S. 93).
◉ 3|2–3
a Vergleicht den Ausschnitt mit dem Original und überlegt, wie sich die Änderungen bei Offenbach vom Inhalt der Szene her begründen lassen.

b Überlegt, warum Offenbach dieses Zitat ausgewählt haben könnte. Nutzt dazu auch die Informationen im blauen Kasten und ergänzt die Mindmap mit euren Ergebnissen.

Beispiel 1: Ausschnitt aus dem 1. Akt von Offenbachs „Orphée aux enfers"

Die Unterwelt einmal anders

Die Umdeutung eines bekannten Stoffes untersuchen

„Höllengalopp", Essen, 2011

Zu Beginn des letzten Bildes sind alle Götter in der Unterwelt versammelt. Sie feiern ein rauschendes Fest zu Ehren des Weingottes Bacchus und stimmen voll Übermut den „Höllenchor" an. Darin heißt es unter anderem:

Es lebe der Wein! Es lebe Pluto!
Wir pfeifen auf das Gerede!
Die göttliche Schar, die dieser alte Wein beflügelt,
besingt den Gott, der die eiserne Krone trägt.
Sein geliebter Aufenthalt wird unsere Heimat sein:
Wenn man irgendwo das Leben versteht, Freunde,
dann ist es in der Hölle!
Es lebe der Wein! Es lebe Pluto!
Wir pfeifen auf das Gerede!

Dann tanzen alle Götter den Höllengalopp und singen dazu:

Dieser Ball ist einmalig.
Zum Höllengalopp lasst uns alle das Signal geben,
es lebe der Höllengalopp! La, la, la …

1

⊚ 3|4

a Hört den „Höllenchor" und stellt euch die Szene vor. Berücksichtigt dabei auch den Textausschnitt oben.

b Beschreibt den Charakter der Musik sowie auffallende musikalische Merkmale.

c Überlegt, inwiefern das abgebildete Szenenfoto zur Musik passt.

2 Der sogenannte „Höllengalopp" (Galop infernal) zählt zu den bekanntesten Werken Offenbachs.

⊚ 3|5

a Hört die Musik des Höllengalopps und beschreibt ihre Wirkung sowie charakteristische musikalische Merkmale.

b Entwickelt anhand der musikalischen Gestaltung Ideen zur Choreographie dieses Tanzes auf der Bühne.

c Erklärt, inwiefern die Musik zum Inhalt der Szene passt.

3 Sucht nach möglichen Gründen, warum dieser Tanz so berühmt wurde.

4   Musiziert den Mitspielsatz zum Höllengalopp auf geeigneten Instrumenten.

5   Vergleicht Offenbachs Darstellung der Unterwelt mit den Unterweltszenen bei Monteverdi und Gluck. Was ist gegenüber diesen ungewöhnlich? **DVD**

6   Verfasst einen Kommentar zu dieser Szene aus der Sicht des Orpheus.

Mitspielsatz

Satz: Peter Ickstadt

Der Musiker als Kommentator seiner Zeit

Musik als gesellschaftliche Stellungnahme deuten

Links: Franz Xaver Winterhalter (1805–1873)
Napoleon III., 1852;
Rechts: Karikatur auf Napoleon III.,
Paris, 1870/1871

Offenbachs „Orphée aux enfers" entstand zur Zeit des sogenannten Zweiten Kaiserreichs
(1852–1870) in Frankreich unter Kaiser Napoleon III. Napoleon III. wurde 1848 zunächst
als französischer Präsident gewählt, im Jahre 1852 schließlich nach einer Volksabstimmung
zum Kaiser der Franzosen ausgerufen. Zur Zeit seiner Regierung entwickelte sich das Land
zu einer führenden Wirtschaftsnation in Europa. Davon profitierten vor allem die oberen
Gesellschaftsschichten, die im Wohlstand lebten und rauschende Feste feiern konnten,
während die ärmeren Schichten weiter mit sozialen Problemen zu kämpfen hatten.

1 Vergleicht die Abbildungen von Napoleon III. oben.
  a Beschreibt, wie die Person des Kaisers hier jeweils dargestellt und charakterisiert wird.
  b Wie lassen sich die Unterschiede in der Darstellung erklären?

2 Lest noch einmal die Texte zu Handlung und einzelnen Szenen aus Offenbachs „Orphée aux
enfers" (▶ S. 94–96). Überlegt, auf welche Personen die Figuren des Göttervaters Jupiter
und der restlichen Götterversammlung anspielen könnten.

3 **a** Erklärt, inwiefern sich in Offenbachs Werk Wertvorstellungen, etwa von Treue und Liebe,
     gegenüber dem antiken Orpheus-Mythos und seinen Vertonungen bei Monteverdi und
     Gluck gewandelt haben. Welche Bedeutung hat in diesem Zusammenhang die Handlungs-
     figur der „Öffentlichen Meinung"?
  ⊚ 3|3–5 **b** Hört die Musik Offenbachs und untersucht, welche Haltung die Musik zu den dargestellten
     Verhältnissen ausdrückt.
  c Diskutiert, inwiefern Offenbachs Umdeutung den Orpheus-Mythos verändert
     oder sogar zerstört.

Unterrichtsprojekt

Ein Treffen in der Unterwelt

Ernst und würdevoll oder witzig und überdreht, ein zeitlos gültiger Mythos oder eine bissige Satire? Die verschiedenen Opernfassungen des Mythos von Orpheus und Eurydike zeigen, wie sich die gleiche Geschichte auf sehr unterschiedliche Weise erzählen lässt. Dabei hat sich auch Orpheus selbst über die Jahrhunderte gewandelt, vom verzweifelt Trauernden bis zum sorglosen Lebemann. Aber was hätten Monteverdi, Gluck, Offenbach und schließlich Orpheus selbst einander zu sagen, wenn sie sich in einer Zeitreise begegnen würden, vielleicht sogar in Plutos Unterwelt?

Plant eine solche Begegnung, in der die vier Personen über ihre Kompositionen, über die Orpheus-Sage und über die Magie der Musik diskutieren, und führt sie als Spielszene mit Musik auf.

1
a Entwerft eine geeignete Situation, in der die Begegnung zwischen den Personen stattfinden soll.
b Entscheidet euch für eine bestimmte Grundstimmung, in der die Diskussion geführt wird, zum Beispiel eine ernsthafte, streitbare, freundschaftliche, übermütige oder auch parodistische.
c Versetzt euch in die Lage der verschiedenen Personen und überlegt, was diese zu dem Thema zu sagen hätten.

2 Erstellt einen Text mit Dialogen zwischen den Personen und Regieanweisungen zu deren Handlungen.

3 Überlegt, wie man die Szene musikalisch gestalten kann, zum Beispiel
– durch die Untermalung der Situation, etwa durch eine einleitende Musik,
– durch die musikalische Begleitung von Handlungen,
– durch das Einbeziehen von Ausschnitten aus den Werken, über die gesprochen wird.

4 Verteilt die Rollen und probt eure Szene mit Dialogen, Handlungen und Musikeinspielungen.

5 Präsentiert eure Szenen der Klasse und tauscht euch über die unterschiedlichen Darstellungsweisen aus.

Oben: Salvador Dalí (1904-1989):
Die Beständigkeit der Erinnerung, 1931
Unten: M.C. Escher: Ascending and Descending, 1960
Rechts: Magic Mountain, Duisburg, 2012

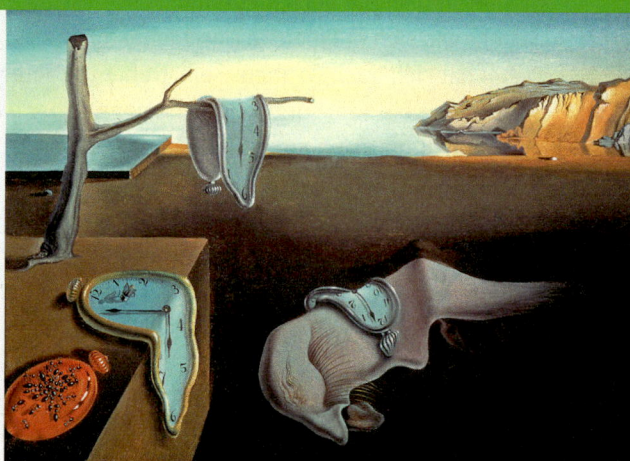

In diesem Kapitel …
– erprobt ihr, wie auf unterschiedliche
Weise durch Musik Zeit gestaltet
werden kann,
– hört und musiziert ihr Musik aus
verschiedenen Jahrhunderten,
– gestaltet ihr zeitliche Verläufe mit
musikalischen Mitteln.

Wie die Zeit vergeht!
Musikalische Zeitverläufe untersuchen und gestalten

◉ 3|6–9

1 **a** Ihr hört vier Musikausschnitte. Sortiert sie, ohne auf die Uhr zu schauen, nach ihrer Dauer.
   b Vergleicht eure Ergebnisse mit den tatsächlichen Dauern und benennt Auffälligkeiten.

2 Beschreibt die Abbildungen und untersucht, durch welche Gestaltungsidee die Augen des Betrachters jeweils auf den Inhalt des Bildes gelenkt werden.

3 Entwickelt zu einer der Abbildungen Ideen, welche Art von Musik sich unterlegen ließe, damit ein Betrachter sich möglichst lange auf das Bild und seine Gestaltung konzentriert. Nutzt dazu eure Erfahrungen aus der Begegnung mit den Hörbeispielen.

Blick in eine ferne Zeit

Musik des Mittelalters hören und vergleichen

Bereits im 6. Jahrhundert wurde in Rom unter Papst Gregor die „Schola Cantorum" (Sänger-schule) gegründet, deren Aufgabe es war, den für den Gottesdienst bestimmten Gesang zu pflegen und weiterzuentwickeln. In jedem christlichen Gottesdienst spielt der Gesang seitdem eine wichtige Rolle: Durch die Musik erleben die Gläubigen Gemeinschaft und können Abstand zur Alltagswelt gewinnen.

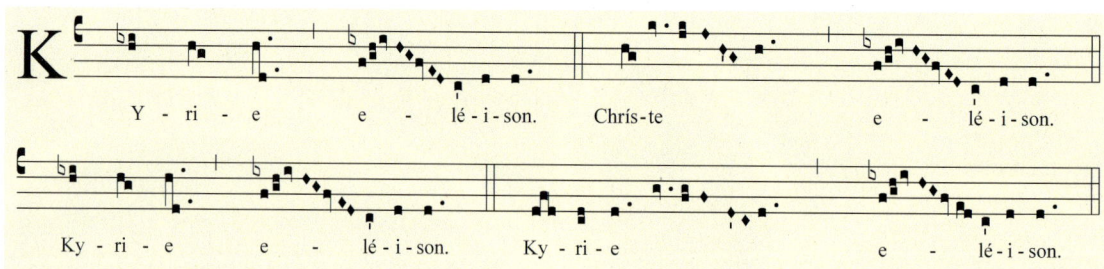

1 Hört das „Kyrie". Tauscht euch anschließend darüber aus, welche Vorstellungen
◎3|10 die Musik in euch wachruft.

2 a Betrachtet das zugehörige Notenbild und versucht, es zur Musik mitzulesen.
◎3|10 **b** Beschreibt die Schwierigkeiten, die ihr beim Mitlesen hattet, und benennt Unterschiede
zu Notenbildern, die ihr kennt.

3 Untersucht, wie in diesem Musikstück der zeitliche Verlauf gegliedert wird, indem ihr
◎3|10 den Anfang der Melodie mitsingt und euren Gesang durch Dirigierbewegungen unterstützt.

4 Hört die Aufnahme der Gruppe „Enigma" und benennt Gemeinsamkeiten und Unterschiede
◎3|11 zur Aufnahme des „Kyrie". Nutzt dazu die Informationen im blauen Kasten.

5 Hört das gregorianische „Kyrie" erneut und überlegt, wie der erste Abschnitt in heutige
◎3|10 Notation übertragen werden könnte.

Gregorianischer Choral

Die unter Papst Gregor gesammelten Gesänge werden unter dem Oberbegriff **Gregorianischer Choral** zusammengefasst. Es handelt sich dabei um einstimmigen Gesang *a capella,* das heißt ohne instrumentale Begleitung. Die gregorianischen Melodien folgen der Betonung der gesungenen Worte, sie werden rhythmisch frei und ohne durchlaufendes Metrum gesungen. Es gibt daher auch keine regelmäßigen Taktschwerpunkte, sodass die Notation ohne Taktstriche erfolgt. Diese Zeit-gliederung nennt man **a-metrisch.** Im Gegensatz dazu besitzt Musik, die in Takte gegliedert ist und klare Betonungsverhältnisse aufweist, eine **metrische Zeitgliederung.**

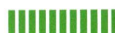

Popmusik auf dem Weg ins Mittelalter?

Losing my religion

Text und Musik: W. Berry, P. Buck, M. Mills, J. Stipe

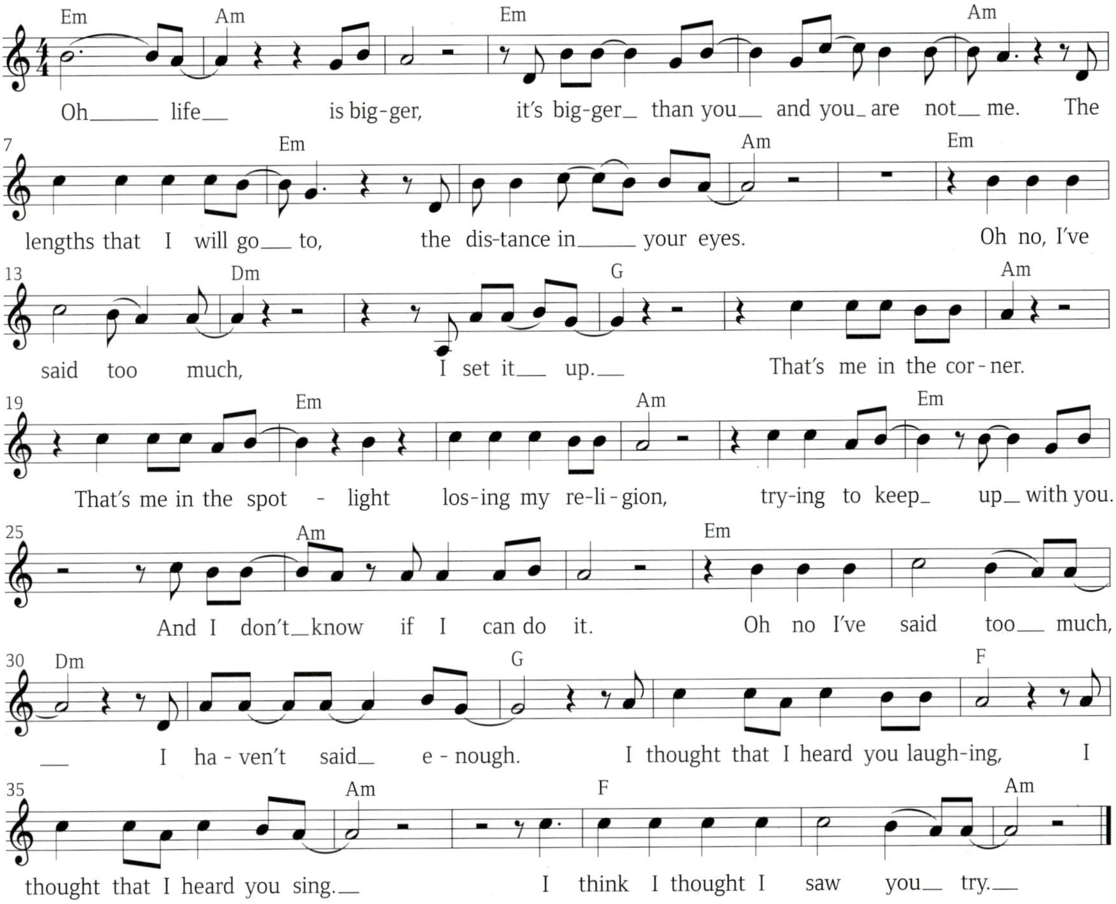
Em Am Em Am
Oh___ life___ is big-ger, it's big-ger_ than you___ and you_ are not___ me. The
7 Em Am Em
lengths that I will go___ to, the dis-tance in_____ your eyes. Oh no, I've
13 Dm G Am
said too much, I set it___ up.___ That's me in the cor-ner.
19 Em Am Em
That's me in the spot - light los-ing my re-li-gion, try-ing to keep_ up_ with you.
25 Am Em
And I don't_know if I can do it. Oh no I've said too___ much,
30 Dm G F
___ I ha-ven't said_ e-nough. I thought that I heard you laugh-ing, I
35 Am F Am
thought that I heard you sing.___ I think I thought I saw you_ try.___

6 **a** Singt die Melodie des Songs und beschreibt, was euch beim Singen schwer oder leicht gefallen ist.

b Untersucht die Gestaltung der Melodiestimme. Nutzt dazu auch die Informationen im blauen Kasten.

7 Hört die beiden Aufnahmen des Popsongs „Losing my religion" und vergleicht die zeitliche Gestaltung der Musik. Verwendet dazu auch passende Fachbegriffe. **PH | S. 46**

3 | 12–13

Offbeat

In der Rock- und Popmusik werden Melodiephrasen häufig so gesungen oder gespielt, dass sie gegenüber dem regelmäßigen Metrum geringfügig verschoben sind. Eine solche Phrasierung nennt man **Offbeat** (*englisch* off beat), das heißt wörtlich übersetzt: neben dem Schlag. Im Notenbild erkennt man eine Offbeat-Phrasierung in der Regel an zahlreichen Überbindungen vor allem an den Taktgrenzen.

Schwebende Klänge

Mehrstimmige Musik zweier Epochen vergleichen

Der italienische Komponist Giovanni Pierluigi da Palestrina (1525-1594) komponierte vor allem Chorwerke für die Kirchenmusik am Petersdom in Rom, dem Sitz des Papstes. Diese Musik wurde grundsätzlich a capella, also ohne Instrumente aufgeführt. Auch heute werden Palestrinas Kompositionen in der Regel a capella gesungen. Palestrina war zu seiner Zeit als Komponist so geachtet, dass sein Grab im Petersdom die Inschrift „musicae princeps" trägt – Fürst der Musik.

Missa Papae Marcelli, Sanctus (Anfang)

G. P. da Palestrina

1 Hört den ersten Teil des „Sanctus" der „Missa Papae Marcelli" von Giovanni Pierluigi da Palestrina. Tauscht euch anschließend über die Wirkung der Musik auf euer Zeitempfinden aus.

⊚ 3|14

2 Der Text dieses Abschnitts steht in Latein und lautet übersetzt: „Heilig, heilig, heilig ist der Herr". Durch welche musikalischen Gestaltungsmittel wird dieser Textinhalt vermittelt?

3 Untersucht mit Hilfe des Notenbildes das Zusammenwirken der Stimmen genauer. Achtet dabei auf einzelne Stimmen, ihre melodischen Verläufe und ihren Rhythmus. **PH**|S. 47

4 Vergleicht die Gestaltung der Sopranstimme mit der Melodie des gregorianischen Kyrie.

Der Text des lateinischen „Sanctus" wird in der englischen Übersetzung auch in der Gospelmusik gesungen. Diese enthält in der rhythmischen Gestaltung viele Elemente der traditionellen afroamerikanischen Musik, zum Beispiel die auch für Popmusik typische Offbeat-Phrasierung und Kombinationen voneinander unabhängiger rhythmischer Patterns.

Holy, holy, holy – Chorsatz

Text und Musik: Gary Oliver

5 Singt den Gospelsong ein- oder mehrstimmig und begleitet euren Gesang, zum Beispiel indem ihr die Bass-Stimme und die Akkorde ergänzt.

6 Vergleicht die musikalische Gestaltung mit der des „Sanctus" von Palestrina. Erklärt, worin sich 3|14 die beiden Chorstücke unterscheiden.

Spiel mit der Zeit: Wann passiert was?

Musik mit dem Zufall untersuchen und gestalten

Barbara Krafft (1764-1825):
W. A. Mozart, 1819

1787 komponierte W. A. Mozart (1756–1791) seinen „Würfelwalzer". Dabei wird aus einer Tabelle mit acht Spalten jeweils ein Takt jeder Spalte durch Würfeln ermittelt und anschließend in der vorgegebenen Reihenfolge von links nach rechts im Violinschlüssel gespielt. Mozart selbst nannte seine Komposition „Anleitung zum Componieren von Walzern so viele man will … ohne selbst etwas von der Musik zu verstehen".
Der hier abgedruckte Ausschnitt besteht nur aus drei statt sechs Zeilen.

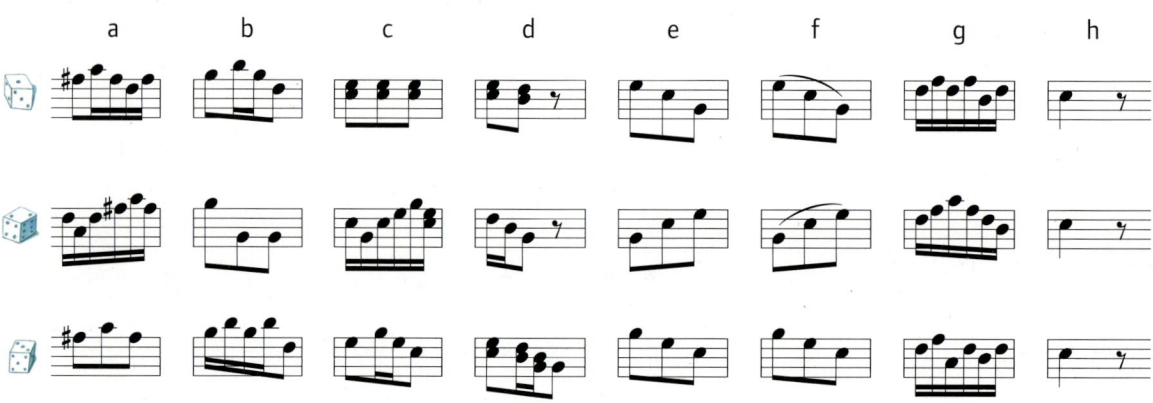

1 a Ermittelt aus der Vorlage achttaktige Walzer mit Hilfe eines Würfels. **PH|**S. 48

3|15–17 **b** Musiziert mehrere Fassungen mit euren Instrumenten oder hört die ebenfalls gewürfelten drei Fassungen.

2 Begleitet unterschiedliche Fassungen mit dem Spielsatz und tauscht euch über eure Eindrücke aus. **PH|**S. 48

3 Untersucht mit Hilfe des Begleitsatzes, wie aus den gewürfelten Takten ein musikalischer Zusammenhang entsteht, und erklärt, wie der zeitliche Verlauf dadurch gegliedert wird.

4 Nehmt Stellung zu Mozarts Formulierung, man könne mit dem Würfelwalzer komponieren, „ohne selbst etwas von der Musik zu verstehen".

Spielsatz zum „Würfelwalzer"

Freie Zeit – offene Form: Ein Streichquartett als Spielplan

Der polnische Komponist Witold Lutosławski (1913–1994) komponierte 1964 ein Streichquartett, in dem er an vielen Stellen auf verbindliche Vorgaben verzichtet. Was und wie die vier Musiker zusammen musizieren sollen, wird stattdessen mit Hilfe ungefährer Zeitangaben geregelt, sodass die Interpreten sich über den zeitlichen Ablauf im Moment der Aufführung verständigen müssen, zum Beispiel indem sie sich gegenseitig Signale geben, wenn die Musik zum nächsten Abschnitt fortschreiten soll.

Section 40 aus dem Streichquartett (Violine 1)   Witold Lutosławski

5   **a** Hört die Aufnahme der Sections 39–41 und achtet auf Anfang und Ende der abgedruckten
   ⊙ 3|18   Section 40.
      b Erklärt mit Hilfe des Partiturausschnitts, wie der musikalische Verlauf gestaltet wird.

6   Hört den Anfang des zweiten Satzes und findet heraus, wo sich die Spieler musikalische
⊙ 3|19   Signale geben.

7   **a** Diskutiert, worin der Reiz dieser Musik für die Ausführenden, für den Komponisten und
      für das Publikum jeweils liegen könnte. Nutzt dazu die Informationen im blauen Kasten.
      b Nehmt Stellung zu der Frage, ob Mozarts „Würfelwalzer" bereits als aleatorische
      Komposition gelten könnte.

Aleatorik

In den 1950er-Jahren stellten sich zahlreiche Musiker die Frage, warum beim Komponieren aus den unendlichen Möglichkeiten musikalischer Erfindung immer nur eine Lösung richtig sein sollte. Daher experimentierten sie mit der Rolle des Zufalls bei der Entstehung von Musik. So sollte vor allem dem Interpreten mehr Freiheit bei der Aufführung der Musik eingeräumt werden. Solche Kompositionen heißen **aleatorisch**, in Anlehnung an das lateinische Wort für Würfel, alea. Sie enthalten zumeist keine festen Zeitangaben: Wie die Aufführungsdauer gestaltet wird, hängt neben den Interpreten auch vom Ort und anderen äußeren Bedingungen der Aufführung ab, auch vom Publikum.

Moment mal!

*Joseph Karl Stieler (1781-
1858): L.v. Beethoven, 1820*

Musikalische Spannung hören und gestalten

Ludwig van Beethoven lebte von 1770 bis 1827. In Bonn geboren, siedelte
er schon als junger Mann nach Wien um, einem der wichtigsten musikalischen Zentren dieser Zeit. Zu seinen bekanntesten Kompositionen gehören
seine neun Sinfonien. Jedes dieser Werke für Orchester besteht aus
mehreren Sätzen, die sich im Ausdruck und in der musikalischen Gestaltung
voneinander unterscheiden.

2. Satz aus der 7. Sinfonie (Takt 3–98) – Spielsatz

Satz: Ulrich Brassel

1 Hört den Anfang des zweiten Satzes der 7. Sinfonie und beschreibt, wie die Musik auf euch wirkt.

⊚ 3|20

2 Verdeutlicht diese Wirkung, indem ihr den abgedruckten Spielsatz einstudiert und zur
⊚ 3|20 Aufnahme hinzuspielt. Achtet dabei auch auf den Einsatz von Dynamik und Klangfarbe.

3 Erläutert, wie das Zeitempfinden beim Zuhören beeinflusst wird. Nutzt dazu die Informationen
im blauen Kasten.

Ostinato

Das Wort „Ostinato" heißt übersetzt „hartnäckig" oder „starrsinnig". In der Musik ist ein **Ostinato**
ein beharrlich wiederkehrendes Gestaltungselement. Dies kann eine melodische Figur sein, ein
Rhythmus oder auch eine Harmoniefolge. Ein Ostinato gliedert ein Musikstück und schafft damit
zeitliche Orientierung für die Zuhörer. In der Pop- und Rockmusik nennt man ein Ostinato auch *riff*.

„Coptic Light" – klingen und verklingen

Der US-amerikanische Komponist Morton Feldman lebte von 1926 bis 1987. Er wuchs in Brooklyn in der Nähe von New York auf, wo er auch den überwiegenden Teil seines Lebens verbrachte. Er komponierte für Chor, Orchester sowie für einzelne Instrumente. Die meisten seiner Stücke sind extrem langsam und einige dauern mehrere Stunden.

4
◉ 3|21
a Hört den Anfang des Orchesterstücks „Coptic Light". Vergleicht den Klang der Musik mit dem Anfang des Sinfoniesatzes.
b Ordnet eines der beiden Bilder der Musik zu. Begründet eure Zuordnung.

5
◉ 3|21
Beschreibt, wie der zeitliche Ablauf gestaltet ist. Achtet dabei auf Klangfarben, Tondauern und auf die Dynamik.

6
Entwickelt Ideen, wie der Anfang des Sinfoniesatzes mit den Mitteln Feldmans umgestaltet werden könnte, und führt eine solche Fassung mit euren Instrumenten auf.

7
a Stellt eine Bilderfolge zusammen, mit der ihr eine der beiden Kompositionen unterlegen könnt, sodass die Wirkung der Musik verstärkt wird.
b Führt sie in einer Präsentation mit der Musik vor und vergleicht verschiedene Lösungen.

Jackson Pollock (1912-1956): Number III (Tiger), 1949

Barnett Newman (1905-1970): Who's Afraid of Red, Yellow and Blue IV, 1969/70

Tipps zur Bebilderung von Musik:
– Sucht Bilder aus, die zum Ausdruck der Musik passen, zum Beispiel Fotografien, Kunstwerke, Cartoons, oder erstellt eigene Zeichnungen.
– Plant die Abfolge der Bilder synchron, also zeitlich passend zur Musik.
– Musikalische Zusammenhänge lassen sich durch Mittel der Montage verdeutlichen, zum Beispiel Überblendung, Aufklappen oder Verwischen.
– Nutzt Möglichkeiten der Bildbearbeitung, zum Beispiel am Computer.

Die Zeit steht still

Carl Jäger (1833–1887):
Robert Schumann, 1871

Der Komponist Robert
Schumann lebte von 1810
bis 1856 und war zeit
seines Lebens auf der
Suche nach einem musika-
lischen Stil, mit dem sich
Stimmungen, Gefühle und
Gedanken auf besonders
tiefsinnige, in seinen eigenen Worten „poetische"
Weise ausdrücken ließen.
Besonders zahlreich sind
seine oft nur kurzen Kom-
positionen für Klavier, die
er selbst „Charakterstücke"
nannte und in mehreren
Sammlungen veröffent-
lichte.

Musikalische Verlangsamungen untersuchen

Träumerei

Robert Schumann

1 Hört den Anfang der „Träumerei" und stellt Bezüge zum Titel des Klavierstückes her.

◉ 3|22

2 **a** Untersucht mit Hilfe des Notenbeispiels den Wechsel von Bewegung und
◉ 3|22   Stillstand **PH** | S. 49
b Erklärt, wie in der „Träumerei" die zeitliche Gliederung des Stückes gestaltet ist.

3 Nehmt Stellung zu der Frage, welche Art von „Träumerei" durch die musikalische Gestaltung
dargestellt werden könnte.

4 Sucht im Internet nach einer Bearbeitung der „Träumerei" und bestimmt Unterschiede gegenüber dem Original. Welche Fassung passt eurer Meinung nach besser zum Titel „Träumerei"?

Langsamkeit als Idee – „As Slow as Possible"

Der US-amerikanische Komponist John Cage (1912–1992) forderte sein Publikum immer wieder mit originellen musikalischen Ideen dazu auf, sich mit grundsätzlichen Fragen der Musik auseinanderzusetzen. 1987 komponierte er ein Orgelstück, dessen Partitur mit „Organ²/ASLSP" überschrieben ist. Die hochgestellte Ziffer 2 gibt an, dass dies die zweite Fassung der Komposition ist: Zwei Jahre zuvor war bereits eine Fassung für Klavier entstanden. Die Buchstabenfolge steht für die Spielanweisung „As Slow as Possible" – So langsam wie möglich.

Organ²/ASLSP

John Cage

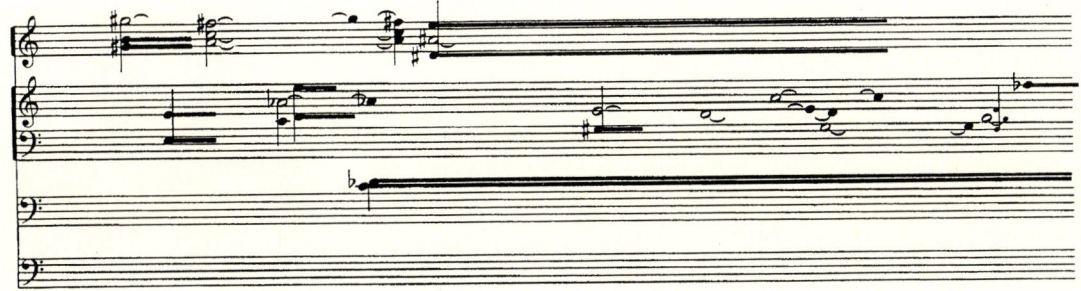

5 Beschreibt den Ausschnitt der Partitur: Welche Zeichen weisen darauf hin, dass es sich um ein langsames Stück handelt?

6 a Lasst euch von jemandem aus eurer Klasse eine Melodie oder ein kurzes Instrumentalstück „so langsam wie möglich" vorspielen oder führt gemeinsam Musik „so langsam wie möglich" auf.
b Beschreibt jeweils aus der Sicht der Ausführenden und des Publikums, worauf ihr besonders geachtet habt.

7 Überlegt, was die Spielanweisung „as slow as possible" für verschiedene Besetzungen bedeuten könnte.

8 a In Halberstadt (Sachsen-Anhalt) hat eine Gruppe von Künstlern und Kulturpolitikern für eine Aufführung von Cages Komposition eigens eine Orgel entworfen, die seit 2001 allmählich zusammengebaut wird. Informiert euch über dieses Projekt und stellt euch die Ergebnisse gegenseitig vor.
b Der Organist Gerd Zacher, dem Cage sein Orgelstück gewidmet hat, kritisierte das Halberstädter Projekt mit den Worten: „Warum ein Stück in der Zeit dehnen, bis es auseinanderreißt?" Diskutiert die Argumente für und gegen eine derart langsame Aufführung der Musik in einer Pro- und Kontra-Diskussion.

Tonwechsel am 5. 7. 2012 durch Margot Dannenberg

Musik bis zum Umfallen?

„O Fortuna" in verschiedenen Fassungen

„Carmina Burana" heißt eine Komposition von Carl Orff (1895–1982), der darin mittelalterliche Liedtexte, zum Teil auf Latein, für Chor und großes Orchester vertont hat. Im Eingangschor wird Fortuna, die antike Göttin des Schicksals und des Zufalls, beschworen, deren Symbol das unaufhörlich sich drehende Rad ist. Typisch für Orffs Kompositionsweise ist die Arbeit mit motivischen Wiederholungen und der Einsatz vielfältiger Schlaginstrumente.

1 Hört den Anfang von „O Fortuna" und gliedert den zeitlichen Verlauf
◉ 3|23 der Musik. Beschreibt, wie die musikalische Gestaltung das Zeitempfinden der Zuhörer beeinflusst.

2 Entwerft eine Bewegungschoreographie zum Ablauf der Musik. Gebt
◉ 3|23 eurer Choreographie einen Titel, in dem das Wort „Zeit" enthalten ist.

3 **a** Hört zwei weitere Versionen des Stückes und untersucht, wie das
◉ 3|24–25 Original darin jeweils verarbeitet wird.
　　b Tauscht euch darüber aus, welche Version ihr für die interessantere haltet, und begründet eure Meinung.

4 Entwickelt aus euch bekannten Tanzelementen eine Choreographie zu einer der beiden Bearbeitungen. Vergleicht sie anschließend mit eurer Choreographie zum Original.

Das sich drehende Rad als Symbol des Schicksals: Illustration aus dem Codex Buranus, um 1230

5 Orffs „O Fortuna" gehört zu den Musikwerken, die besonders häufig in der Techno-Musik zitiert und „gemixt" werden. Überlegt, welche Gründe es dafür geben könnte. Nutzt dazu auch die Informationen im blauen Kasten.

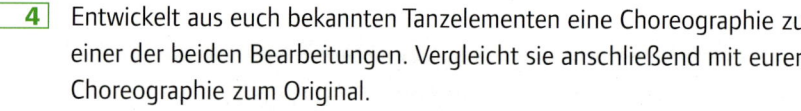

Techno, Tekkno, House

Seit den 1980er-Jahren meint der Begriff **Techno** eine elektronisch produzierte Tanzmusik mit vorwiegend synthetisch hergestellten Sounds. Der daraus abgeleitete Begriff **Tekkno** stellt lediglich eine Lautumschrift aus dem Englischen dar. Für die gleiche Musik wird auch der Begriff **House** benutzt, da diese Musikszene in den „Häusern" US-amerikanischer Tanzclubs entstanden ist. Bestimmend für den Stil der Technomusik sind neben den synthetischen Klangfarben der durchgehende 4/4-Takt mit sehr deutlicher Betonung der Taktzeiten, ein schnelles Grundtempo meist oberhalb von 140 BPM (beats per minute) sowie die regelmäßige, jederzeit erkennbare Gliederung in 4- oder 8-taktige Abschnitte. Häufig werden Werkausschnitte bekannter Kompositionen, Klassiker der Popmusik oder auch aktuelle Charterfolge in der Technomusik verarbeitet.

Unterrichtsprojekt

Vorschlag 1: Ein Song auf Zeitreise

Was wäre, wenn euer Lieblingssong in einem mittelalterlichen
Kloster entstanden wäre?
Sucht aus den aktuellen Charts einen Song aus, der euch gut
gefällt und der auch anderen leicht ins Ohr geht, und erstellt
nach dem Vorbild des gregorianischen Gesangs eine Bearbeitung
für Chor a cappella.

1 Macht euch mit der Melodie vertraut, indem ihr sie rhythmisch
frei auf Instrumenten spielt und dazu singt. Achtet darauf,
dass ihr den Rhythmus des Originals nicht imitiert.

2 Singt die Melodie so, dass nur die betonten Silben verlängert
werden, und vermeidet regelmäßige Taktschwerpunkte.

3 Tragt euer Ergebnis in der Klasse vor und vergleicht mehrere
Ergebnisse. Wem ist die überzeugendste Zeitreise gelungen?

*Kreuzgang, ehemaliges Zisterzienserkloster,
Maulbronn*

Vorschlag 2: Die Erfindung der Unruhe – Die Entdeckung der Langsamkeit

Die Inhalte dieses Kapitels könnt ihr abschießend auch
in einer Klangszene zusammenfassen.

4 Entscheidet euch für einen der beiden oben genannten
Titel oder für eine Kombination beider. Überlegt, welche
musikalischen Erfahrungen sich mit der einen oder der
anderen Formulierung verbinden.

5 Sucht nach Musikbeispielen, die zu den geäußerten Erfahrungen
passen. Dies können Ausschnitte aus längeren Kompositionen,
Samples einzelner Klänge oder auch Aufnahmen von Alltags-
geräuschen sein.

6 Wertet die gesammelten Hörbeispiele aus: Entscheidet, welche Ausschnitte zueinander passen
und wie ihr sie sinnvoll anordnen könnt.

7 Kombiniert die ausgewählten Ausschnitte zu einer Klangszene unter dem von euch ausgewählten Titel. Achtet auch darauf, dass „Erfindungen" und „Entdeckungen" häufig ganz
unerwartet gemacht werden.

8 Präsentiert eure Klangszenen in der Klasse und nehmt zu den Ergebnissen begründet Stellung.

Oben: Anonym, Le concert, 1750
Unten: Berliner Philharmoniker, Berlin, 2013
Rechts: Jacques Duplessis-Bertaux (1747-1820):
Der Sturm auf die Tuilerien, 1792

In diesem Kapitel …
– hört und musiziert ihr Musik aus der
  Zeit der französischen Revolution,
– informiert ihr euch über die Situation
  in Europa um das Jahr 1789,
– stellt ihr Verbindungen zwischen den
  damaligen Veränderungen und dem
  heutigen Musikleben her.

Zeitenwende
Musik im Umfeld der französischen Revolution

1 Beschreibt, was auf den Abbildungen zu sehen ist, und äußert Vermutungen zu den geschichtlichen Zusammenhängen.

2 Informiert euch über die revolutionären Ereignisse in Frankreich zwischen 1789 und 1792.

3 Vergleicht die beiden Abbildungen von Konzertveranstaltungen und erläutert, in welcher Situation jeweils Musik aufgeführt wird.

4 Informiert euch über Ereignisse aus der jüngeren Vergangenheit, die das Leben vieler Menschen in kurzer Zeit verändert haben, und stellt sie in eurer Klasse vor.

Vorboten der Revolution auf der Opernbühne

Zwei Opernszenen von W. A. Mozart im Vergleich

Wolfgang Amadeus Mozart (1756–1791) schrieb kurz hintereinander, nämlich in den Jahren 1786 und 1787, zwei seiner bekanntesten Opern: „Die Hochzeit des Figaro" und „Don Giovanni". Wenige Jahre vor der französischen Revolution entstanden, geht es in beiden Werken um die Willkür, mit der der herrschende Adel seine Ziele durchsetzt. In „Die Hochzeit des Figaro" (1786) ist es der Graf Almaviva, der sich in Susanna, die Braut seines Dieners Figaro, verliebt hat. Ständig sucht der Graf nach Gelegenheiten, um Susanna ungestört nachstellen zu können. Doch Figaro durchschaut die Absichten des Grafen und will diese unter allen Umständen vereiteln. In einer Cavatine, einer kleineren Form der Arie, bringt Figaro seine Gefühle zum Ausdruck:

1 Verfolgt den Anfang der Arie mit Hilfe des Notenbildes mit.

3|26

2 Die deutsche Übersetzung lautet: „Wenn der Herr Graf tanzen will, spiele ich ihm die Gitarre dazu, ja!" Überlegt, was Figaro damit bildlich aussagen will. Formuliert dies in heutiger Sprache.

3 Im weiteren Verlauf der Arie entschließt sich Figaro zu einer List. Eine deutsche Textfassung lautet: „Man muss im Stillen nach seinem Willen Menschen zu lenken die Kunst versteh'n."

3|27

   a Hört oder singt die Fortsetzung der Cavatine und beschreibt die Art der Textverteilung.

   b Unterlegt die Melodie entsprechend mit dem deutschen Text und singt diese Fassung.

   c Erklärt, was in Figaro vorgeht und woran ihr dies in der Musik erkennt.

Ein Tanz für jeden Stand – Die Ballszene aus „Don Giovanni"

Weil er jede Frau, die ihm gefällt, verführen will, setzt sich Don Giovanni rücksichtslos über alle geltenden Regeln hinweg. Schließlich wird er sogar zum Mörder. Doch am Schluss siegt die Gerechtigkeit und Don Giovanni wird für seine Missetaten bestraft. Auf dem Höhepunkt der Handlung findet in Don Giovannis Schloss ein rauschendes Ballfest statt, bei dem sich alle Figuren der Oper begegnen. In dieser Szene erklingen gleichzeitig drei verschiedene Tänze: Ein Menuett, ein Kontratanz und ein Ländler.

Spielsatz zur Ballszene

4
a Studiert den dreistimmigen Spielsatz zum Menuett mit euren Instrumenten ein.
b Probt die Stimme zum „Kontratanz" im gleichen Metrum und ergänzt sie zum Menuett. Achtet dabei auf ein einheitliches Tempo. **PH | S. 52**
c Ergänzt den Rhythmus des „Ländlers" mit Percussionsinstrumenten.

5 Beschreibt das klangliche Ergebnis und benennt Schwierigkeiten beim gleichzeitigen Musizieren der Tänze. Beachtet dabei auch die Informationen im blauen Kasten. **PH | S. 52**

6
a Beschreibt, wie das gleichzeitige Erklingen dreier Tänze in einer Inszenierung gestaltet wird. **DVD**
b Überlegt, welche Wirkung die Ballszene auf die damaligen Zuschauer gehabt haben könnte.

Menuett, Kontratanz, Ländler

In der Ständegesellschaft des späten 18. Jahrhunderts galten im öffentlichen Leben strenge Verhaltensregeln und Vorschriften, etwa zur Kleiderordnung. So war es möglich, die Zugehörigkeit eines Menschen zu einem bestimmten Stand sofort zu erkennen. Selbst die Tänze dieser Zeit waren bestimmten Ständen vorbehalten: Während das **Menuett** mit seinen komplizierten Schrittfolgen bei höfischen Festen von den Mitgliedern des Adels getanzt wurde, galt der aus England stammende **Kontratanz** (*englisch:* country dance) als typischer Tanz des Bürgertums. Die einfache Landbevölkerung tanzte den so genannten **Ländler**, einen schnellen Drehtanz ohne feste Schrittfolgen.

Die Revolution singt

Ça ira - Ein Revolutionslied untersuchen und einordnen

Freiheit, Gleichheit und Brüderlichkeit lauteten die Ideale der französischen Revolution.
Auch durch Musik sollten diese Ideale unter den Menschen verbreitet werden. Dazu wurden
zunächst bereits bestehende, populäre Lieder mit neuen, revolutionären Texten unterlegt.
Auf diese Weise konnten die neuen Texte schnell erlernt und mitgesungen werden. Eines
der bekanntesten Beispiele hierfür ist „Ça ira". Übersetzt heißt der Titel so viel wie „Es wird
gehen". Was dies auf die Revolution übertragen bedeutet, erfahren wir im Laufe des Liedes.

Ça ira, Erstdruck, Paris 1792

Deutsche Textübertragung der ersten Strophe:

Ah, es wird geh'n, es wird geh'n, es wird geh'n,
das Volk wiederholt an diesem Tag ohne Ende:
Ah, es wird geh'n, es wird geh'n, es wird geh'n,
trotz der Verräter wird uns alles gelingen.
Unsere Feinde bleiben geschlagen,
und wir werden „Halleluja" singen!
Ah, es wird geh'n, es wird geh'n, es wird geh'n.
Als Boileau[1] einst über die Pfaffen sprach,
hat er's wie ein Prophet kommen sehen.
So wird man vergnügt mit meinem Liedchen sagen:
Ah, so wird's geh'n, es wird geh'n, es wird geh'n,
trotz der Verräter wird uns alles gelingen.

*1 Nicolas Boileau (1636–1711): französischer Autor,
der in einigen seiner Schriften die Überheblichkeit von
hohen Geistlichen anprangerte*

1 a Hört die Aufnahme von „Ça ira" und beschreibt Klang und Ausdruck des Liedes.

◉ 3|28 b Untersucht die Gestaltung der Melodie und erklärt anhand der deutschen Textübertragung,
durch welche Merkmale sie sich für ein Revolutionslied eignet.

2 Überlegt, von wem und zu welchen Anlässen das Lied damals gesungen wurde.
Welche Anlässe würden sich heute noch dafür eignen?

3 Sucht nach weiteren Beispielen für Neutextierungen bekannter Melodien und erläutert
mögliche Gründe dafür. Anregungen findet ihr auf ▶ S. 212/213.

Ein Revolutionslied erobert die Massen – Die Marseillaise

Die Marseillaise ist die heutige Nationalhymne Frankreichs. Der Hauptmann Claude Joseph Rouget de Lisle komponierte es im April 1792 als Kampflied für die Armee. Der Name entstand, als revolutionäre Freiwillige aus Marseille dieses Lied bei ihrem Einzug in Paris sangen. Das Lied war Ausdruck der revolutionären Stimmung: In den sechs Strophen geht es um Widerstand, Kampf und Siegeswillen angesichts der Bedrohung durch die Gegner der Revolution.

Isidore Pils (1813-1875): Rouget de Lisle singt die Marseillaise, 1849

4 a Hört oder singt die Marseillaise und beschreibt eure Eindrücke.

⊙ 3|29 b Beschreibt und erläutert die unterschiedlichen Haltungen der abgebildeten Personen.

5 Untersucht mit Hilfe der deutschen Textübertragung, wie Rhythmus und Melodiegestaltung mit dem Inhalt des Textes zusammenhängen. **PH** | S. 53

6 Recherchiert die Geschichte der Marseillaise und findet Gründe, warum sie auch heute noch als französische Nationalhymne gesungen wird. Zum Thema Hymnen ▶ Kapitel 7.2.

Strophe 1: Voran, Kinder des Vaterlandes! Der Tag des Ruhms ist gekommen! Gegen uns ist das blutige Banner der Tyrannei zum Angriff erhoben. Hört ihr im Lande die blutgierigen Soldaten schnauben? Sie kommen bis in unsere Arme, eure Söhne und Frauen zu schlachten! *Refrain:* Zu den Waffen, Bürger! Bildet eure Bataillone! Marschieren wir, marschieren wir, möge unreines Blut unsere Äcker tränken!

Die öffentliche Revolution

Musik als Ausdruck neuer Ideale untersuchen

Pierrre-Antoine Demachy (1723-1807): Fest des höchsten Wesens, Pariser Marsfeld, 1794

Als die Revolution weiter fortschritt, entstand verstärkt das Bedürfnis nach neuer, dem revolutionären Zeitgeist entsprechender Musik. Sie wurde damit zum Ausdrucksmittel für die politischen Ziele der Revolution. Viele der neuen Werke waren Auftragskompositionen für öffentliche Anlässe wie Jahres- und Gedenktage oder Siegesfeiern. An die Stelle religiöser Feiertage, die als Ausdruck veralteter Ansichten galten, traten nun neue Feste, zum Beispiel das „Fest des höchsten Wesens", bei dem statt einer Gottheit die menschliche Vernunft verehrt wurde. Auch für diese Feste musste immer wieder neue Musik komponiert werden.

1
a Beschreibt das Bild und überlegt, wie ein solches Fest damals veranstaltet werden konnte.
b Erläutert, welche Aufgaben sich daraus für Komponisten und Musiker ergaben.

2
a Hört die Anfänge von drei Kompositionen aus den Jahren 1790–1793. Beschreibt Gemeinsamkeiten und Unterschiede. **PH | S. 54**
⊚ 3|30–32
b Überlegt, zu welchen Anlässen die Musik am ehesten passen würde.

3
a Lest die Äußerung von Bernard Sarette und gebt sie in eigenen Worten wieder.
b Erläutert, inwiefern die Aussagen Sarettes auf die Hörbeispiele zutreffen.
c Vergleicht die Verwendung von Musik damals mit dem Musikeinsatz bei heutigen Massenveranstaltungen.

4
Stellt Vermutungen darüber an, warum heute viele der Instrumental-Kompositionen von damals an Bedeutung verloren haben oder sogar in Vergessenheit geraten sind.

> Über die Rolle der Musik äußerte sich der Komponist und Musiker Bernard Sarette im Jahr 1793:
>
> „Die nationalen Feste dürfen nicht gerade anderswo als unter freiem Himmel stattfinden, weil das Staatsoberhaupt, das heißt das Volk, in einem begrenzten und bedeckten Raum nie eingeschlossen sein darf, weil es allein der Gegenstand und die größte Verzierung zusammen ist: Die Streichinstrumente kann man nicht benutzen, die Rauheit der Luft ist absolut dagegen [...]. Man muss also ausschließlich Bläser verwenden, über welche die Luft nicht dieselbe Wirkung hat und deren Tonstärke achtmal größer als die der Streichinstrumente ist."

Eine Bühne für die Revolution

A. Vestier (1740-1824):
F.-J. Gossec, 1791

Eine szenisch-musikalische Darstellung untersuchen und deuten

François-Joseph Gossec (1734–1829) stellte sein Können als Komponist von Anfang an in den Dienst der Revolution: Er komponierte für revolutionäre Anlässe und arrangierte viele Werke für Blasorchester, damit sie unter freiem Himmel spielbar waren. Das szenische Werk „Le Triomphe de la République" (Der Triumph der Republik) entstand anlässlich des ersten großen Sieges der französischen Revolutionsarmee bei Valmy am 20. 9. 1792. Die Uraufführung fand am 27. 1. 1793 in Paris statt.

Die Soldaten der Revolutionsarmee feiern mit den Einwohnern eines nahe gelegenen Dorfes ihren Sieg. Da trifft die Nachricht ein, dass die Schlacht erneut aufgeflammt ist. Die jungen Männer des Dorfes entscheiden sich, den Soldaten im Kampf für die Revolution beizustehen.

Junge Männer: Auf Wiedersehen, Kinder und Eltern, Frauen und Schwestern! Die blutigen Könige werden verschwinden, durch die Hände eurer Beschützer!

Frauen u. Kinder: Alas, alas, wenn ihr sterbt, wird unsere Trauer ewig dauern.

Junge Männer: Wir lassen euch in der Heimat zurück, deren mütterliche Arme euch fest umschließen.

Alte Männer: Möge eure Entschlossenheit andauern! Eilt hinweg, kommt als Sieger wieder, beachtet nicht die Stimmen eurer Kinder, wenn die Freiheit ruft!

Junge Männer: Wenn es sein muss, so werden wir sterben, um euch und die Freiheit zu ehren.

Frauen: Und was ist mit den Kindern?

Junge Männer: Wir werden jetzt gehen.

Kinder: Ihr verlasst die, die ihr liebt?

Junge Männer: Wir werden euch jetzt verlassen. Wir schwören zu siegen oder zu sterben.

1 Lest den Textausschnitt und beschreibt die Stimmungen und Gefühle der verschiedenen Personengruppen. Welche musikalischen Mittel könnten jeweils eingesetzt werden?

2 **a** Hört den Ausschnitt und vergleicht die Gestaltung der Musik mit euren Erwartungen.
⊚ 3|33 **b** Untersucht, wie die verschiedenen Haltungen der beteiligten Personen musikalisch darge-
stellt werden. Erklärt, welche Einstellungen zu Krieg und Kampf dadurch deutlich werden.

3 Nachdem die Revolutionäre auch im zweiten Gefecht gesiegt haben, erscheint in der letzten Szene die Freiheitsgöttin persönlich, um den Franzosen für ihren Sieg zu danken. Im Anschluss daran stimmen alle einen Jubelgesang auf die Freiheit an.
a Stellt Vermutungen darüber an, warum die „Freiheit" hier als Person auftritt.
⊚ 3|34 **b** Hört die Szene und überlegt, wie sie auf das damalige Publikum gewirkt haben mag.

4 Dem Werk wurde damals auch eine erzieherische Funktion zugesprochen. Diskutiert, was damit gemeint sein könnte.

Eine Sinfonie für Napoleon?

Biographische Informationen auswerten und einordnen

Auch Ludwig van Beethoven (1770–1827) wurde in seinem Denken von den Idealen der französischen Revolution beeinflusst. Als Napoleon Bonaparte sich im Jahr 1799 als Erster Konsul an die Spitze des Staates setzte, erhoffte Beethoven von ihm die Ausbreitung der neuen Ideen über ganz Europa. Im Jahr 1801 begann er mit der Arbeit an seiner dritten Sinfonie in Es-Dur. Die handschriftliche Partitur der Komposition zeigt auf dem Titelblatt einen später ausradierten Schriftzug, der „intitulata (betitelt) Bonaparte" lautet. Bei der gedruckten Erstausgabe von 1806 (links) trug die Sinfonie dagegen den Titel „Sinfonia Eroica", was sich mit „Heldensinfonie" übersetzen lässt.

„Beethoven wird nun noch höchstens 1 ½ Jahre hierbleiben. Er geht dann nach Paris, welches mir außerordentlich leid ist." „Die neue Sinfonie von Beethoven will er nun gar nicht verkaufen und sie für seine Reise aufbehalten." (Ferdinand Ries, ein Freund Beethovens, in Briefen vom 6.8. und 11.12.1803)

„Sowohl ich als mehrere seiner nähern Freunde haben diese Symphonie schon in Partitur abgeschrieben auf seinem Tische liegen gesehen, wo ganz oben auf dem Titelblatte das Wort Bonaparte und ganz unten Luigi [ital.: Ludwig] van Beethoven stand, aber kein Wort mehr. Ob und womit die Lücke hat ausgefüllt werden sollen, weiß ich nicht. Ich war der erste, der ihm die Nachricht brachte, Buonaparte habe sich zum Kaiser erklärt, worauf er in Wuth geriet und ausrief: „Ist der auch nichts anderes als ein gewöhnlicher Mensch! Nun wird auch er alle Menschenrechte mit Füßen treten, nur seinem Ehrgeize frönen. Er wird sich nun höher wie alle Andern stellen, ein Tyrann werden." Beethoven ging an den Tisch, faßte das Titelblatt oben an, riß es ganz durch und warf es auf die Erde." (F. Ries: Biographische Notizen über Ludwig van Beethoven, 1838. Die Kaiserkrönung Napoleons fand am 2.12.1804 statt.)

1
a Erschließt die Entstehung der „Eroica" aus den auf dieser Seite gegebenen Informationen und historischen Äußerungen.
b Ordnet die Informationen in einer Zeitleiste und benennt mögliche Gründe für die Wahl des Titels. **PH** | S. 55

2 Viele der Erinnerungen von Beethovens Zeitgenossen werden von heutigen Forschern angezweifelt. Überlegt, was dagegen sprechen könnte, dass sich die von F. Ries geschilderte Begebenheit tatsächlich so zugetragen hat.

3 Überlegt, warum es Beethovens Freunden wichtig war, diese Begebenheit so unter ihren Zeitgenossen zu verbreiten. Bezieht dabei die Informationen im blauen Kasten ein.

Ausdruck und Aufbau von Instrumentalmusik untersuchen

Der erste Satz der „Eroica" ist von einem einprägsamen musikalischen Gedanken geprägt:

1. Satz, Takt 3–6

4
3|35

a Hört den Beginn der Sinfonie und verfolgt mit, wie sich aus der abgedruckten Tonfolge ein größerer musikalischer Zusammenhang entwickelt.

b Tauscht euch darüber aus, was ihr unter einem Helden versteht: In welchen Zusammenhängen wird dieses Wort benutzt und welche Menschen sind für euch Helden?

3|36 c Hört einen längeren Ausschnitt und überlegt, inwiefern die Musik zu diesen Vorstellungen passt.

5
3|30–32

a Spielt und beschreibt die abgedruckte Tonfolge. Vergleicht sie mit den Anfängen von drei französischen Revolutionskompositionen (▶ S. 120) sowie mit dem Anfang der Marseillaise. **PH|S. 54**

b Stellt eure Beobachtungen in Zusammenhang mit der Entstehungsgeschichte der „Eroica".

2. Satz, Takt 1–8, Violine 1

6
3|37

a Der zweite Satz ist als „Trauermarsch" überschrieben. Hört den Anfang des Satzes und erklärt, inwiefern dieser Titel dem Ausdruck der Musik entspricht.

3|38 b Hört die Fortsetzung des Satzes und vergleicht die musikalische Gestaltung und den Ausdruck dieses Satzes mit dem „Marche lugubre" (Trauermarsch) des Revolutionskomponisten François-Joseph Gossec.

7 Gossecs Marsch wurde häufig bei Gedenk- und Begräbnisfeiern für die Gefallenen der Revolution gespielt. Deutet Beethovens Gestaltung des Sinfoniesatzes in Zusammenhang mit dem Titel der Sinfonie „Eroica".

Musiker-Anekdoten

Wie bei vielen berühmten Persönlichkeiten ranken sich auch um das Leben bekannter Musiker zahlreiche Geschichten, die bestimmte Charakterzüge oder Lebensstationen veranschaulichen. In der Regel bestehen diese so genannten Anekdoten aus wörtlich überlieferten Dialogen, die mit einer überraschenden Wendung oder Pointe schließen. Dabei erweist sich die gezeigte Person zumeist als besonders schlagfertig, klug oder originell und erscheint so in einem positiven Licht. Der Ursprung vieler Musiker-Anekdoten reicht ins 19. Jahrhundert zurück, eine Zeit, in der man bedeutende Künstler vor allem als übermenschliche Genies ansehen wollte. Ihr Wahrheitsgehalt ist in den meisten Fällen umstritten.

Die Marseillaise auf Abwegen

Ein musikalisches Zitat erkennen und einordnen

Im Jahr 1812 gelangte die französische Vorherrschaft in Europa auf ihren Höhepunkt, als Napoleon Russland angriff und schließlich in Moskau einzog. Wenige Monate später mussten sich die französischen Truppen jedoch unter schweren Verlusten zurückziehen. Sie wurden schließlich vollständig vom russischen Territorium vertrieben. Die 1882 entstandene „Ouvertüre 1812" von Pjotr Iljitsch Tschaikowski (1840-1893) bezieht sich auf diese Ereignisse und stellt den Konflikt zwischen Franzosen und Russen musikalisch dar. Dazu verarbeitet Tschaikowski unter anderem den Anfang der Marseillaise, einen Choral der russisch-orthodoxen Kirche sowie die damalige Hymne des russischen Zaren:

Choral „Gott, erhalte dein Volk":   Russische Zarenhymne:

1 Überlegt, wie sich der Konflikt zwischen Franzosen und Russen mit Hilfe der genannten Melodien darstellen lässt. Nutzt dazu auch die Informationen im blauen Kasten.

2 ⊚ 3|39
  a Hört den Ausschnitt aus der Ouvertüre 1812. Beschreibt, wie Tschaikowski die Marseillaise verarbeitet hat und wie dies auf euch wirkt. **PH** | S. 56
  b Überlegt, wie dies bei der Uraufführung auf Tschaikowskis Landsleute gewirkt haben könnte.

3 Hört den Schluss der Ouvertüre:
⊚ 3|40
  a Achtet darauf, wie Tschaikowski die Instrumente des Sinfonieorchesters durch weitere Klangerzeuger ergänzt hat, und beschreibt die Wirkung des Gesamtklangs.
  b Beschreibt, wie der Choral und die russische Zarenhymne in diesem Abschnitt eingesetzt werden, und erklärt ihre Bedeutung an dieser Stelle der Ouvertüre.

4 Einer Freundin vertraute Tschaikowski an: „Die Ouvertüre wird recht laut und lärmend sein, besitzt aber, da ich sie ohne Liebe geschrieben habe, keinen künstlerischen Wert." Erläutert diese Äußerung in der Ich-Form aus der Sicht des Komponisten.

Zitat

In zahlreichen Kompositionen werden nicht nur eigene Einfälle gestaltet, verarbeitet und kombiniert, sondern es wird Musik *zitiert,* die dem Publikum aus anderen Zusammenhängen bereits bekannt ist. Indem diese Musik beim Hören mit bestimmten Gefühlen, Erinnerungen oder Situationen verknüpft wird, lassen sich inhaltliche Verbindungen zwischen der eigentlichen Komposition und der ursprünglichen oder üblichen Verwendung des Zitats herstellen. Manchmal genügt es, nur den Anfang einer bekannten Musik zu zitieren, um die Gedanken des Publikums in eine bestimmte Richtung zu lenken. Oft wird die zitierte Musik im Verlauf einer Komposition ihrerseits abgewandelt und verarbeitet, um ihren Ausdruck und ihre Wirkung zu verändern.

Ein musikalisches Zwiegespräch deuten

Zwei Jahre nach dem missglückten Russlandfeldzug endete Napoleons Herrschaft, als er von einer Koalition verschiedener europäischer Armeen besiegt wurde und abdanken musste. Vor diesem Hintergrund schrieb der Dichter Heinrich Heine (1797–1856) im Jahr 1816 das Gedicht „Die beiden Grenadiere", das Robert Schumann (1810–1856) im Jahr 1840 vertonte.

Nach Frankreich zogen zwei Grenadier',
die waren in Rußland gefangen.
Und als sie kamen ins deutsche Quartier,
sie ließen die Köpfe hangen.

Da hörten sie beide die traurige Mär:
Daß Frankreich verloren gegangen,
besiegt und zerschlagen das tapfere Heer, –
und der Kaiser, der Kaiser gefangen.

Da weinten zusammen die Grenadier'
wohl ob der kläglichen Kunde.
Der eine sprach: Wie weh wird mir,
wie brennt meine alte Wunde!

Der Andre sprach: Das Lied ist aus,
auch ich möcht mit dir sterben,
doch hab' ich Weib und Kind zu Haus,
die ohne mich verderben.

Was schert mich Weib, was schert mich Kind,
ich trage weit bess'res Verlangen;
laß sie betteln gehn, wenn sie hungrig sind, –
mein Kaiser, mein Kaiser gefangen!

Gewähr' mir Bruder eine Bitt':
Wenn ich jetzt sterben werde,
so nimm meine Leiche nach Frankreich mit,
begrab' mich in Frankreichs Erde.

Das Ehrenkreuz am rothen Band
sollst du aufs Herz mir legen;
die Flinte gib mir in die Hand,
und gürt' mir um den Degen.

So will ich liegen und horchen still,
wie eine Schildwacht, im Grabe,
bis einst ich höre Kanonengebrüll,
und wiehernder Rosse Getrabe.

Dann reitet mein Kaiser wohl über mein Grab,
viel Schwerter klirren und blitzen;
dann steig' ich gewaffnet hervor aus dem Grab,
den Kaiser, den Kaiser zu schützen.

5 a Lest das Gedicht mit verteilten Rollen. Setzt Lautstärke, Tempo und Betonungen bewusst ein, um die Gefühle und Gedanken der beiden Grenadiere auszudrücken.
b Sammelt Ideen für eine szenische Darstellung mit Mimik und Gestik.

6 Hört den ersten Teil der Liedvertonung und beschreibt, wie der Inhalt des Textes durch Rhythmus, Melodiebewegung und Dynamik verdeutlicht wird.
⊙ 4|1

7 Gegen Ende des Liedes zitiert die Singstimme die Melodie der „Marseillaise".
Überprüft, welche Verse des Gedichtes inhaltlich dazu passen könnten, und erprobt verschiedene rhythmische Varianten, um den Text der Melodie anzupassen.

8 a Hört den zweiten Teil des Liedes mit dem Zitat der „Marseillaise" und vergleicht es mit
⊙ 4|2 euren Fassungen. Überprüft auch, wie lange die Melodie der Marseillaise erkennbar bleibt. **PH**|S. 57
b Beschreibt die Gestaltung des instrumentalen Nachspiels und überlegt, welche Aussage durch die Verknüpfung mit der Marseillaise nahe gelegt wird.

Musikleben heute

Kulturelle Entwicklungen geschichtlich einordnen

Die politischen Folgen der revolutionären Ereignisse in Frankreich hatten nicht nur Einfluss auf die Musik an sich, sondern es kam auch zu einem Umdenken hinsichtlich der kulturellen Einrichtungen: Kunst, vor allem Musik sollte für alle da sein. So wurde 1791 das Theaterprivileg des Königs durchbrochen: Jeder konnte nun ein Theater eröffnen oder Aufführungen besuchen. Somit änderte sich mit der Zeit auch das Publikum – die Logenplätze der Adligen wurden leerer, während verstärkt Händler und Handwerker am Musikleben teilnahmen. Es wurden Musikschulen eröffnet, die für alle zugänglich waren, und 1795 wurde das erste Konservatorium gegründet, eine staatlich geförderte Ausbildungsstätte für musikalische Berufe mit gleichen Aufnahmebedingungen für alle Bewerber.

Schlosstheater Ludwigsburg, eröffnet 1758

Oper Sydney, eröffnet 1973

U2, Berlin, 2005

Adolph von Menzel (1815-1905): Flötenkonzert, 1850-1852

1 Betrachtet die Bilder und benennt Gemeinsamkeiten und Unterschiede.

2 Informiert euch im Internet über Orte, an denen in eurer Nähe Musik aufgeführt wird. Stellt unter dem Titel „Musik für alle" einen musikalischen Spaziergang für eure Umgebung zusammen.

Unterrichtsprojekt

Eine musikalische Ausstellung zur französischen Revolution in Zusammenarbeit mit dem Fach Geschichte

Erstellt mit Hilfe der folgenden Themenvorschläge eine Ausstellung zur französischen Revolution, die in der Aula eurer Schule, in eurem Klassenraum oder an einem Informationsstand beim Schulfest öffentlich zugänglich ist. Plant eure Arbeit in einzelnen Schritten. Dazu bildet ihr am besten Arbeitsgruppen zu je einem Schwerpunkt, zum Beispiel:

- Die Marseillaise im Wandel der Zeiten (Suchbegriffe: französische Nationalhymne, französische Republik, Résistance, Zitat)

- Musik für den Fürstenhof – Musik für die Revolution (Suchbegriffe: Absolutismus, Ständegesellschaft, höfische Repräsentation, Revolutionsfeier, Prunkoper, Revolutionsoper)

- Revolutionsmusik und Volksmusik (Suchbegriffe: Revolutionslieder, Gassenhauer, Revolutionsfeier, Kontrafaktur)

- Das Scheitern Napoleons (Suchbegriffe: Koalitionskriege, Völkerschlacht, „Wellingtons Sieg", Frankreich zwischen 1812 und 1815, Waterloo)

1 Findet ein Thema, das euch interessiert und zu dem euch bereits beim ersten Nachdenken einige Ideen einfallen.

2 Sucht nach geeigneten Musikbeispielen, zum Beispiel auf den Seiten dieses Kapitels, die im Zusammenhang mit dem ausgewählten Thema komponiert, bearbeitet und aufgeführt wurden.

3 Recherchiert Bildmaterial und Quellentexte sowie Hintergrundinformationen mit Hilfe von Fachbüchern, Nachschlagewerken und des Internets. Hinweise zu wichtigen Suchbegriffen sind in der Themenübersicht in Klammern enthalten.

4 Bereitet Plakate vor, die je einen Teilbereich eures Themas anschaulich darstellen. Findet passende Überschriften und stellt die Inhalte kurz und übersichtlich dar, zum Beispiel anhand von Grafiken, Zeitleisten und Tabellen.

5 Wählt Musikbeispiele von maximal einer Minute Dauer aus. Dies können auch Ausschnitte längerer Werke sein. Verfasst dazu kurze, gesprochene Kommentare und nehmt sie auf.

6 Plant abschließend gemeinsam einen Rundgang durch die Ausstellung und nummeriert die Plakate entsprechend durch.

7 Stellt eine Aufnahme mit allen Musikbeispielen und Kommentaren passend zum geplanten Rundgang zusammen und überspielt sie auf mehrere Abspielgeräte.

Oben: Schüler der Anatolia High School of Art, Izmir, 2012
Unten: Bugaku-Tänzerin, Meiji-Jingu Shinto-Schrein, Tokoyo
Rechts: Orchester der Kulturen, Rutesheim, 2012

In diesem Kapitel …
– lernt ihr Musiker kennen, die
  aus verschiedenen Kulturkreisen
  kommen,
– hört und untersucht ihr ungewöhnliche Klänge aus unterschiedlichen
  Kulturen,
– sammelt ihr Informationen über
  Musik verschiedenartiger Kulturen
  in eurer Umgebung.

Töne, Klänge und Kulturen
Ungewohnte Musik hören und einordnen

1 Betrachtet die Abbildungen und versucht, sie einem Kulturkreis zuzuordnen. Überlegt, an welchen Merkmalen ihr euch dabei besonders orientiert.

2 Beschreibt, welche Hörerwartungen ihr mit den Abbildungen verbindet.

3 Ihr hört drei Musikbeispiele:

⊚ 4|3–5 **a** Benennt musikalische Merkmale, die euch besonders auffallen.

b Ordnet die Beispiele den Abbildungen zu und begründet eure Zuordnung.

Bağlama und mehr

Klänge aus einer anderen Heimat hören und einordnen

Dies ist Aylin, Schülerin einer 7. Klasse, mit ihrem Instrument, der Bağlama. Geboren wurde sie in Köln. Ihre Familie kommt ursprünglich aus der Nähe von Izmir an der türkischen Ägäisküste, doch bereits ihre Eltern kamen in Deutschland zur Welt. Dass zu Hause neben dem Deutschen auch türkisch gesprochen wird, ist für Aylin selbstverständlich. Ebenso klar war es für sie, Bağlama zu lernen, wie bereits ihre Cousine und ihr Cousin. Die Bağlama ist das am weitesten verbreitete und populärste Volksmusikinstrument in der Türkei.

Saitenstimmung

Hals in 17–24 „Bünde" untergliedert

sechs bis neun Saiten, die zu unterschiedlichen „Chören" zusammengefasst sind

Corpus

Steg

1 Betrachtet die Abbildungen und erklärt euch gegenseitig, wie die Bağlama gebaut ist.

2 Vergleicht die Informationen aus dem blauen Kasten mit Instrumenten, die ihr bereits kennt. Tauscht euch darüber aus, wie eine Bağlama klingen könnte.

3 Hört ein Beispiel:

⊚ 4|6 **a** Beschreibt die Klangfarbe des Instruments und achtet auf weitere musikalische Merkmale, die euch wichtig erscheinen.

b Klärt untereinander, ob sich eure Hörerwartungen erfüllt haben.

Lauteninstrumente

Die Bağlama gehört zur Saz-Familie. Das Wort „Saz" kommt aus dem Persischen und bedeutet dort ursprünglich „Instrument"; gemeint ist aber meist ein Lauteninstrument.
Je nach Hals- beziehungsweise Corpuslänge werden die Lauteninstrumente mit unterschiedlichen Namen bezeichnet, wie etwa die Cura als kleinste mit einer Corpuslänge von ca. 25 cm. Die Bağlama als Langhalslaute (ca. 88 cm Länge) ist das traditionelle Begleitinstrument der Barden in vielen Kulturen, etwa der kurdischen, armenischen und aserbaidschanischen. Ihr Auftreten in der traditionellen türkischen Musik ist in vielen Regionen so selbstverständlich, dass Saz und Bağlama häufig mit gleicher Bedeutung benutzt werden.

Köln

Izmir

Aylin hat seit einigen Jahren Unterricht an einer Musikschule, die auf Saz-Instrumente spezialisiert ist. Sie wirkt bei Konzerten ihres Gymnasiums mit und musiziert dabei sowohl solistisch als auch mit anderen, traditionell westlichen Instrumenten zusammen.

Aylin, warum ist es dir wichtig, Bağlama zu spielen?
Ich spiele gerne vor und begleite zum Beispiel meine Schwester, die eine sehr schöne Stimme hat. Und die Bağlama erinnert mich immer an unsere Urlaube in der Türkei, da kommt eine ganz spezielle Stimmung auf. Bei uns zu Hause wird eigentlich nicht viel Musik gemacht, aber das Spielen schafft Verbindungen zu anderen Menschen, etwa auch zu türkischen Jugendlichen.

Welche Musik begleitet dich durch den Tag?
Ich höre am liebsten Hip Hop, auch türkischen, dann aber die englischen Charts.
Auch meine Freunde in der Türkei hören häufig englische Titel.

Sprichst du in deiner Klasse über die türkische Musik?
Eigentlich nicht, es gibt auch nicht so viele Anlässe. Aber ich spiele Freunden türkische Musik vor, auch auf dem MP3-Player, und wir tauschen auch Titel aus.

Was weißt du von der Türkei heute?
Eher weniger. Für mich ist wichtig, was dort passiert, wo ich geboren bin. Ich lege auch Wert darauf, in Deutschland deutsch zu reden, andere fühlen sich sonst ausgeschlossen.
– Und trotzdem fühle ich mich auch als Türkin.

Gibt es Gelegenheiten, wo dies besonders stark der Fall ist?
Bei Familienfesten und großen Feiern, wenn wir alle zusammen sind, egal wo.

Spielt dabei auch die Musik eine Rolle?
Es wird zu Hause nicht häufig „live" Musik gemacht, aber bei Festen kommt es vor, dass auf einmal alle zusammen spielen, tanzen und singen. Geplant ist das nicht, es ergibt sich einfach – und alle machen mit.

1 Lest das Interview und tragt zusammen, welche besondere Bedeutung Musik für Aylin hat.

2 Gebt in einem ähnlichen Interview Auskunft über eure eigenen musikalischen Vorlieben. Bereitet euch darauf vor, indem ihr Stichpunkte notiert, etwa zu Instrumenten, Stilen und Interpreten.

Musik „alla turca"?

Original und Bearbeitung vergleichen

Einer, der als Musiker immer schon zwischen den Kulturen unterwegs war,
ist der Pianist und Komponist Fazil Say. Geboren 1970 in Ankara, erhält er
dort bereits in seinem fünften Lebensjahr Klavierunterricht. Er erinnert
sich daran, bereits nach einem Jahr jeden Tag mindestens einmal Bach
gespielt zu haben. Bekannte westliche Komponisten und Künstler werden
auf ihn aufmerksam und ermöglichen ihm ein Studium in Düsseldorf und Berlin. Nach
wichtigen internationalen Wettbewerben startet seine Weltkarriere in New York. Heute ist
Fazil Say ein international erfolgreicher Pianist, der in Istanbul lebt und arbeitet, einer
Stadt, die er als den großen Ost-West-Treffpunkt bezeichnet.

> **Programmankündigung zu einem Konzert von Fazil Say in der Kölner Philharmonie:**
> Ausgehend vom Finalsatz der Mozart-Sonate Nr. 11, A-Dur, dem berühmten „Rondo alla turca",
> entspinnt sich ein fein abgestimmtes Programm von klassisch-romantischer Tradition, traditioneller
> türkischer Musik und Jazzklängen, mündend in eine „Vermählung" östlich-westlicher Kulturmerkmale.
> Say nimmt den Zuhörer am Ende mit in weit entfernte Bereiche seiner Heimat, ohne dass dieser den
> Platz im Konzertraum verlassen muss ...

1 Lest die Programmankündigung und äußert Vermutungen, welche Musik zu hören ist.

2 Mozart hat, als er das „Rondo alla turca" komponierte, eine zeittypische Mode aufgegriffen,
die sich für alles Türkische begeisterte.

417 **a** Hört die Fassung von Fazil Say und arbeitet heraus, mit welchen Stilmitteln er arbeitet.

418 **b** Hört Mozarts Original und vergleicht es mit der Bearbeitung.

3 Ein Türke bearbeitet Mozarts „Rondo alla turca": Tauscht euch aus, inwiefern eure Erwartungen
bestätigt worden sind oder nicht.

Die Bearbeitung eines Themas untersuchen

Ursprünglich als Ballettmusik angelegt, komponierte Fazil Say das Stück „Patara", das 2006 im Rahmen des Wien-Mozart-Festivals uraufgeführt wurde. Auch dieses Stück hat etwas mit der Sonate A-Dur von Mozart zu tun, aus der das „Rondo alla turca" stammt. Hier geht es um das Thema des 1. Satzes.

Thema

4 Dieses Thema wird auch heute noch immer wieder gespielt und „geht ins Ohr":

4|9 **a** Hört den Beginn der Sonate und verfolgt die Melodie im Notentext.

b Beschreibt, mit welchen musikalischen Mitteln es Mozart erreicht, diese Melodie zu einem echten „Ohrwurm" werden zu lassen.

c Zeigt auf, welche Aufgabe dabei der Begleitung in der linken Hand zukommt.

5 Untersucht, wie Fazil Say in „Patara" Mozarts Musik bearbeitet:

4|10 **a** Schließt die Augen und folgt dem Beginn der Komposition. Formuliert anschließend eure ersten Eindrücke.

b Beschreibt typische Merkmale der Begleitung in der linken Hand.

c Ergänzt die Melodie der rechten Hand um ein oder zwei Takte versetzt und vergleicht die jeweilige Klangwirkung miteinander.

6 Hört die Fortsetzung des Stückes, in der sich der Komponist einer neuen Idee widmet.

4|10 Beschreibt, wie er diese gestaltet, und stellt eine Verbindung her zum Text der Programm-ankündigung.

Liebe, Trauer, Wut

Veysel-Denkmal, Istanbul

Stimmungen beschreiben und ausdrücken

Die Komposition „Black Earth" ist inspiriert von dem populären türkischen Volkslied „Kara Toprak", geschrieben von dem 1973 verstorbenen blinden Musiker Aşik Veysel, der in der jahrtausendealten Tradition der Barden mit seiner Bağlama von Dorf zu Dorf zog, sang und spielte. Das Lied beschreibt die Einsamkeit und den Verlust. Alles, was dem Sänger geblieben ist, ist seine Verbundenheit mit der Farbe der Landschaft, mit der „schwarzen Erde" seiner Heimatstadt Sivas in Anatolien.

1 Hört die Musik. Ohne den türkischen Text zu kennen,
⊚ 4|11 könnt ihr dennoch die Stimmung beschreiben, in welcher der Sänger sich befindet:
  a Beschreibt die Bilder, die in eurem Kopf entstehen. Überlegt, welchen Text ein Sänger in diesem Lied vortragen würde, und schreibt ihn auf. **DVD**
  b Tragt eure Ergebnisse zur Musik vor und tauscht euch über die unterschiedlichen Wirkungen aus.

2 „Black Earth" ist ein Stück von Fazil Say für Klavier, auf dem jedoch sehr untypische Klangfarben erzeugt werden müssen.
  a Beschreibt anhand der Abbildung, mit welchen Mitteln der Pianist den Klang seines Instruments beeinflusst.
  b Versucht, diesen Effekt an einem Flügel selbst zu erzielen. An welche Instrumente erinnert euch die erzielte Klangfarbe?

Musik: Fazil Say

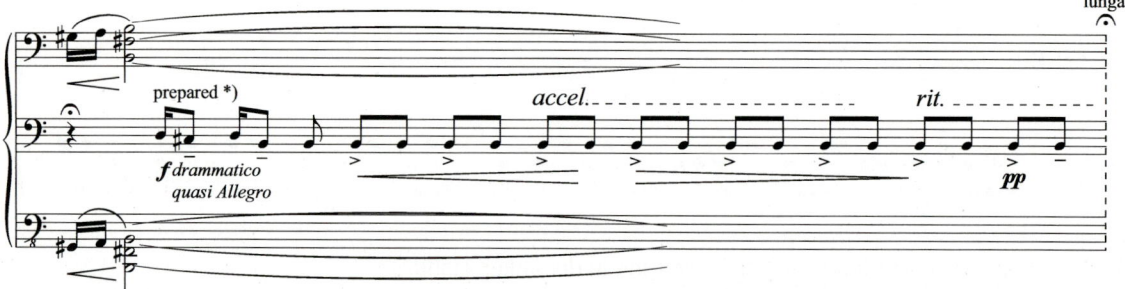

3 **a** Hört mit Hilfe des Notenausschnitts den Anfang der Komposition und beschreibt,
⊚ 4|12 nach welchem Bauplan das Stück aufgebaut ist.
  b Nutzt diesen Aufbau für eine eigene Gestaltung, indem ihr das obere und das untere System im Bass-Schlüssel auf dem Klavier spielt und mit geeigneten Instrumenten den Fermaten- klang mit eigenen Ideen füllt.

Klangfarben zwischen Ost und West

Mit Klängen Dialoge gestalten

Auch dem syrischen Klarinettisten Kinan Azmeh, geboren 1976, geht es um die Überwindung von Grenzen – zwischen den Musikrichtungen und zwischen den Kulturen. Er versucht, über die Musik zu einer Kommunikationsform zu gelangen, die frei von Vorurteilen ist und die jeder versteht. Mit seinem Trio „Hewar" vereint der Musiker Elemente der unterschiedlichsten Musikkulturen. „Hewar" ist das arabische Wort für Dialog: „Das Schönste ist, dass man einander durch Musik so nahe kommt, ohne dass man miteinander sprechen muss. Es passiert oft, dass wir auf der Bühne einander nur anschauen und spüren: Ja, das ist es. Deshalb bin ich wohl Musiker geworden."

Kinan Azmeh, 2010

1

⊚ 4|13

a Hört das Musikbeispiel und beschreibt euren Eindruck. Berücksichtigt dabei, dass es dem Komponisten um eine Form von „Verständigung" geht.

b Diskutiert darüber, inwieweit das Zitat von Kinan Azmeh auf das Musikbeispiel bezogen werden kann.

⊚ 4|13

c Hört den Anfang des Stückes erneut und achtet genau auf den Hintergrund. Äußert Vermutungen darüber, warum die Musiker beschlossen haben, dieses „Nebengeräusch" in der Aufnahme zu belassen.

2 Das Tonmaterial des Musikbeispiels basiert auf einer besonderen Skala (Beispiel 2):

a Spielt sie mit geeigneten Instrumenten.

b Beschreibt und benennt mit Hilfe des blauen Kastens charakteristische Merkmale, die euch aufgefallen sind.

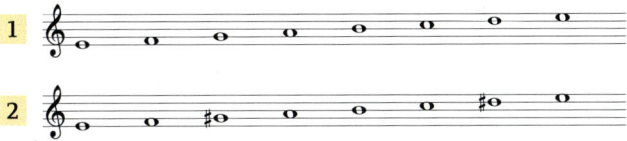

3

a Gestaltet mit Hilfe dieses Tonmaterials und eurer Instrumente musikalische Dialoge. Dazu könnt ihr zum Beispiel Frage- und Antwortformen benutzen, lange oder kurze Phrasen verwenden, den Dialogpartner ausreden lassen, ihn unterbrechen und weitere eigene Ideen entwickeln. **PH|S. 60**

b Diskutiert abschließend, welche musikalischen Dialoge ihr besonders gelungen fandet.

Eine ungewohnt klingende Tonleiter

Die geregelte Abfolge von Ganz- und Halbtonschritten in der *diatonischen* Skala lässt sich durch Vorzeichen verändern: Leitereigene Töne werden ersetzt durch leiterfremde. Ein Ganztonschritt (große Sekunde) wird so noch größer, nämlich zu einem *übermäßigen* Schritt. Wir nehmen diese **übermäßige Sekunde** als eine ungewohnte Veränderung in der Melodie wahr.

Ein Ton wird zum Ereignis

Alte Klänge in neuem Gewand

Der Japaner Makoto Shinohara, geboren 1931, ist ein in der ganzen Welt gefragter Komponist. Ausgebildet wurde er unter anderem in Tokyo, Paris, München und Köln. Er lebt heute im niederländischen Utrecht und in Tokyo. Bei einer Podiumsdiskussion anlässlich einer Einladung der Universität Köln sprach er über das „Zusammenspiel westlicher und japanischer Instrumente".

„In meiner Kindheit und Jugendzeit hatte ich nur Japan, meine Heimat, im Kopf. Dann kam ich nach Europa, studierte ausschließlich europäische Musik und vergaß eine Zeitlang völlig meine japanischen Ursprünge. Später aber wurde mir bewusst, dass ich mich doch mit meinen eigenen Traditionen, nämlich den japanischen, beschäftigen müsste.

So denkt ein Japaner einen Ton als Ganzes: ein Ton entsteht und wird ein Ereignis, dem man intensiv zuhört. Bei den westlichen Instrumenten genügt ein einzelner Ton nicht, sondern man muss eine Reihe von Tönen, eine Melodie bilden, der Ton erhält erst im Kontext seinen musikalischen Stellenwert. Die Japaner haben eine Ästhetik, die auf Wesentliches, auf Weniges mit vielen Pausen ausgerichtet ist. Der Europäer tendiert immer zu mehr Tönen, zu stärkerer Verbreiterung und Materialfülle. Das ist auch ein Gegensatz, den man einfach in sich fühlt.

Ich sehe in der japanischen traditionellen Musik viele Unvollkommenheiten… Man kann diese Dinge durch Europa lernen, ergänzen und damit die japanische Musik selbst noch reicher machen. Das finde ich wichtig und notwendig. Nicht einfach imitieren, sondern ganz sorgfältig studieren, was gut ist und was fehlt, was man ergänzen und reicher machen kann. Das versuche ich zu tun."

(Auszug eines Vortrags am 7. Mai 1999 am musikwissenschaftlichen Institut der Universität Köln)

1 Lest das Interview und stellt zusammen, welche Unterschiede Makoto Shinohara zwischen japanischer und europäischer Musik nennt und wie er seine Aufgabe als Komponist sieht.

2 Ihr hört einen Ausschnitt aus einer Komposition von Makoto Shinohara:
◉ 4|14
   a Beschreibt auffällige Merkmale der musikalischen Gestaltung.
   b Stellt Beziehungen her zwischen der Gestaltung der Musik und den Aussagen im Text.

3 Makoto Shinohara sagt über japanische Musik: „Ein Ton entsteht und wird ein Ereignis, dem man intensiv zuhört." Erprobt diese Art, mit Musik umzugehen, indem ihr mit unterschiedlichen Klängen experimentiert.

„Fragmente" auf der Blockflöte – Einem Klangideal auf der Spur

Das Stück „Fragmente" schrieb Makoto Shinohara 1968 für ein westliches Instrument, das fast jeder kennt – die Tenor-Blockflöte. Erst Jahre später komponierte er solistische Musik für traditionelle japanische Instrumente, etwa für die Shakuhachi, die japanische Bambusflöte.

4 Ihr hört drei Beispiele:

)4|15–17
a Verfolgt die Notation und achtet genau auf den Verlauf der Tonfolge.
b Beschreibt, was ihr seht und hört, und klärt dabei auch Zeichen, die euch unbekannt sind. Ziffern und Buchstaben zu Beginn jedes Abschnitts bezeichnen eine mögliche Reihenfolge in einer Aufführung.

5 In den Beispielen zwei und drei gibt Makoto Shinohara zusätzliche Spielanweisungen.
a Überlegt, welche Klangeffekte durch diese hervorgerufen werden.
b Diskutiert, warum der Komponist einem Solisten wohl solche Spieltechniken abverlangt.

6 Makoto Shinohara befand sich 1966 noch am Anfang seiner Komponisten-Karriere. Überlegt, warum er sich hier einem traditionell westlichen Instrument widmet und dieses Stück „Fragmente" genannt hat.

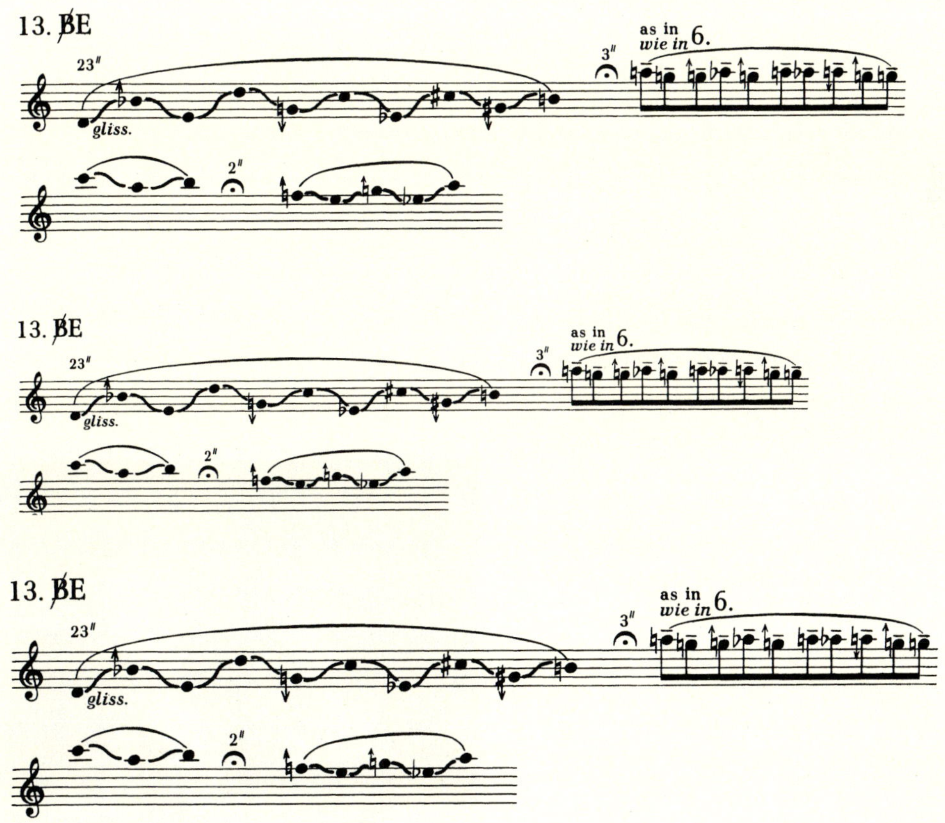

Im japanischen Kaisertempel

Ungewöhnlichen Klängen nachspüren

Gagaku, wörtlich übersetzt „elegante Musik", ist die älteste noch existierende Musik in Japan. Vor rund 1200 Jahren entstand diese Musik am kaiserlichen Hof. Sie ist nicht notiert und ist dennoch bis heute überliefert. Gagaku-Musik wird am Hofe ebenso wie an einigen religiösen Stätten Japans und bei gesellschaftlichen zeremoniellen Anlässen gepflegt.

1 Betrachtet die Abbildung:
- **a** Tauscht euch darüber aus, welche Instrumente ihr erkennen könnt.
- **b** Formuliert Vermutungen, welche Eigenschaften die Klänge dieses Ensembles haben könnten.

2 Hört das Musikbeispiel und schaut währenddessen auf die Abbildung:

◉ 4|18
- **a** Erläutert, wie es euch beim Zuhören ergangen ist.
- **b** Notiert, welche musikalischen Mittel euch besonders aufgefallen sind und welche Instrumente ihr heraushören konntet.

3 Ein spezieller Stil des Gagaku ist „Bugaku". Hier wirken neben den Musikern auch Tänzer mit, die in traditionellen Kostümen und mit Masken auftreten.

◉ 4|5
- **a** Hört das Musikbeispiel und überlegt, welche Bewegungen in einer Bugaku-Zeremonie vorherrschen könnten.
- **b** Sucht im Internet nach einer Film-Aufnahme eines Bugaku und beschreibt, was euch auffällt. Vergleicht die Art der Darstellung mit euren Erwartungen.

Klänge entdecken und vergleichen

Biwa-Laute

Sho-Mundorgel, Hichiriki-Oboe, Flöte

Kakko-Zylindertrommel

Alle instrumentalen Aufführungen beginnen mit einem Ritual, welches dem Stimmen der Instrumente zu Beginn eines Konzertes ähnlich ist, dem „Netori". Übersetzt meint dies so viel wie „Das Herbeiholen der Töne"; hierbei werden die Klänge der Instrumente einander angeglichen. Gleichzeitig aber wird auch schon die ganz spezielle Atmosphäre des Konzerts vorbereitet.

4 Hört den Ausschnitt und bringt die abgebildeten klassischen Gagaku-Instrumente
◉ 4|19 in die Reihenfolge ihres Erklingens.

5 Bei welchen Instrumenten und Klangfarben entdeckt ihr Ähnlichkeiten mit anderen, euch bekannten Instrumenten? Bringt diese Instrumente mit in den Unterricht und führt sie vor.

6 Der Jazz-Musiker und Flötist Herbie Mann hat, angeregt durch die Gagaku-Musik,
◉ 4|20 ein Stück komponiert mit dem Titel „Gagaku and beyond":
a Hört die Musik und erläutert den Titel „ ... and beyond".
b Beurteilt den Umgang des westlichen Komponisten mit der östlichen Tradition.

Heimat Südtirol

Vom Weggehen und Wiederkommen

Von Kindesbeinen an haben die Schwestern Elisabeth und Marlene Schuen mit ihrer Kusine Maria Moling Musik gemacht, mit Blockflöte, Geige und viel Gesang, dreistimmige Volkslieder und vieles mehr. Später haben sie zum Teil im klassischen Fach in Innsbruck und in Salzburg studiert – um wieder zurückzukommen in ihre Heimat, in der Ladinisch gesprochen wird, ein romanischer Dialekt, der nur noch von wenigen Menschen verstanden wird. Sie nennen sich „Ganes", das sind Wasserfeen mit magischen Kräften, die in den Legenden ihrer Südtiroler Heimat zu Hause sind.

Ganes, Südtirol

1 Hört die ersten beiden Strophen des Liedes „A TÉ":
🔊 4|21
a Beschreibt den Klang der Musik und erklärt, wie er zustande kommt.
b Benennt Merkmale der Musik, die euch vertraut sind, und solche, die ihr ungewöhnlich findet.

Text: Elisabeth Schuen / Marlene Schuen / Maria Moling

A TÉ (ladinisch)

1. I t'dai en cheder depent cun mille flus
   Ince sce pur te gunot el crusc
   Tö me as mostre ciche la vita o dî
   Te se as cunsole y l'der tru chirî

2. Tüa usc porti iö tres cun me
   Les stories ch'canch i e müta m'ast cunte
   L'monn paro plegn de magia
   Deache tö t'savos da la fa via

Refrain:
Söles strades dl monn poi iö ji gion
Te ess te mi cör t'me naines tl sonn

Für Dich

1. Tausend Blumen sollen das Bild verzieren,
   das ich dir geben will,
   auch wenn ich dir manchmal Kummer bereitet habe,
   du hast mir den Weg gezeigt und mich getröstet.

2. Deine Stimme und die Geschichten, die du mir als Kind
   erzählt hast, trage ich bei mir.
   Die Welt erschien mir voller Magie,
   denn du hast es immer verstanden,
   sie für mich wahr zu machen.

Refrain:
Ich kann befreit in die Welt hinausgehen.
Du bist in meinem Herzen und wiegst mich in den Schlaf.

2 Formuliert unter dem Eindruck von Musik und Text, welche Vorstellung von Heimat das Lied vermittelt.

3 Vergleicht das Lied „A TÉ" mit einem weiteren Beispiel von „Ganes" und benennt
🔊 4|22 Gemeinsamkeiten. Achtet dabei auf:
a den Gesang und den Einsatz der Mehrstimmigkeit,
b den rhythmischen Gang von Sprache und Melodie.

Unterrichtsprojekt

Vorschlag 1: Eine Melodie und ihre Begleitung verändern

In diesem Kapitel habt ihr ungewöhnliche Klänge aus unterschiedlichen Kulturen gehört und untersucht. Dabei habt ihr erfahren, dass es manchmal nur kleine Veränderungen sind, die aus musikalisch Vertrautem etwas Neues entstehen lassen und unsere Hörgewohnheiten auf die Probe stellen. Probiert selbst einmal solche Abweichungen vom Bekannten aus. Wählt dazu aus diesem Musikbuch oder aus anderen Quellen ein Musikstück aus, das ihr kennt und das euch vertraut ist, und experimentiert mit ihm. Hilfreich können dabei Keyboards sein, aber auch mit akustischen Instrumenten lassen sich grenzüberschreitende Klangeffekte erzielen.

1 Hört den Anfang eines Musikstücks eurer Wahl und macht euch mit der Melodie vertraut, indem ihr sie auf Instrumenten spielt oder auf einer Klangsilbe singt. Verändert nun den vertrauten Höreindruck eures Stückes, indem ihr zum Beispiel
– die Melodie behutsam abwandelt,
– rhythmische Neuerungen einbaut,
– die Klangfarbe austauscht,
– mit Taktwechseln und Schwerpunktverschiebungen arbeitet.

2 Stellt eure Bearbeitungen einander vor und diskutiert jeweils die Wirkungen, die sie bei den Zuhörern hinterlassen haben.

Vorschlag 2: Einen Korb voller Instrumente präsentieren

In eurer Schule finden sich zahlreiche Schülerinnen und Schüler, die völlig unterschiedliche Instrumente spielen, woher auch immer sie kommen: Plant und organisiert ein kulturübergreifendes „Treffen der Klänge".

3 Bildet Teams und sprecht Mitschülerinnen und Mitschüler an, die ein Instrument spielen:
– Einigt euch auf einen geeigneten Ort und einen passenden Anlass.
– Überlegt, welche Informationen zum jeweiligen Instrument für die Zuhörer sinnvoll wären.
– Plant gemeinsam mit den Instrumentalisten, auf welche Art das jeweilige Instrument angemessen präsentiert und vorgestellt werden soll. Alle Instrumente sollen dabei auch erklingen.

5.2

In diesem Kapitel ...
– lernt ihr unterschiedliche Möglichkeiten kennen, Musik zu bearbeiten,
– untersucht ihr, wie sich durch
  die Bearbeitung von Musik deren
  Wirkung verändert,
– bearbeitet ihr selbst Musik
  im Hinblick auf unterschiedliche
  Wirkungen.

Das kenne ich doch!?
Original und Bearbeitung begegnen sich

Der große Kunstgriff, kleine Abweichungen von der Wahrheit für die Wahrheit selbst zu halten …, ist auch zugleich der Grund unserer witzigen Gedanken.

Georg Christoph Lichtenberg (1742–1799): Aphorismen im Zeitalter der Aufklärung

René Magritte (1898–1967): Le blanc-seing (Die Blankovollmacht), 1965

1 **a** Beschreibt das Gemälde von René Magritte und überlegt, welche Gründe es geben könnte, die Reiterin in dieser Form zu malen.
  b Überlegt, warum der Maler sein Gemälde „Die Blankovollmacht" nennt.

2 Diskutiert die Bedeutung des Zitates von Christoph Lichtenberg und bezieht die Äußerung auf die Abbildung. Berichtet von eigenen Erlebnissen, bei denen durch Musik etwas Witziges dargestellt wurde.

3 Ihr hört zwei Musikbeispiele: Beschreibt, wie die beiden Musikstücke zusammenhängen, und erklärt, wie sie zu der Idee des Gemäldes und zu dem Textzitat passen.
⦿ 4|23–24

Ist hier alles nur geklaut?

Original und Parodie vergleichen

Slavko Avsenik und seine Original Oberkrainer *Global Kryner*

1 Beschreibt die beiden Abbildungen und formuliert, welche Musik ihr von den jeweiligen Musikern erwartet. Begründet eure Vermutungen.

2 Ihr hört zwei Aufnahmen:
⊚ 4 | 25, 27   **a** Ordnet die beiden Hörbeispiele je einer Gruppe zu.
   b Beschreibt, welche Beziehungen zwischen den Abbildungen und den Hörbeispielen bestehen.

Die Musik der Global Kryner kommt immer mit einem Augenzwinkern daher.
Sie selbst sprechen von einer „ehrlichen Parodie mit musikalischem Humor"! Ein großer Erfolg der Global Kryner war unter vielen anderen die Neufassung von Madonnas „Like a virgin".

3 Hört beide Fassungen und achtet dabei auch auf eure Reaktionen.
⊚ 4 | 26–27

4 Tauscht euch aus, welche musikalischen Merkmale euch besonders aufgefallen sind, und überlegt, welche Rolle sie für die Einordnung der Musik spielen.

5 Formuliert, worauf es bei dieser Art von „musikalischem Humor" ankommt, damit er beim Zuhörer funktioniert.

6 **a** Klärt untereinander, was mit den Begriffen „Augenzwinkern" und „ehrliche Parodie" gemeint sein könnte, und formuliert eine Stellungnahme zu dieser Art von Musik.
   b Äußert euch aus der Sicht von Madonna, wie ihr euch fühlen würdet, wenn eure Musik in dieser Form bearbeitet wird.

Global Kryner – das sind fünf Männer und eine Frau aus Österreich, die sämtliche Vorstellungen von gängigen Musikstilen gründlich aufmischen. Sie nennen sich nach den von Slavko Avsenik gegründeten „Original Oberkrainern", die in der „Volkstümlichen Musikszene" bekannt geworden sind. Doch außer den Instrumenten scheinen sie nicht viel gemeinsam zu haben mit den Oberkrainern. Bei allem Frohsinn lässt sich diese Formation keinesfalls als Coverband oder Stimmungskapelle einstufen. Man spürt, dass da Vollblutmusiker am Werk sind, denen die Sache irrsinnigen Spaß macht.

„In der Mitte steht das Original als Fels und sechs Leute fangen an daran zu hämmern", erklärt Sänger und Klarinettist Christof Spörk die Arbeitsweise der Band. (Zitat 1)

„Wir Österreicher sind halt gerne dort dabei, wo gewonnen wird. Das ist in der Musik wie beim Skirennen. – Aber vielleicht nehmen unsere echten Fans das Ausscheiden sogar als Kompliment." (Zitat 2)

7
a Stellt zusammen, welche Informationen ihr der Pressemitteilung (links) entnehmen könnt und worauf es dem Autor ankommt.
b Im Jahre 2005 schieden die Global Kryner im Halbfinale des Eurovision Song Contests aus. Der Gründer der Band äußerte sich damals dazu (Zitat 2). Überlegt, wie diese Äußerung gemeint sein könnte.

8 Hört als weiteres Stück der Global Kryner „Alles nur geklaut". Das Original stammt von der
⊚ 4|28 Gesangsgruppe „Die Prinzen".
a Untersucht, wie der Song beginnt und welche bekannten musikalischen Themen hier zitiert werden.
b Beschreibt, wie die Zitate gerade in einem Song mit diesem Titel wirken.
c Erläutert, welche weiteren musikalischen Merkmale im Verlauf des Songs eine besondere Bedeutung erhalten.
d Diskutiert den Zusammenhang zwischen euren Ergebnissen und Zitat 1.

Gegen Ende des Liedes findet ihr die folgenden Textzeilen:
„Wir hab'n alles geraubt und gestohlen,
von uns is da nix außer den Triolen,
erbeutet, erschlichen, gekämmt und entwendet,
betrogen, stibitzt, den Absender verändert (...),
– gefunden, bevor's verloren worden ist."

9 Arbeitet heraus, welche Botschaft hinter diesen locker eingeworfenen Sätzen der Musiker stecken könnte.

Anarchie an der Bonsai-Gitarre

Originale in neuem Gewand

Ukulele Orchestra of Great Britain, Hamburg, 2007 und Berlin, 2012

»Es lohnt sich, tausend Meilen weit zu reisen, um sie zu hören«, schrieb die britische Zeitung The Independent. Die Damen und Herren an der »Bonsai-Gitarre« sind herausragende Musiker und eine der musikalischen Entdeckungen der letzten Jahre. Wenn sie die Hits aus Rock 'n' Roll, Punk, Jazz und Klassik neu für Ukulele interpretieren, eröffnet sich ein ganz eigener Musikkosmos: Urkomisch, virtuos und atemberaubend verbinden sie musikalische Kunst mit trockenem und treffsicherem Humor." (Konzertankündigung der Kölner Philharmonie)

1 Lest die Programmankündigung und überlegt, was die Besucher eines Konzertes mit dem „Ukulele Orchestra of Great Britain" (UOGB) an Erstaunlichem und Komischem erwarten könnten. Bezieht euch dabei auch auf die Abbildungen.

2 Ihr hört den Beginn des „Danse macabre" von Camille Saint-Saens (1835–1921). Darin spielt
⊚ 4|29 der Tod als Geiger zur Geisterstunde an den Gräbern zum Tanz auf:
   a Untersucht, wie das Stück beginnt und beschreibt den Klang.
   b Tauscht euch aus, welche Atmosphäre im Orchester und beim Zuhörer entsteht.
   c Überlegt euch, wie ihr den „geigenden Tod" in einem Standbild festhalten könnt.

3 Ihr hört den „Totentanz" in der Fassung des „UOGB":
⊚ 4|30 **a** Untersucht den Anfang und vergleicht ihn mit der Originalfassung.
   b Notiert, welche Eindrücke diese Fassung bei euch als Zuhörer hinterlassen hat, und überprüft, ob ihr euer Standbild auch hier anwenden würdet.

Ukulele

In der bekanntesten Form der „Sopran-Ukulele" ist das viersaitige, gitarrenähnliche Instrument etwa 55 cm lang. Es kam durch portugiesische Einwanderer gegen 1879 nach Hawaii und wurde dort, wohl unter dem Eindruck der beim Spiel sehr schnell über das Griffbrett fliegenden Finger, „hüpfender Floh" (Ukulele) getauft. Es gibt die Ukulele auch in anderen Stimmlagen und Stimmungen, zum Teil auch mit mehr als nur vier Saiten.

Ein harmonisches Pattern verfolgen

In dem Stück „Fly me off the Handel", das in kaum einem Konzert der „Uks", wie sie in ihrem Heimatland genannt werden, fehlt, sind es nur acht Akkorde, die den Vortrag zusammenhalten. Sie stammen von Georg Friedrich Händel (1685–1759) aus der Cembalo-Suite g-Moll. Der Satz ist eine „Passacaglia", in der sich bei leichten Veränderungen eine regelmäßige Bass- und Akkordfolge stets wiederholt und so das harmonische Grundgerüst des Musikstückes bildet.

Cembalo-Suite g-Moll – Passacaglia, Takt 1–4   Musik: Georg Friedrich Händel

Fly me to the moon   Musik: Bart Howard

1 **a** Hört den Anfang der Cembalo-Suite und bestimmt die Begleitakkorde mit Hilfe eines
⦿ 4|31   Instruments.
  b Findet diese Akkordfolge im weiteren Verlauf des Stückes und spielt sie auf Instrumenten
       zur Aufnahme hinzu. Nutzt dazu die Informationen aus dem Text.
  c Vergleicht die Akkordfolge mit der des Schlagers „Fly me to the moon", der durch den
       US-amerikanischen Sänger Frank Sinatra bekannt wurde.

2 **a** Hört den Beginn von „Fly me off the Handel" und gebt in eigenen Worten wieder,
⦿ 4|32   worum es in dem Streitgespräch der Musiker geht.
⦿ 4|31 **b** Vergleicht das Ukulelen-Vorspiel mit dem Original und beschreibt die Unterschiede in
       der klanglichen Wirkung.

3 **a** Untersucht, wie der weitere Verlauf des Stückes aufgebaut ist. Beachtet dabei vor allem das
       Verhältnis von Gesang und instrumentaler Begleitung. **DVD**
  b Findet heraus, wie viele und welche weiteren Songs in „Fly me off the Handel" verarbeitet
       werden. **PH|S. 61**
  c Achtet auf die Reaktionen des Publikums und erklärt, warum es an verschiedenen
       Stellen lacht.

4 „Respektvoller Umgang und ironische Verbeugung halten sich stets die Waage", schreibt eine
       britische Tageszeitung zur Musik des UOGB. Klärt untereinander, ob ihr dieser Einschätzung
       folgen könnt, und beschreibt abschließend, was ihr unter „musikalischem Humor" versteht.

Party am Venusberg

Wagners Tannhäuser-Ouvertüre bearbeiten

Zusammen mit einem 38-köpfigen Orchester, einem Streichquartett und einer Gruppe kubanischer Jazzmusiker hat sich der Arrangeur und Produzent Ben Lierhouse mit musikalischen Themen aus Opern Richard Wagners (1813–1881) auf seine Weise auseinandergesetzt. Lierhouse zum Ergebnis des Projekts: „So hat man Wagner noch nie gehört. Und die Musik schafft zweierlei: Sie zeigt Wagner in neuem Gewand – und weckt Interesse am Original. Noch nie hat sich Wagner so leicht angehört. Die Musik scheint durch den Raum zu schweben und in der aufgeheizten Luft der Karibik zu tanzen."

Ouvertüre aus Tannhäuser – Anfang   Musik: Richard Wagner

Venus is waiting   Musik: R. Wagner / T. Engelau / D. Garcia Salas / T. Hang / P. Will

Rhythmus-Pattern   Satz: Thomas Zimmermann

1 Hört den Anfang der Ouvertüre aus der Oper „Tannhäuser" und beschreibt den Klang.

◎ 4|33

2 Ihr seht zweimal die ersten Takte der Melodie:

   a Vergleicht beide Fassungen und stellt heraus, worin sie sich unterscheiden. Benennt Gemeinsamkeiten und Unterschiede.

◎ 4|33–34 **b** Hört beide Musikbeispiele und untersucht die Art der Bearbeitung. Achtet dabei besonders auf Klangfarbe und Rhythmus.

   c Tauscht euch darüber aus, wie die vorgenommenen Veränderungen auf euch wirken.

3 **a** Musiziert das Rhythmus-Pattern zur Melodie der Tannhäuser-Ouvertüre.

◎ 4|33 **b** Diskutiert die Einschätzungen des Produzenten zur Wirkung von „Venus is waiting".

Sting gegen Johnny Cash

Wer covert wen?

Gordon Matthew Sumner (*1951), besser bekannt als „Sting", hatte bereits als Kind eine Vorliebe für alte Western-Filme, ebenso wie der Country-Sänger Johnny Cash (1932–2003). Beide haben den Song „I hung my head" veröffentlicht, in dem der Sänger die Perspektive eines jungen Mannes einnimmt, der mit der Waffe seines Bruders ohne Grund einen zufällig vorbeikommenden Reiter tötet. Der völlig verzweifelte junge Cowboy wird vom Sheriff gestellt, kommt vor ein Gericht und bittet um Gnade.

Here in the courthouse, the whole town is there,	*courthouse* Gerichtssaal
I see the judge high up in his chair.	*judge* Richter
"Explain to the courtroom what went through your mind,	*jury* die Geschworenen
and we'll ask the jury what verdict they find."	*verdict* Urteil
I said "I felt the power of death over life.	*I orphaned his children, I widowed his wife.*
I orphaned his children, I widowed his wife.	Ich machte seine Kinder zu Waisen, ich machte
I beg their forgiveness, I wish I was dead."	seine Frau zur Witwe.
	I hung my head Ich ließ meinen Kopf hängen
I hung my head, I hung my head.	(im Sinne von „Ich schämte mich so.")
– Zwischenspiel –	

1 Hört zunächst beide Songs:

♪ 4|35–36

a Vergleicht beide Fassungen miteinander und notiert, in welchen musikalischen Merkmalen sie sich unterscheiden.

b Stellt Vermutungen darüber an, welche Fassung „Original" und welche „Cover" ist.

I hung my head – Begleitrhythmus

Musik: Sting

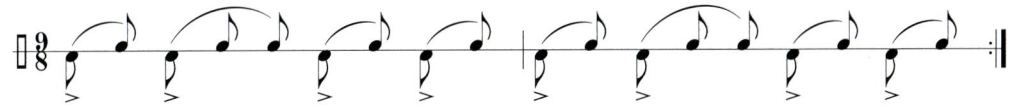

2 **a** Spielt oder klatscht den Begleitrhythmus und untersucht ihn auf Auffälligkeiten hinsichtlich der metrischen Gestaltung.

b Unterlegt diesen Rhythmus jeweils beiden Hörbeispielen und findet heraus, zu welcher Fassung er passt.

c Überprüft das Zusammenspiel von Rhythmus und Metrum in dieser Fassung und beschreibt die entstehende Wirkung. Bezieht euch dabei auch auf den Inhalt des Textes.

3 Informiert euch über den Sänger Johnny Cash und bereitet ein Kurzreferat vor. Klärt dabei auch die Frage, warum der Song in seiner Fassung rhythmisch viel einfacher gestaltet ist.

Vom Remix zum Mash-Up

Stilcollagen untersuchen und einordnen

Die vorbeirasenden Graffiti der U-Bahnen benannte der 1953 in New York geborene Alt-saxophonist John Zorn als eine Inspirationsquelle für seine Musik. Diese einzuordnen fiel bereits seiner Plattenfirma schwer: Bei seinem Projekt „Naked City", für das er eine eigene Band gründete, führte sie unter der Rubrik „Styles" von Alternative über Indie Rock, Avantgarde Jazz und Filmmusik Soundtracks bis hin zu Trash Metal alles zur Beschreibung auf, was Plattenläden an Ordnungssystemen bereithalten. „Naked City" ist ursprünglich die Bezeichnung einer amerikanischen Kriminalserie aus den frühen 1960er-Jahren, die in schwarzweißen Bildern und mit plötzlichen Schnitten den harten Polizeialltag New Yorks schilderte.

1 Betrachtet die Abbildung und stellt euch vor, der Zug setzt sich in Bewegung:

    a Beschreibt die Eindrücke und Bilder, die durch eure Vorstellungskraft entstehen.

◉ 4|37   **b** Schließt nun die Augen und hört den Beginn des Musikbeispiels von John Zorn.

    c Teilt eurem Nachbarn mit, welchen Einfluss die Musik auf eure Bilder im Kopf gehabt hat.

2 Hört nun das Musikbeispiel in voller Länge:

◉ 4|37   **a** Notiert eure Eindrücke und stellt Vermutungen an, warum der Titel „A shot in the dark" genannt wurde.

    b Formuliert eigene Ideen, zu welchen Szenen einer Krimifolge ihr diese Musik einsetzen würdet.

„Er zieht eine Platte aus dem Regal, schiebt eine andere zurück. Stop and go! Kaum hat man sich auf etwas eingelassen, kaum verliert man sich in den traumhaften Melodien – Schnitt, neue Einstellung, Action!" (Aus der Wochenzeitung „Die Zeit")

3 Lest das Zeitungszitat und überlegt, wie die Musik beschaffen sein müsste, die in dem Artikel beschrieben wird.

4 Sucht im Netz nach einem weiteren Stück von John Zorn aus dem Album „Naked City": Stellt passend dazu Bilder aus Zeitschriften oder aus dem Internet zu einer Collage zusammen und präsentiert sie in Form eines Museumsrundgangs zur Musik.

Pnau und Elton John, Sydney, 2012

Die Australier Peter Mayes und Nick Littlemore, die beiden Dance-Mixer und Elektro-Tüftler hinter dem Bandnamen Pnau, haben Elton John beeindruckt: Mit einem Generationen überspannenden Projekt gelang es ihnen 2012, sich vor der großen 1970er-Jahre-Ära des Altmeisters musikalisch zu verbeugen. Er erlaubte den jungen Musikern, Klassiker seiner Karriere vollkommen neu zu kombinieren und zu interpretieren.

5 Hört drei kurze Ausschnitte aus Songs von Elton John:

4|38–40 **a** Beschreibt die musikalischen Merkmale, die euch besonders auffallen.

b Singt die Melodien nach oder spielt sie mit euren Instrumenten.

c Informiert euch über den Musiker Elton John und bereitet ein Kurzreferat vor.

6 Hört das Stück „Good morning to the night" von Pnau und beschreibt, wie die beiden

4|41 australischen Musiker mit dem Material von Elton John umgegangen sind.

7 Bei Liveauftritten der Band stehen manchmal bis zu sechs Musiker auf der Bühne. Überlegt, welche Aufgaben sie haben. Nutzt dazu die Informationen im blauen Kasten und bezieht euch auch auf das Hörbeispiel.

8 Informiert euch über Sequenzer-Programme zur digitalen Bearbeitung von Musik und stellt sie in der Klasse vor.

Remix und Mash-Up

In der elektronisch aufbereiteten Musik spielt der **Remix** eine wesentliche Rolle: Eine neue Version des Originals entsteht u. a. dadurch, dass ein **Sample**, ein herausgeschnittenes Klangstück, in einen neuen musikalischen Zusammenhang gebracht wird. Dies geschieht z. B. mit einem **Sequenzer**, einem Gerät oder einer Software zur digitalen Bearbeitung: Analog oder digital hergestellte musikalische Schleifen, sogenannte **Loops**, werden neu zusammengestellt. Stammen sie aus ursprünglich völlig unterschiedlichen Musikstücken, spricht man von einem **Mash-Up**.

Am heiteren Abgrund

Mozart goes Nyman – Ein neuer Stil entsteht

Ein „Dramma giocoso" nannte Mozart seine vor-
letzte Oper „Don Giovanni" aus dem Jahre 1787,
ein „heiteres Drama", in dem jedoch in den ersten
Minuten bereits Tod, Verzweiflung und sexuelle
Nötigung zum Thema werden. Heiter? Im Zentrum des Geschehens bewegt sich die Titelfigur
mit ihrem Diener Leporello, der vor allem dann in
Erscheinung tritt, wenn sein Herr in Schwierigkeiten steckt. Als Donna Elvira, eine frühere
Geliebte Don Giovannis, ihn zur Rede stellen will,
soll Leporello sie von diesem Vorhaben abbrin-
gen. Dazu liest er ihr aus einem Büchlein vor, dem

*Leporello (David Soor) und Donna Elvira (Nuccia Focile),
Cardiff, 2011*

„Register", in welchem der Diener akribisch notiert hat, in welchen Ländern sein Herr
bereits mit wie vielen Frauen eine Affäre hatte: „In Italien 640, hier in Deutschland 230,
100 in Frankreich und 90 in Persien, aber in Spanien, ja in Spanien schon 1003 …".

Register-Arie – Anfang   Wolfgang Amadeus Mozart (1756–1791)

1

4|42

a Hört den Anfang der „Register-Arie" und beschreibt den Ausdruck der Musik. Notiert, wie sie auf euch wirkt.

b Entwerft einen deutschen Text, der zu den ersten Takten von Leporellos Singstimme passt.

2 Verfolgt das Notenbild beim Hören mit und untersucht das Zusammenspiel von Singstimme und Begleitung:

a Notiert auffallende Merkmale der Singstimme.

b Beschreibt charakteristische Motive im Klaviersatz jeweils für die rechte und linke Hand.

3 a Versetzt euch in beide Figuren und stellt ihre jeweilige Haltung zur Musik szenisch dar. Formuliert dazu Regieanweisungen, die beschreiben, was die beiden Figuren jeweils denken und fühlen, und notiert sie als Sprechblasen auf Pappschildern.

b Diskutiert, worin die heitere Wirkung dieser Opernarie liegen könnte, und nehmt Stellung zu dieser Art der Darstellung.

Michael Nyman, Birmingham, 2012

Michael Nyman, geboren 1944, wurde Anfang der 1990er-Jahre vor allem durch Filmmusik bekannt. Seine Musik ist geprägt durch Zitate anderer Komponisten und die bewusste Kombination unterschiedlicher Stile. Die Idee zu „In Re D. G." entstand, als er sich an die Anfangstakte aus Mozarts Registerarie erinnerte. Daraus entwickelte sich eine Komposition, die er selbst so kommentierte: „Teils Mozart, teils Nyman, teils Minimal Music, teils Rock 'n' Roll – der ‚Nyman-Style' war geboren."

4

4|43

a Hört das Musikbeispiel und beschreibt den Klang.

b Stellt Bezüge zu Mozarts Registerarie her, indem ihr das Notenbeispiel mitverfolgt.

5 a Singt Leporellos Stimme rhythmisch korrekt zu Nymans Fassung hinzu. Einigt euch dabei auf eine zum Ausdruck der Musik passende Haltung.

b Tauscht euch darüber aus, welche Denkweisen und Charakterzüge Leporellos dadurch sichtbar geworden sind.

c Besprecht miteinander, welche Körperhaltung euch dabei leichter oder schwerer gefallen ist.

6 Diskutiert, inwiefern „In Re D. G." als persönliche Auseinandersetzung Nymans mit der Opernszene aufgefasst werden kann.

7 Kritiker haben Nyman vorgeworfen, er habe sich Mozart gegenüber respektlos verhalten. Diskutiert diesen Vorwurf und formuliert eine eigene Stellungnahme dazu.

8 Sucht nach weiteren Stücken von Michael Nyman, zum Beispiel aus der Filmmusik „Der Kontrakt des Zeichners" aus dem Jahre 1982:

a Benennt Gemeinsamkeiten, die für Nymans Musik typisch sind.

b Diskutiert, inwiefern Nymans Kommentar „Teils Mozart, teils Nyman, teils Minimal Music, teils Rock 'n' Roll" auch auf diese Stücke anwendbar ist.

Unterrichtsprojekt

Vorschlag 1: Ein klassisches Thema bearbeiten

Hier könnt ihr den ersten Satz einer bekannten Klaviersonate von W. A. Mozart (▶ S. 133 und 184) so bearbeiten, dass daraus ein Stück im Latin-Style wird.

Beginn der Melodie in einem typischen Latin-Rhythmus:

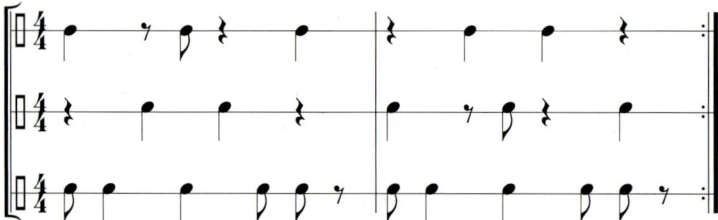

1 Führt die Melodie in dieser Weise weiter oder erfindet einen eigenen Rhythmus im Latin-Style.

2 Ein dreistimmiges Rhythmuspattern, mit dem ihr die veränderte Melodie begleiten könnt:

a Übt die Rhythmusstimmen mit geeigneten Instrumenten ein und begleitet damit die rhythmisch veränderte Melodie.
b Erfindet eine weitere Rhythmusstimme, die dazu passt.

3 Fasst die betonten Taktzeiten des Originals im 6/8-Takt zu Dreiklängen zusammen und spielt die Akkorde.

4 Findet anhand der Dreiklänge oder mit Hilfe des Originals eine passende Bass-Stimme und rhythmisiert sie zur Melodie.

5 Musiziert nun Mozart gemeinsam im „Latin-Style".

Vorschlag 2: Ein Feature gestalten („Axis Of Awesome")

Informativ, unterhaltsam und bewegend, mit echten Geschichten aus dem wahren Leben, die präzise und umfassend recherchiert sind und die aufregende Trends und interessante Menschen vorstellen – aus diesen Zutaten setzt sich ein sogenanntes „Feature" zusammen, welches ihr nun in der Klasse in Angriff nehmen könnt:
Die australische Band „Axis Of Awesome" („Achse des Bösen") schaffte es mit dem Song „Four Chords" in die britischen Charts. Ähnlich wie bei „Fly me off the Handel" (S. 147) spielt die Band ganz unterschiedliche Popsongs zu einer ostinaten Akkordfolge - und zwar pausenlos hintereinander.

1 **a** Sucht im Internet nach einer Fassung des Four-Chord-Songs mit Untertiteln. Schaut euch das Video an und findet heraus, wie viele unterschiedliche Songs darin verwendet werden.
   b Findet hörend und mit Hilfe von Instrumenten heraus, wie die „four chords" lauten, die die Gruppe in ihrem Song benutzt.

2 Legt innerhalb eurer Gruppe fest, wer welche Aufgaben beim Erstellen des Features zu „Axis Of Awesome" übernimmt: Stellt dazu eine Mindmap zu dem Projekt „Axis Of Awesome" zusammen und klärt dabei zum Beispiel die folgenden Punkte; viele weitere Aspekte sind denkbar:

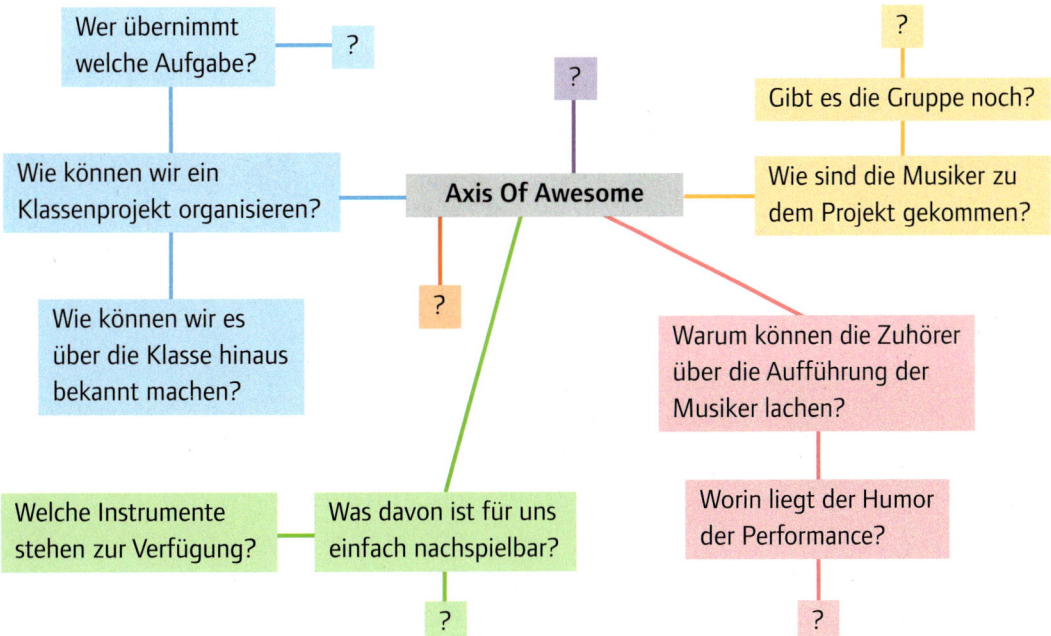

3 Arbeitet die einzelnen Beiträge aus und fügt sie zusammen, zum Beispiel indem ihr eine Audioaufnahme produziert.

4 Präsentiert das fertige Projekt bei einer passenden Gelegenheit.

Rechts: Die Toten Hosen mit Frontmann Campino, Magdeburg, 2005 und Bill Haley mit seinen Comets in der „Ed Sullivan Show", 1955

In diesem Kapitel …

– lernt ihr mehrstimmige Musik aus unterschiedlichen Stilrichtungen kennen,

– untersucht ihr, wie mehrstimmige Musik aufgebaut ist,

– musiziert ihr mehrstimme Musik mit Gesang und Instrumenten,

– erfindet ihr selbst Begleitstimmen zu Melodien.

Zusammenklänge
Mehrstimmige Musik untersuchen und musizieren

1 ⊚ 5|1–4
a Hört die verschiedenen Aufnahmen mit mehrstimmiger Musik und ordnet sie den Abbildungen zu.
b Beschreibt Unterschiede in der Besetzung und im Klang.

2 ⊚ 5|1–4
Achtet beim Hören auf die unterschiedlichen Arten des Zusammenklangs und verfolgt einzelne Gesangs- oder Instrumentalstimmen mit. Summt sie oder klopft ihren Rhythmus. Nutzt dazu auch die Abbildungen.

3
Tauscht euch darüber aus, wie gut ihr verschiedene Stimmen unterscheiden konntet und woran ihr euch dabei orientiert habt.

Einfache Mehrstimmigkeit

Musik mit Bordun und Terzen

Schottische Bagpipe

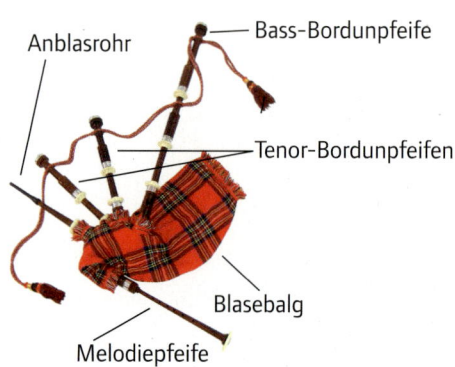

Anblasrohr

Bass-Bordunpfeife

Tenor-Bordunpfeifen

Blasebalg

Melodiepfeife

Binioù mit Melodie- und Bordunpfeife

1 Hört die Aufnahme von „Amazing Grace" und beschreibt euren Höreindruck.

◉ 5|5

2 Untersucht das Hörbeispiel genauer. Dabei helfen euch die Informationen im blauen Kasten:

◉ 5|5 **a** Summt die Melodie mit und unterscheidet sie von der Begleitung.

b Achtet auf gut hörbare Begleittöne und summt sie mit. Sucht diese Töne anschließend auf einem Instrument und vergleicht sie miteinander.

3 Musiziert Melodie und Begleitung in zwei Gruppen.

4 a Beschreibt anhand der Abbildungen Aufbau und Spielweise einer Bagpipe und vergleicht sie mit der bretonischen Binioù. **PH**|S. 62

b Recherchiert Geschichte und Verwendung verschiedenartiger Borduninstrumente. Dazu könnt ihr folgende Suchbegriffe nutzen: Bordun, Sackpfeife, Binioù, Musette, Drehleier.

5 Erprobt bei unterschiedlichen Liedern, ob sie sich mit Bordun begleiten lassen. Überlegt, welche Töne als Bordun passen könnten, und probiert verschiedene Möglichkeiten aus.

Bordun

Eine einfache und sehr alte Möglichkeit, Melodien auf Instrumenten zu begleiten, besteht darin, Haltetöne hinzuzufügen, die eine unveränderte Klangfläche bilden. Diese Klangfläche kann aus einem einzelnen oder aus mehreren zueinander passenden Tönen bestehen. Eine solche Art der Begleitung nennt man **Bordun**.

In der europäischen Volksmusik besteht ein zweistimmiger Bordun häufig aus einer Quinte, ein dreistimmiger aus Quinte und Oktave, da diese Intervalle klanglich gut miteinander verschmelzen. Auf manchen Instrumenten wie der schottischen Bagpipe kann aufgrund ihrer Bauweise nur mit Bordun begleitet werden.

Amazing Grace   trad.

A - ma - zing grace, how sweet the sound, that saved a wretch like me (like

me). I once was lost, but now I'm found, was blind but now I see.

6 **a** Singt „Amazing Grace" in der notierten Fassung zweistimmig.

 b Beschreibt mit Hilfe des blauen Kastens, wie die Zweistimmigkeit zustande kommt. Erklärt
  auch deren Besonderheiten am Anfang und in der Mitte.

7 **a** Singt oder spielt das Spiritual „Kumbaya, my Lord".

 b Ergänzt nach Gehör eine Unterstimme mit Hilfe von Terzen. Achtet darauf, an welchen
  Stellen ihr von der Zweistimmigkeit abweicht. **PH | S. 63**

8 Erstellt mit Hilfe von Terzen eine Oberstimme zu „Kumbaya, my Lord". Musiziert sie und
erläutert, an welchen Stellen sie gut und an welchen sie weniger gut passt. **PH | S. 63**

Kumbaya, my Lord   trad.

Kum - ba - ya, my Lord, kum - ba - ya. Kum - ba - ya, my Lord, kum - ba -

ya. Kum - ba - ya, my Lord, kum - ba - ya, oh Lord, kum - ba - ya.

Terzbegleitung

Eine beliebte und oft angewandte Form der Zweistimmigkeit besteht darin, eine Melodie im **Terz-abstand** zu verdoppeln. Rhythmus und Bewegungsrichtung der Melodie werden dabei von der zweiten Stimme übernommen, lediglich die Lage der Stimme unterscheidet sich von der Originalmelodie.

Die meisten Melodien lassen sich durch eine **Unterstimme** eine Terz tiefer begleiten, manchmal ist auch die Begleitung durch eine **Oberstimme** eine Terz höher möglich.

Da beim so genannten „Austerzen" immer die Töne der jeweiligen Tonleiter verwendet werden, ist eine Unterscheidung in kleine und große Terzen hierbei nicht notwendig. Oft kann eine Melodie auch ohne Kenntnis des Notenbildes nach Gehör „ausgeterzt" werden, vor allem wenn die Melodie selbst Terzen enthält.

Ostinato und Riff

Mit Wiederholungen begleiten

Deep Purple, Berlin, 2012

Die britische Rockgruppe „Deep Purple" veröffentlichte im Jahr 1972 den noch heute bekannten Song „Smoke on the water". Er beginnt mit einer charakteristischen Tonfolge, die als Riff im weiteren Verlauf des Songs immer wiederkehrt:

1 Hört den Anfang von „Smoke on the water" und beschreibt den Klangeindruck.

⊚ 5|6

2 Untersucht das Notenbild und vergleicht es mit dem Klang. Nutzt dazu auch die Informationen im blauen Kasten.

3 Musiziert den Mitspielsatz zur Aufnahme hinzu. Achtet dabei auf die Reihenfolge der verschiedenen Formteile des Songs und ergänzt das Riff aus dem Intro. **PH**|S. 64

⊚ 5|6

Smoke on the water – Mitspielsatz

Powerchords

In der Rockmusik, vor allem im Heavy Metal, werden auf der E-Gitarre häufig Klänge benutzt, die aus zwei Tönen im Abstand einer Quinte bestehen. Zusätzlich kann der untere Ton noch oktaviert werden, sodass ein dreistimmiger Akkord entsteht. Wegen seines machtvollen Klangs wird ein solcher Akkord **Powerchord** (*englisch:* power chord) genannt. Daneben findet man auch Powerchords, in denen die Reihenfolge der Töne umgekehrt ist, sodass statt der Quinte eine Quarte entsteht. Weil beim Greifen unterschiedlicher Powerchords nur die linke Hand verschoben werden muss, eignen sie sich besonders gut für das mehrstimmige Spiel von Riffs.

Powerchords mit Quinten

Powerchords mit Quinten und Oktaven

Powerchords mit Quarten

Ein ostinater Begleitsatz: Musizieren mit Dreiklängen

I like the flowers

trad.

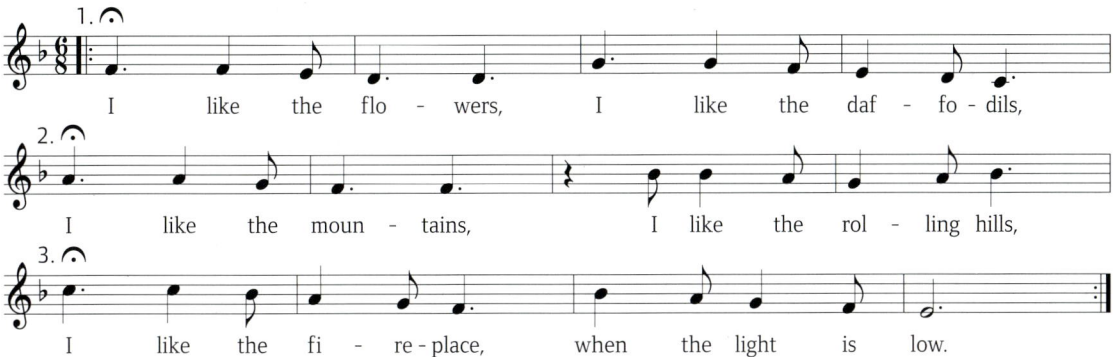

I like the flo - wers, I like the daf - fo - dils,

I like the moun - tains, I like the rol - ling hills,

I like the fi - re - place, when the light is low.

Begleitsatz

Satz: Ulrich Brassel

4　a Singt und musiziert die Melodie und den Begleitsatz zu „I like the flowers".

　　b Erklärt, warum der Spielsatz viel kürzer notiert ist als die Melodie. Nutzt dazu Fachbegriffe.

5　Untersucht, wie der Begleitsatz aufgebaut ist. Dabei helfen euch die Informationen im blauen Kasten.

　　a Benennt in jedem einzelnen Takt die auftretenden Töne und notiert sie als Dreiklänge.

　　b Erklärt, wie die verschiedenen Dreiklänge aufgebaut sind, und musiziert sie zum Spielsatz.

Dreiklänge

Ein Dreiklang ist ein Akkord aus drei Tönen, die jeweils im Abstand einer Terz angeordnet sind oder sich durch Oktavversetzung in Terzen ordnen lassen.
Der unterste Ton des Dreiklangs ist sein *Grundton*. In einem **Dur-Dreiklang** ist das Intervall der unteren beiden Nachbartöne eine große Terz, das der oberen beiden Nachbartöne ist eine kleine Terz. In einem **Moll-Dreiklang** ist es umgekehrt. Das Intervall zwischen dem Grundton und dem obersten Ton des Dreiklangs ist eine Quinte.

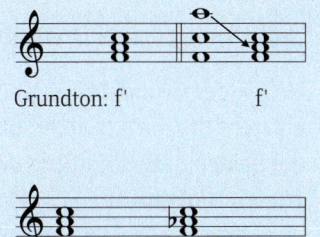

Grundton: f'　　　　f'

F-Dur　　　f-Moll

Aus Einzelstimmen werden Akkorde

Mehrstimmige Songs musizieren und untersuchen

Summer holidays

Text und Musik:Rainer Butz

1. Ev – 'ry-bod – y likes   sun-shine,   ev – 'ry-bod – y likes   fun,

2. ev – 'ry-bod – y likes   co – co-nuts and the   fine Ca-rib – be-an   rum.

3. Come   and   stay   la   –   zy   in   the sun.

4. Can you hear our__   song_____   can you hear   the   drum? And all to-geth-er:

1 Singt diese Melodie zuerst einstimmig, dann als Kanon. Beschreibt, wie sich dadurch der Klang verändert.

2 **a** Notiert die Zusammenklänge, welche beim vierstimmigen Singen des Kanons am Beginn eines jeden Taktes entstehen, als mehrstimmigen Akkord.
b Beschreibt den Aufbau dieser vier Akkorde, indem ihr die Töne durch Oktavierungen in Terzen ordnet. Jeder Ton soll dabei nur einmal vorkommen. Überprüft, um welche Terzen es sich jeweils handelt. **PH** | S. 65
c Bestimmt die Namen der Dreiklänge und deren Umkehrungsformen im Zusammenklang der Kanonstimmen. Nutzt dazu die Informationen im blauen Kasten. **PH** | S. 65

3 Sucht nach weiteren Kanons und überprüft das Zusammenwirken der einzelnen Stimmen anhand der angegebenen Akkordsymbole.

Umkehrungen von Dreiklängen

Neben der **Grundstellung** eines Dreiklangs (Gr.) entsteht durch Oktavieren des untersten beziehungsweise der beiden untersten Töne die **erste** beziehungsweise **zweite Umkehrung** eines Dreiklangs. Alle drei sind Formen desselben Dreiklangs, die Töne können dabei auch weit auseinander liegen. Der **Basston** wird nach einem Schrägstrich angegeben.

enge Lage			weite Lage		
Gr.	1.U	2.U	Gr.	1.U	2.U
C	C/E	C/G	C	C/E	C/G

Ride on Moses

Spiritual aus Malawi, Text: 1. + 2. Strophe trad., Satz: Rainer Butz

1. I've been trav-lin' all de day, Mo-ses, to hear de good folks sing an' pray.

I want to go home in de morn-in', den ride on Moses, 'cause I know de Lord would pass dat way.

2. Mo-ses, ride on Mo-ses, ride on, dey pray'd so long I could not wait;

3. Ride on Mo-ses, ride on o Mo-ses, some day King E-ma-nu-al will come an' stay;

4 Übt dieses Spiritual mehrstimmig ein und erklärt, wie hier im Unterschied zu einem Kanon die drei Stimmen zueinander komponiert sind (▶ blauer Kasten). Hört dazu die Aufnahme aus Malawi. ◉517

5 Erläutert den Aufbau der Dreiklänge im untersten System der ersten Notenzeile und setzt den begonnenen Begleitsatz bis zum Ende fort. Nutzt dazu auch Umkehrungen. **PH|S. 65**

Formen der Mehrstimmigkeit – Polyphonie und Homophonie

Eine einfache Form der Mehrstimmigkeit entsteht beim Singen eines *Kanons*. Obwohl jeder die gleiche Stimme singt, wird das Lied durch die in regelmäßigem Abstand nacheinander beginnenden Stimmen mehrstimmig. Beim Zusammenklang hat jede Stimme einen eigenen Rhythmus und Text. Diese Form der Mehrstimmigkeit nennt man **polyphon** (*griechisch* poly: mehrfach und phon: klingend). Sind hingegen beim Zusammenklang alle Stimmen mit gleichem Rhythmus und Text gesetzt, nennt man dies **homophon** (*griechisch* homo: gleich).

Aus Akkorden wird eine Begleitung

Einen mehrstimmigen Begleitsatz gestalten

Crying in the rain

Text und Musik: Howard Greenfield (1936–1986), Carol King (*1942)

(Notenzeilen mit Akkordsymbolen und Liedtext)

G   C   D   G   G   C   D   G

1. I'll   ne - ver let you see____   the way my broken heart is hurt-ing__ me.
2. If   I   wait__ for cloud-y   skies you won't know the rain__ from the tears in my eyes.____
3. Some_ day when my cry-ing's done__   I'm gon-na wear a smile and walk in the sun.__ I

G   C   H   Em   C⁶

I've   got my pride and I   know how to   hide__   all   my   sor-row and pain.__
You'll nev-er know that I   still love you   so__   though the   heart-aches re - main.__
may   be a fool   but till   then dar-ling   you'll   nev - er   see me com - plain.

D   Em D   Em   C   3   Am

I'll do my cry-ing in the rain.   Rain-drops fall-ing from   hea-ven   could

D   G   Em

nev-er wash a - way my mi - ser - y,____   but since we're not to - ge-ther   I'll

A   D   D⁷   D.C. al

look for stor-my wea-ther   to   hide these tears   I hope you'll nev - er   see.

Em   D   Em   D   Em   D   Em

I'll do my cry-ing in the rain.   I'll do my cry-ing in the rain.

1
a Singt den Song „Crying in the rain" und bestimmt, welche Töne bei jedem der angegebenen Akkorde zu spielen sind (▶ blauer Kasten). **PH|S. 66**
b Begleitet den Song mit den angegebenen Akkorden und findet dazu ein passendes Rhythmuspattern. Probiert aus, an welcher Stelle im Song es sich ändern könnte.

Dreiklänge und Vierklänge

Dreiklänge werden international mit dem Großbuchstaben ihres Grundtones angegeben, bei Moll mit dem Zusatz „m".
Als Klangreiz kann einem Dreiklang als vierter Ton eine Sexte **(sixte ajoutée)** oder eine Septime beigefügt werden, was eine ergänzte Zahl angibt. Die Vierklänge mit einer Septime heißen **Septakkorde**. Sie bestehen aus drei Terzen.

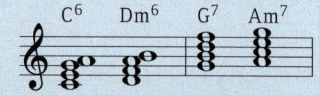

2 Bildet von den angegebenen Dreiklängen die Grundstellung sowie beide Umkehrungen und erprobt eine Begleitung, die auch Umkehrungen verwendet. **PH** | S. 66

3 Teilt die drei folgenden Aufgaben so unter euch auf, dass am Ende zum kompletten Song eine Begleitung für Bass, Keyboard und Melodieinstrumente entsteht. **PH** | S. 66

a Entwerft als Begleitung zum Song zunächst eine Bass-Stimme. Sie soll am Beginn jedes Akkordwechsels den Grundton des Dreiklangs spielen und rhythmisch zur Melodie des Songs passen. Statt einer Tonwiederholung kann man auch einen anderen Dreiklangston spielen. Entwickelt nach diesem rhythmischen Pattern eine Bass-Stimme zum ganzen Song (Beispiel 1).

b Ergänzt am Klavier oder Keyboard die dazu gehörenden Akkorde möglichst dreistimmig. Um sie leicht greifen zu können, ist es sinnvoll, Umkehrungsformen der Dreiklänge zu nutzen. So können die Finger beim Akkordwechsel kurze Wege gehen oder sogar auf der Taste bleiben. Spielt die Akkordfolge rhythmisch versetzt zur Bass-Stimme (Beispiel 2).

c Entwickelt eine einfache, homophone Begleitung für Melodieinstrumente, indem ihr aus der rechten Hand der Klavierstimme Töne auswählt, die nahe beieinander liegen, und diese auf mehrere Stimmen verteilt. Dabei sollte in allen Stimmen eine gut spielbare und möglichst melodische Stimmführung entstehen. Längere Notenwerte können dazu auch rhythmisiert werden. Für drei Begleitstimmen könnte das etwa wie folgt aussehen (Beispiel 3).

Beispiel 1

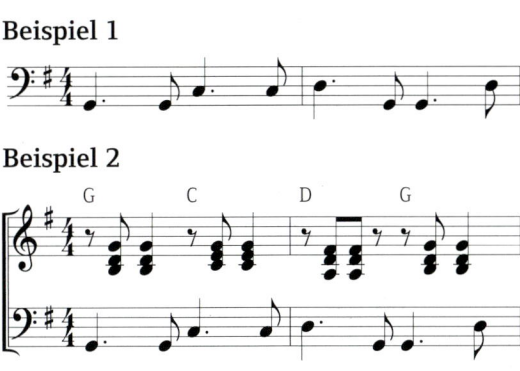

Beispiel 2

Beispiel 3

4 Die norwegische Band „A-ha" coverte den Song „Crying in the rain" 1990 mit großem Erfolg. Ursprünglich haben ihn „The Everly Brothers" 1962 gesungen. Hört Original und Coverversion und vergleicht die Sounds der beiden Fassungen. Versucht einzelne Stimmen im mehrstimmigen Satz herauszuhören.

5 | 8–9

5 Sucht in Liederbüchern weitere Songs, die ihr gerne singt. Plant wie in Aufgabe 3 verschiedene Begleitmöglichkeiten und musiziert die Songs mit Hilfe der angegebenen Akkorde.

The Everly Brothers, USA, 1962

A-ha, London, 1990

Eine wiederkehrende Akkordfolge

Musizieren und Improvisieren mit Blues-Schema und Blues-Tonleiter

In the mood, 1. Strophe

Text: Andy Razaf (1895–1973)
Musik: Joe Garland (1895–1973), 1939

1. Who's the liv-ing dol-ly with the beau-ti-ful eyes? What a pair o' lips, I'd like to

try 'em for size.＿ I'll just tell her: "Ba-by, won't you swing it with me?"

Hope she tells me may-be, what a wing it will be.＿ So I said po-lite-ly, "Dar-lin'

may I in-trude?"＿ She said:＿ "Don't keep me wai-tin' when I'm in the mood."

dolly Püppchen; *'em* them; *for size* ob es passt; *what a wing* wie toll, großartig; *intrude* näher kommen

1 **a** Hört die Aufnahme von „In the mood" und studiert die erste Strophe ein.
⊙5|10 **b** Übersetzt den Text ins Deutsche und erklärt, was mit dem Titel gemeint ist.

2 **a** Begleitet euren Gesang mit Instrumenten. Nutzt dazu die Akkordfolge im blauen Kasten.
b Erklärt den Aufbau der hier benutzten Akkordfolge (▶ blauer Kasten).
c Vergleicht den Aufbau der abgedruckten Melodie von „In the mood" mit der Akkordfolge des Blues-Schemas in G. **PH**|S. 67

Blues-Schema und Hauptdreiklänge

Zahlreiche Songs und Instrumentalstücke der populären Musik basieren harmonisch auf der Akkordfolge des **Blues-Schemas**. Sie besteht aus zwölf Takten, in denen die Dreiklänge der I., der IV. und der V. Tonleiterstufe, die so genannten **Hauptdreiklänge**, in einem festgelegten Wechsel erscheinen. Für die Tonart G-Dur sind dies die Akkorde von G-Dur, C-Dur und D-Dur.

Auf der Grundlage des Blues-Schemas ist es möglich, eigene Melodien zu erfinden und zu improvisieren. Charakteristisch für die Blues-Improvisation ist der Wechsel von **Call und Response**, also von Ruf und Antwort. Die meisten Blues-Songs und Instrumentalstücke beginnen mit dem „Call", einer zweitaktigen Phrase, die in den folgenden beiden Takten durch eine improvisierte Gegenphrase, den „Response", beantwortet wird. Dieser Ablauf wiederholt sich nun zweimal zur jeweiligen Akkordfolge des Blues-Schemas.

Backwater Blues

Text und Musik: trad./Bessie Smith (1894–1937)

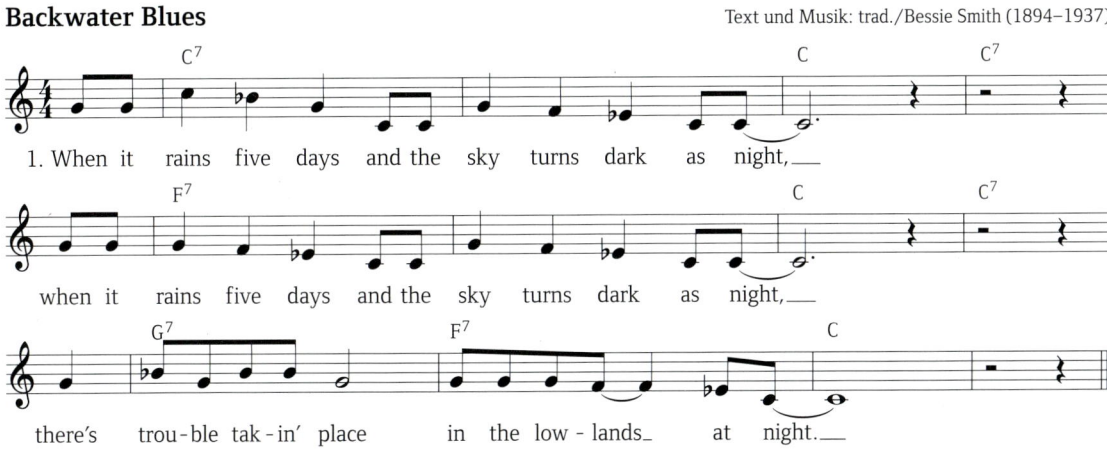

3 a Hört eine historische Aufnahme des „Backwater Blues" und beschreibt die Besonderheiten des Gesangs und der instrumentalen Begleitung.

⊙ 5|11

   b Untersucht die Aufnahme im Hinblick auf den Wechsel von „Call" und „Response".

4 Singt den Blues mit Akkordbegleitung. Orientiert euch dabei an der Aufnahme.

5 Fügt nun eigene Melodieimprovisationen hinzu:
a Singt oder spielt die notierten Melodiephrasen als „Call".
b Erfindet mit Hilfe der abgedruckten Blues-Tonleiter kurze Melodie- und Rhythmus-bausteine, die ihr als „Response" einsetzen könnt, und musiziert sie im Zusammenhang. (▶ blauer Kasten).
c Erprobt eine Abfolge mehrerer Call-Response-Wechsel.

Blues-Tonleiter in c

Blues-Tonleiter

Zur Melodieimprovisation wird im Blues, im Jazz und zum Teil auch in der Rockmusik eine Tonleiter benutzt, die weder Dur noch Moll ist. Diese **Blues-Tonleiter** verfügt über sechs verschiedene Ton-leiterstufen, deren Tonabstände so angeordnet sind, dass damit improvisierte Tonfolgen zu allen drei Hauptdreiklängen passen. Allerdings stimmen die in der Blues-Tonleiter enthaltenen Töne nicht völlig mit den Akkordtönen des zugehörigen Blues-Schemas überein. Auf diese Weise entstehen Reibungen mit diesen Akkorden, die „dirty tones" genannt werden.

Eine vielfältige Akkordbegleitung

Haupt- und Nebendreiklänge verwenden

We are the world

Text und Musik: Michael Jackson (1958–2009), Lionel Richie (*1949), 1985

(Notenblatt mit Akkordsymbolen und Liedtext)

1. There comes a time_ when we heed a cer-tain call,___ when the
2. We can't go on_ pre-tend-ing day_ by day___ that some-
3. Send them your heart so they'll know that some-one cares___ and their

world must come to-geth-er as one. There are peo-ple dy-ing___ and it's
one, some-where will soon make a change. We are all a part of_____ God's
lives will be_____ stron-ger and free. As God has shown us_____ by

time to lend a hand to life, the great-est gift_ of all.___
great big fam-i-ly_ and the truth, you know love is all_ we need.___
turn-ing stone to bread so we all must lend a help-ing hand.___

1. C^sus4 C

2.+3. C^sus4 C

We are the world,_ we are the child-ren, we are the ones

_ who make a bright-er day,_ so let's_ start giv-ing. There's a

choice we're mak-ing_____ we're sav-ing our_ own lives, it's true,

_ we'll make a bet-ter day,_ just you and me._ Fine

D.C. (3. Str.) al Fine

When you're down and out,_ there seems no hope at all,___ but if you

just be-lieve,_ there's no way we_ can fall.___ Let us re-a-lize_ that a

Dal al Fine

change will on-ly come When we stand to-geth-er as one.___ We are the world,

„We are the world" entstand 1985 für eine weltweite Spendenaktion gegen Hunger in Afrika, die von vielen Musikern unterstützt wurde. Der Song wurde in einer einmaligen Gemeinschaftsproduktion von einer großen Schar internationaler Stars gemeinsam als Ensemble aufgenommen.

Live Aid for Africa, London, 1985

1
a Singt den Song und begleitet euch mehrstimmig. Nutzt dazu die angegebenen Akkordsymbole. **PH** | S. 68
b Beschreibt, welche Begleitakkorde den Song besonders interessant machen.

2 Bereitet eine Untersuchung der Akkordfolge vor:
a Findet die Tonart des Songs heraus und schreibt die dazugehörige Tonleiter auf.
b Notiert auf den einzelnen Tonleiterstufen alle im Song enthaltenen Dur- und Moll-Akkorde, deren Grundton in der Tonleiter auftritt. *Hinweis:* Bei sus4 wird die Terz durch die Quarte ersetzt.
c Notiert separat diejenigen Akkorde, deren Grundton nicht in der Tonleiter vorkommt, und beschreibt, an welcher Stelle des Songs sie erklingen.

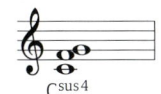

3
a Vergleicht die Abstände der Dur- und Moll-Dreiklänge miteinander. Formuliert eure Ergebnisse mit Hilfe der Übersicht im blauen Kasten.
b Bestimmt die Abfolge der Haupt- und Nebendreiklänge in den Takten 1–17.

4
a Bestimmt, welche Begleitakkorde sich bei gleichbleibenden Funktionen in einer anderen Tonart ergeben, um den Song höher oder tiefer singen zu können, etwa in G-Dur oder in E-Dur. **PH** | S. 69/70
b Findet Gründe, warum man die Akkordfolge der Takte 20–23 auch als Rückung bezeichnet.

Leitereigene Dreiklänge in Dur

Die Dreiklänge, die auf den Stufen einer Dur-Tonleiter mit den Tonleitertönen errichtet werden können, nennt man **leitereigene Dreiklänge**. Die drei Dur-Dreiklänge heißen **Hauptdreiklänge**, die drei Moll-Akkorde heißen **Nebendreiklänge**. Dreiklänge im Abstand einer kleinen Terz werden **parallele Dreiklänge** genannt. Die leitereigenen Dreiklänge in C-Dur sind:

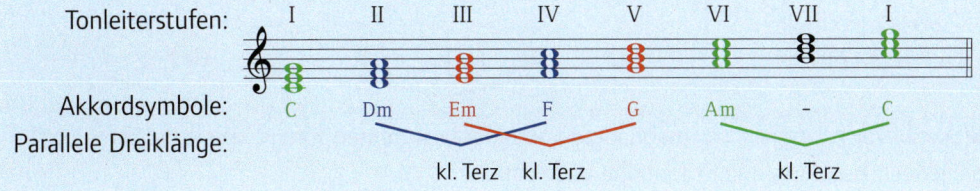

Eine eigene Akkordbegleitung

Harmonische Funktionen nutzen

Mit Hilfe der bisherigen Kenntnisse zur Akkordbegleitung könnt ihr nun Melodien selbstständig harmonisieren. Dazu genügen in den meisten Fällen die leitereigenen Dreiklänge, denn jeder Melodieton ist in mindestens zwei leitereigenen Dreiklängen enthalten, in C-Dur zum Beispiel:

Fivehundred miles

Text und Musik: Hedy West (1938–2005), 1961

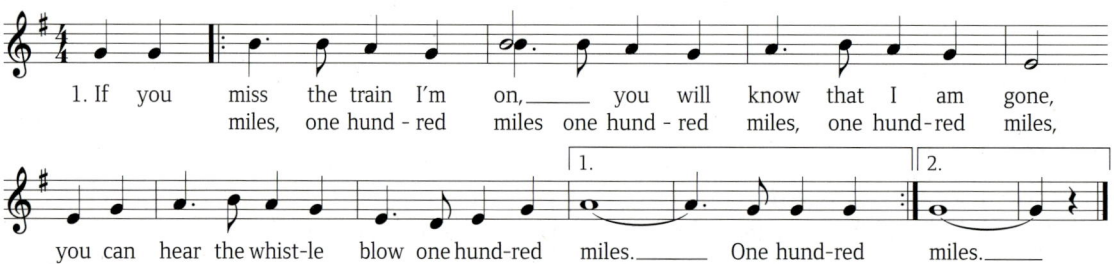

1. If you miss the train I'm on,____ you will know that I am gone,
   miles, one hund-red miles one hund-red miles, one hund-red miles,

you can hear the whist-le blow one hund-red miles.____ One hund-red miles.____

1
a Notiert die Tonleiter des Songs mit allen leitereigenen Dreiklängen.
b Wählt je Takt einen Begleitakkord aus und erprobt verschiedene Fassungen.
c Bestimmt die Abfolge der Haupt- und Nebenfunktionen (▶ blauer Kasten) und überprüft das Verhältnis von Ruhe und Spannung nach eurem Eindruck.

Harmonische Funktionen

Akkorde haben in der Musik bestimmte **harmonische Funktionen** von Ruhe und Spannung. Dazu nennt man die Hauptdreiklänge auch **Tonika** (T, I. Stufe), **Dominante** (D, V. Stufe) und **Subdominante** (S, IV. Stufe), die Nebendreiklänge entsprechend **Tonikaparallele** (Tp), **Subdominantparallele** (Sp) und **Dominantparallele** (Dp). Ausgangs- und Ruhepunkt einer Akkordfolge ist meist die T, während D und S sich dazu spannungsvoll verhalten. Insbesondere Tp und Sp können zeitweilig ihren parallelen Hauptdreiklang vertreten. In C-Dur ergibt sich:

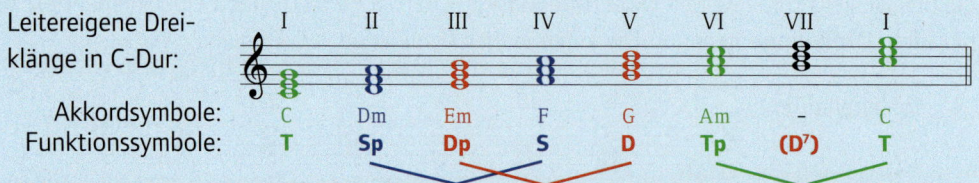

Leitereigene Dreiklänge in C-Dur:

	I	II	III	IV	V	VI	VII	I
Akkordsymbole:	C	Dm	Em	F	G	Am	-	C
Funktionssymbole:	T	Sp	Dp	S	D	Tp	(D⁷)	T

Alle Funktionsbezeichnungen sind unabhängig von einer bestimmten Tonart, da sie nur die Tonstufen, jedoch keine bestimmte Tonhöhe bezeichnen.

Unterrichtsprojekt

Band-Contest im Klassenzimmer

Gestaltet eine eigene Cover-Version eines Songs. Nutzt dazu die Kenntnisse und Fähigkeiten, die ihr in diesem Kapitel erworben habt.

Projekt „InPop", Kerschensteiner Gesamtschule, Mannheim, 2010

1 Findet euch nach euren musikalischen Vorlieben zu unterschiedlichen Bands zusammen. Dazu könnt ihr euch an eurem Lieblingsstil orientieren oder auch an den verfügbaren Instrumenten.

2 Wählt einen Song aus, der euch anspricht. In diesem Buch, in Liederbüchern oder im Internet findet ihr zahlreiche Beispiele mit Melodie und Akkordsymbolen.

3 Hört die Originalfassung des Songs. Vielleicht gibt es auch schon eine oder mehrere Coverversionen. Entscheidet euch, welche Elemente ihr daraus in eure Fassung übernehmen wollt.

4 Studiert den Gesang und die Begleitakkorde ein. Beachtet: In einer Gruppe lässt es sich leichter singen. Wenn niemand singen möchte, kann die Melodie auch instrumental gespielt werden.

5 Verteilt die Begleitung auf eure Instrumente. Unterscheidet Bass-Stimme und Akkorde und rhythmisiert beide passend zur Melodie.

6 Legt einen verbindlichen Ablauf fest und probt ihn mehrmals. Stellt euer Ergebnis schließlich in der Klasse vor und gebt den anderen Klassenbands ein ausgewogenes Feedback.

Ideen zur Ausgestaltung einer Cover-Version:
- Viele Songs erhalten durch Einleitung (Intro) und Schluss (Outro) einen formalen Rahmen. In Rocksongs bestehen Intro und Outro häufig aus einem ostinaten Riff.
- Die meisten Songs beginnen nicht mit dem Refrain, sondern mit der Strophe, manchmal folgen zwei Strophen aufeinander, bevor der Refrain zum ersten Mal einsetzt.
- Strophen und Refrain sollten klanglich unterschieden werden, zum Beispiel durch andersartige Lautstärke oder Besetzung.
- Eine Melodieimprovisation findet man häufig im Anschluss an den zweiten Refrain. Grundlage ist meistens die Akkordfolge der Strophe.

In diesem Kapitel …
– entdeckt ihr, wie aus Motiven und Themen musikalische Zusammenhänge entstehen,
– untersucht ihr, wie man musikalische Ideen verarbeiten und verändern kann und welche Wirkungen damit erzeugt werden,
– gestaltet ihr selbst musikalische Veränderungen.

Komponieren
Verarbeitung und Veränderung in der Musik

1 Beschreibt den abgebildeten Vorgang und überlegt, was es mit Musik gemeinsam haben könnte.

2 Ihr hört einen Ausschnitt aus einem Werk von Gustav Mahler. Beschreibt Auffälligkeiten ⊙ 5|12 der Komposition und bezieht eure Überlegungen zu den Abbildungen ein.

3 **a** Gegenstände wie die auf den Abbildungen werden häufig als „Kunsthandwerk" bezeichnet. Informiert euch über diesen Begriff.
   b Überlegt, welche Gemeinsamkeiten und Unterschiede zwischen der Entstehung eines Kunsthandwerks und der Komposition von Musik bestehen.

Das Motiv: Vom Einfall zur Gestaltung

Die Funktion von Motiven untersuchen

Ludwig van Beethoven (1770–1827)

Laurenz Janscha (1749-1812), Theater an der Wien, 1815

Beginn der 5. Sinfonie in Beethovens Handschrift

Zu den bekanntesten Werken Ludwig van Beethovens zählt seine 5. Sinfonie in c-Moll, op. 67. Der Komponist hat mehrere Jahre an dieser Sinfonie gearbeitet, bevor sie am 22. Dezember 1808 in Wien im Theater an der Wien uraufgeführt wurde.

1 Ihr hört den Beginn des ersten Satzes der Sinfonie.

◎ 5|13

  a Beschreibt die Wirkung und den Charakter der Musik.

  b Lest die Informationen im blauen Kasten und beschreibt, welches musikalische Motiv euch besonders aufgefallen ist. Klatscht seinen Rhythmus und singt seine Melodie.

  c Erklärt, welche Bedeutung das Motiv für den Verlauf der Musik hat.

Motiv und Motiv-Varianten

Motive bilden oft als kleinste, einprägsame musikalische Formteile den Ursprung einer Komposition. Entsprechend dem lateinischen Wort *movere* (= bewegen) ist das Motiv das Bewegende in der Musik, wie eine Keimzelle, aus der im Verlauf der musikalischen Entwicklung größere Einheiten entstehen. Dabei wird es in der Regel auch verändert. Häufig auftretende Motiv-Varianten sind:

– die **Sequenz**, das heißt die Wiederholung eines Motivs in derselben Stimme auf einer höheren oder tieferen Tonstufe (in der Regel einen Ton höher oder tiefer).

– die Veränderung der Tonfolge bei gleichbleibendem Rhythmus oder des Rhythmus bei gleichbleibender Tonfolge.

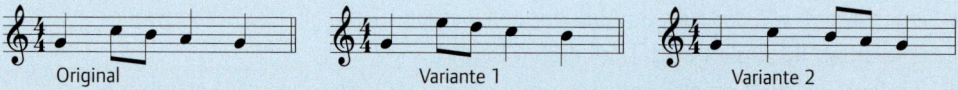

Oft „wandern" Motive auch durch verschiedene Stimmen. Wenn sie sich dabei zu einer größeren melodischen Einheit verbinden, spricht man von **durchbrochener Arbeit**.

2　**a** Erprobt Beethovens Umgang mit dem Anfangsmotiv, indem ihr die folgende Rhythmus-Partitur zu viert einstudiert und den Ablauf mehrmals wiederholt. Was ist dabei zu beachten?

b Beschreibt den Effekt, der sich bei mehrfacher Wiederholung einstellt.

c Erklärt, wie sich die Wirkung verändert, wenn alle Stimmen gemeinsam den Rhythmus viermal nacheinander ausführen.

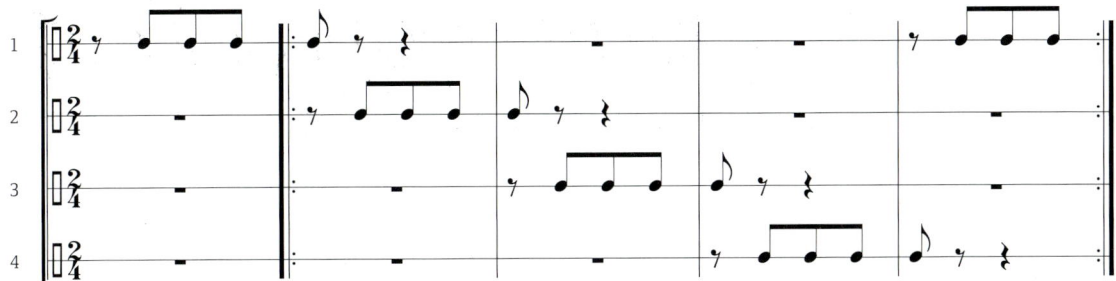

3　Hört die Takte 1–13 und verfolgt das Notenbild unten mit.

⊚ 5|14　**a** Benennt Auffälligkeiten, die ihr sowohl hörend als auch im Notenbild feststellen konntet.

b Beschreibt, wie Beethoven den musikalischen Verlauf gestaltet (▶ blauer Kasten).

Worüber man spricht

Das Wesen von Themen untersuchen und beschreiben

Fernsehmoderatorin Caren Miosga, Hamburg, 2007

| Teurer Ökostrom: Der Preis der Energiewende | Grüner Favorit: Oberbürgermeisterwahlen in Stuttgart | Erste Niederlage: Bayern-Verfolger Frankfurt verliert |

1 Lest die abgedruckten Themen aus einer Nachrichtensendung.
Überlegt, was typisch für ein Tagesthema ist und welche Bedeutung es hat.

2 Sucht nach Beispielen für Tagesthemen aus eurem Umfeld:
a Welche Themen waren für euch in letzter Zeit von besonderem Interesse?
b Welche Bedeutung hatten sie für euren Alltag?

Auch in der Musik wird oft von einem Thema gesprochen. Gemeint ist damit ein wichtiger musikalischer Gedanke.

3 **a** Hört Ausschnitte aus drei verschiedenen Werken mit auffallenden musikalischen Themen
⊚ 5|15–17 und beschreibt, wie die Musik jeweils auf euch wirkt. **PH|**S. 71
b Benennt charakteristische Merkmale der einzelnen Themen und weist sie in den Noten nach.
c Vergleicht diese Merkmale miteinander und stellt einen Bezug zwischen der musikalischen Gestaltung und dem Ausdruck der Musik her.
d Erklärt, welche Bedeutung die Themen jeweils für den gesamten Werkausschnitt haben.

Beispiel 1: Thema aus „Die Moldau" von Bedřich Smetana

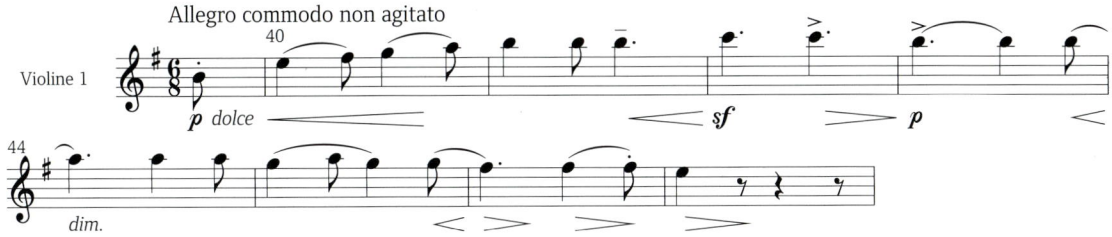

Beispiel 2: Thema aus dem 1. Satz der Sinfonie C-Dur, D 944 von Franz Schubert

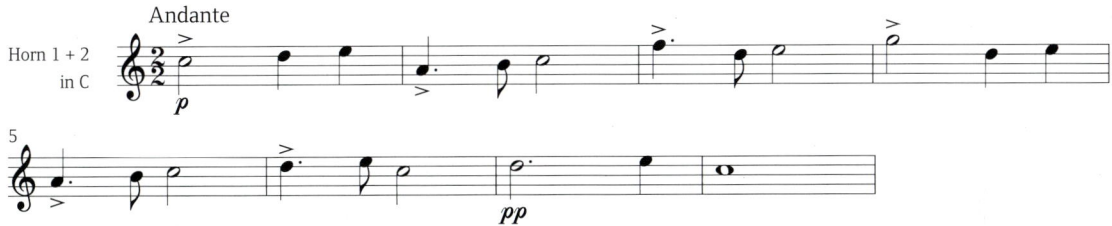

Beispiel 3: Thema aus dem „Notturno", op. 61, Nr. 7 von Felix Mendelssohn Bartholdy

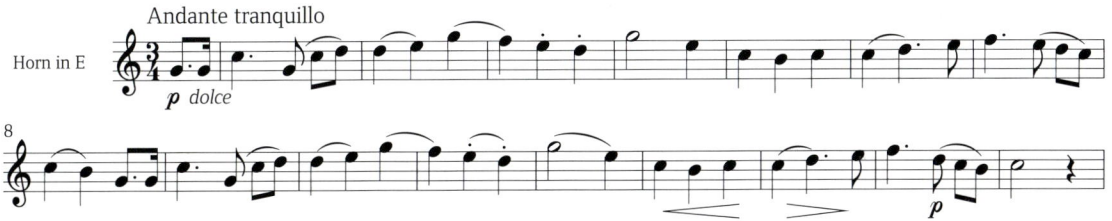

4 Untersucht eines der Beispiele genauer. **PH|**S. 72

a Gliedert den Verlauf des Themas mit Hilfe eures Höreindrucks und des Notenbildes, indem ihr auf die Abfolge der Abschnitte und der Motive achtet.

b Erklärt, welche Bedeutung die Motive für das gesamte Thema haben. Nutzt dazu auch die Informationen im blauen Kasten.

Thema in der Musik

In unserem Alltag sind Themen wichtige Hauptgedanken, zu behandelnde Gegenstände, Sachverhalte oder Gesprächsstoffe, die allgemein oder für uns persönlich Interesse erwecken oder eine große Bedeutung haben. In der Musik steht das **Thema** als einprägsamer Grundgedanke im Mittelpunkt einer Komposition und bestimmt deren Ausdruck und Charakter entscheidend. Ein Thema wird im Verlauf eines Stückes immer wieder aufgegriffen. Es lässt sich in der Regel in mehrere Teile und Motive untergliedern. Von besonderer Bedeutung ist dabei der **Themenkopf** (Beginn des Themas), der zumeist aus dem ersten Motiv, dem **Kopfmotiv**, besteht. Dieses ist zugleich ein wichtiges Erkennungsmerkmal des gesamten Themas.

Eine Frage des Charakters

Aufbau und Merkmale von Themen untersuchen

1
⊚ 5|18–20
Ihr hört drei Themen aus verschiedenen Werken in einem größeren Zusammenhang. Ordnet diese Themen den Notenbeispielen unten zu und begründet eure Entscheidung.

2 Macht euch mit der Gestalt eines der Themen vertraut, indem ihr es ganz oder nach einzelnen Motiven getrennt auf Instrumenten einstudiert. Welche Schwierigkeiten ergeben sich dabei?

3 **a** Untersucht den Aufbau der Themen und vergleicht sie (▶ blauer Kasten). **PH|S. 73**
b Wie beeinflussen die Eigenarten der Themen die jeweilige Wirkung der Musik?

Beispiel 1: Thema aus dem 3. Satz des „Brandenburgischen Konzerts" Nr. 2 von J.S. Bach

Beispiel 2: Thema aus dem 2. Satz der Sinfonie A-Dur, op. 90 von F. Mendelssohn Bartholdy

Beispiel 3: Thema aus „Prélude à L'Après-Midi d'un Faune" von Cl. Debussy

Bei der Untersuchung von Themen können folgende Fragen helfen:
– Welchen Charakter hat das Thema?
– An welcher Stelle ist vom Höreindruck her das Ende des Themas?
– Gibt es andere Hinweise auf einen Abschluss des Themas, wie zum Beispiel das Ende eines Motivs oder einer Phrase oder ein Schlussakkord in der Grundtonart?
– Welche auffälligen Motive bestimmen das Thema?
– Wie ist das Thema aufgebaut?
– Welche Merkmale kennzeichnen die Motive?

4 Ihr hört den Beginn des ersten Satzes der Sinfonie in C-Dur, KV 551 von Wolfgang Amadeus
⊙5|21 Mozart. Was fällt euch an diesem Thema besonders auf?

5 a Beschreibt mit Hilfe des Notenbeispiels den Aufbau des Themas. **PH|**S. 74
  b Vergleicht die Motive miteinander. Achtet auch darauf, wo jeweils die Hauptmelodie erklingt
    und welche Bedeutung die verschiedenen Stimmen haben.
  c Erklärt, um welchen Thementyp es sich hierbei handelt. Dabei helfen euch die Informationen
    im blauen Kasten.

Unterschiedliche Thementypen

Musikalische Themen unterscheiden sich sowohl in Umfang und Aufbau als auch in Charakter und
Ausdruck.
Offene Themen haben keinen eindeutig erkennbaren Abschluss und gehen statt dessen direkt in
nachfolgende Abschnitte über. Sie sind oft zugleich auch **Fortspinnungsthemen**. Diese werden aus
einem zentralen Motiv entwickelt, das durch Wiederholung und Veränderung wie ein Faden fort-
gesponnen wird. **Geschlossene Themen** haben dagegen einen klaren Abschluss und wirken in sich
abgerundet. Am deutlichsten wird dies, wenn sie nach Art einer musikalischen **Periode** aufgebaut
sind. Besonders auffällig ist das **antithetische** (= gegensätzliche) Thema, das durch kontrastierende Motive geprägt wird.

Ein Thema für mehrere Stimmen

Polyphone Musik untersuchen

Beginn der Fuge G-Dur aus dem „Wohltemperierten Klavier",
Teil I – Anfang

Johann Sebastian Bach (1685–1750)

1 Hört die Fuge G-Dur. Was fällt euch besonders auf?

⊙ 5|22

2 **a** Spielt die ersten fünf Takte jeder Stimme und vergleicht sie.
　　b Beschreibt den Aufbau der Fuge mit Hilfe der Informationen im blauen Kasten.
　　c Untersucht Aufbau und Merkmale des Themas in Takt 1–4.

3 **a** Spielt den weiteren Verlauf der ersten Stimme von Takt 5 bis Takt 9 und vergleicht ihn
mit den Motiven des Themas.

b Erklärt, wie sich die beiden erklingenden Stimmen zueinander verhalten. Nutzt dazu
die Informationen im blauen Kasten.

Im weiteren Verlauf des Werkes erscheint das Thema auch in den folgenden Gestalten:

Variante des Fugenthemas in Takt 38–42

Variante des Fugenthemas in Takt 20–24

4 **a** Spielt die Varianten auf Instrumenten und vergleicht sie mit der Originalgestalt des Themas
in Takt 1–4. Nutzt dazu auch die Informationen im blauen Kasten.

b Erfindet kurze Motive, bildet von diesen Varianten und musiziert sie im Zusammenhang.

Entwicklung und Verarbeitung von Themen und Motiven

Eine Möglichkeit, aus einem Thema ein größeres Werk zu entwickeln, stellt die **Fuge** dar. Sie
beginnt in der Regel mit der Vorstellung eines Themas durch eine einzige Stimme. Das Thema wird
anschließend von allen übrigen beteiligten Stimmen, die nacheinander einsetzen, jeweils übernommen. Die Wiederholung eines Themas oder Motivs durch eine andere Stimme bezeichnet man
als **Imitation** (= Nachahmung). Sobald eine Stimme das Thema imitiert, erklingen in den anderen
Stimmen sogenannte **Kontrapunkte** (= Gegenstimmen). Diese sind melodisch und rhythmisch
eigenständig geführt, ergeben aber zusammen mit dem Thema einen harmonischen
Zusammenklang.

Im weiteren Verlauf einer Fuge werden Themen und Motive weiterentwickelt und verarbeitet.
Wichtige Verfahren sind neben der Imitation die **Sequenz** (siehe oben), die **Änderung** von **Tonart**
und/oder **Tongeschlecht** sowie die **Umkehrung**. Diese entsteht, wenn die *Intervalle* eines Motivs
oder Themas in entgegengesetzter Richtung verlaufen:

Original   Umkehrung

Ein Thema in vielen Gestalten

Verfahren der motivisch-thematischen Arbeit erkunden

1 · 5|23 Ihr hört einen längeren Abschnitt aus dem 1. Satz der Sinfonie g-Moll, KV 550 von Wolfgang Amadeus Mozart. Beschreibt den Gesamteindruck der Musik.

2 · 5|24 **a** Das Hauptthema des Satzes erklingt gleich zu Beginn. Hört seinen Verlauf mit Hilfe des Notenbildes und beschreibt, wie es aufgebaut ist. **PH|S. 75**

· 5|23 **b** Hört die Fortsetzung der Musik. Welche Bedeutung hat das Thema hier?

Thema aus dem 1. Satz der Sinfonie g-Moll, KV 550 von Wolfgang Amadeus Mozart

Im weiteren Verlauf des Satzes erklingt das Thema in vielfältigen Gestalten:

· 5|25 **Beispiel 1:** Verarbeitung des Themas in Takt 10–20

· 5|26 **Beispiel 2:** Verarbeitung des Themas in Takt 135–138

· 5|27 **Beispiel 3:** Verarbeitung des Themas in Takt 147–150

· 5|28 **Beispiel 4:** Verarbeitung des Themas in Takt 153–157

◉ 5|29 **Beispiel 5:** Verarbeitung des Themas in Takt 160–164

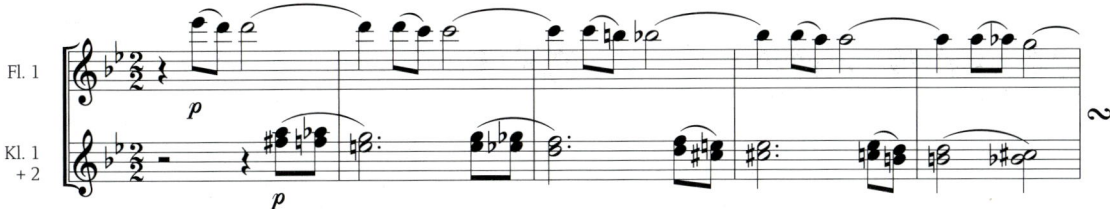

3 Hört euch die verschiedenen Gestalten des Themas an und vergleicht sie mit dessen Originalgestalt. Nutzt dazu die Informationen im blauen Kasten. **PH|**S. 75/76

4 Sucht eine Aufnahme des gesamten Satzes. Verfolgt beim Hören die unterschiedlichen Formen der motivisch-thematischen Arbeit mit. Erläutert, welche Bedeutung die Verarbeitung des Themas für die Gesamtwirkung des Satzes hat.

5   **a** Hört und spielt das unten abgebildete Thema einer Sinfonie von Joseph Haydn.
◉ 5|30   **b** Bildet verschiedene Varianten des Themas nach Art der motivisch-thematischen Arbeit.

Verfahren motivisch-thematischer Arbeit

Die Verarbeitung von Themen und Motiven zu neuen Gestalten wird als **motivisch-thematische Arbeit** bezeichnet. Dabei bleibt der Ursprung der Motive oder Themen noch erkennbar, zugleich werden aber Originalgestalt und Wirkung verändert oder weiterentwickelt.
Neben Variantenbildungen wie der **Sequenzierung**, **Imitation** und **Umkehrung** von Motiven und Themen findet man zahlreiche weitere Verfahren der Verarbeitung:
Bei der **Abspaltung** wird ein Motiv oder Thementeil herausgelöst und alleine wiederholt.

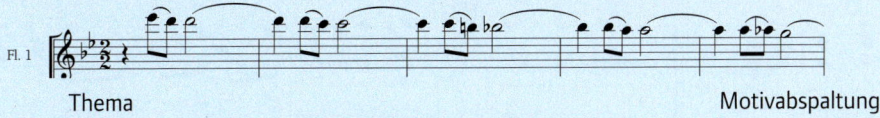

Thema   Motivabspaltung

Dagegen kann ein Thema in einer **Erweiterung** auch durch neue Motive ergänzt werden.

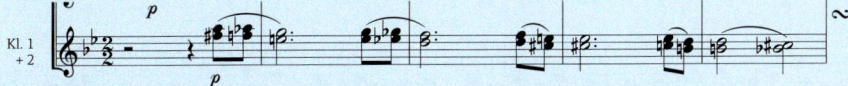

Erweiterung des Themas

Auch Varianten in **Melodik**, **Rhythmik**, **Tongeschlecht**, **Dynamik** und/oder **Artikulation** werden für die motivisch-thematische Arbeit genutzt.

Ein Thema im Wandel

Einen Variationensatz untersuchen

Placido Domingo, in London, 1978,   *Copenhagen, 1988*   *Wien, 2008*   *Berlin, 2009*

1 Vergleicht die Bilder oben. Wie hat sich die Person jeweils verändert?

2 Überlegt, welche ähnlichen Veränderungen ihr in eurem Alltag beobachten könnt.

3 **a** Hört den Anfang des ersten Satzes der Klavier-Sonate A-Dur, KV 331 von W. A. Mozart.
⊚ 5|31 **b** Erklärt, welche Rolle das Thema für die Entwicklung der musikalischen Form spielt.

4 **a** Untersucht den Aufbau und charakteristische Merkmale des Themas.
⊚ 5|31 **b** Erklärt, warum man sich das Thema gut einprägen kann.

Thema aus dem 1. Satz der Klavier-Sonate A-Dur, KV 331 von W. A. Mozart

5 Vergleicht den Anfang des Themas mit dem Beginn der ersten Variation. Beschreibt, was vom Höreindruck her gleich geblieben ist und was verändert wurde.
⊙ 5|31–32

6 Vergleicht mit Hilfe der Informationen im blauen Kasten die Hauptmelodie des Themas mit derjenigen der ersten Variation. Was wurde übernommen, was variiert? **PH** | S. 77
⊙ 5|31–32

Beginn der Hauptmelodie des Themas

Beginn der Variation 1

7 Hört die dritte Variation und untersucht, was hier variiert wurde. **PH** | S. 77
⊙ 5|33

Beginn der Variation 3

8 Sucht nach einer Aufnahme des gesamten Satzes mit allen Variationen. Hört und beschreibt, welche Entwicklung sich im Verlauf des Satzes feststellen lässt.

9 Fasst zusammen, worin der Unterschied zwischen einer Variation und einer Verarbeitung von Themen besteht.

Thema und Variation als musikalische Form

Das **Variieren** (Verändern) ist ein Grundprinzip jeder musikalischen Formbildung. Darüber hinaus gibt es die **musikalische Form der Variation**. Sie besteht aus einer Reihe von mehreren Variationen über ein bestimmtes Thema. Dieses ist in der Regel schlicht und liedhaft gestaltet, damit man es sich schnell einprägen kann. In den Variationen bleiben – wie bei jeder Veränderung – bestimmte Bestandteile und Merkmale des Themas erhalten, während andere verändert werden. So können zum Beispiel die wichtigsten Töne (Kerntöne) des Themas beibehalten, aber durch gleichbleibende melodische Figuren umspielt werden. Wir sprechen deshalb von **Figuralvariationen**. Außerdem kann man auch einzelne Töne, den Rhythmus oder die Begleitstimmen der Hauptmelodie ändern. Bei jeder Variation verändert sich der **Charakter** der Musik, am deutlichsten wird dies, wenn man das Tongeschlecht wechselt.

Unterrichtsprojekt

Ein Thema in neuem Gewand – Variationen zu einem Thema selbst gestalten

Nun erprobt ihr selbst, wie aus einem Thema auf vielfältige Weise Variationen entstehen können. Wenn ihr eine Variation zu einem Thema gestalten möchtet, solltet ihr zunächst entscheiden, in welcher Art und Weise ihr das Thema verändern wollt. Einige Möglichkeiten der Variation findet ihr nachfolgend.

Thema

Möglichkeiten der Variation

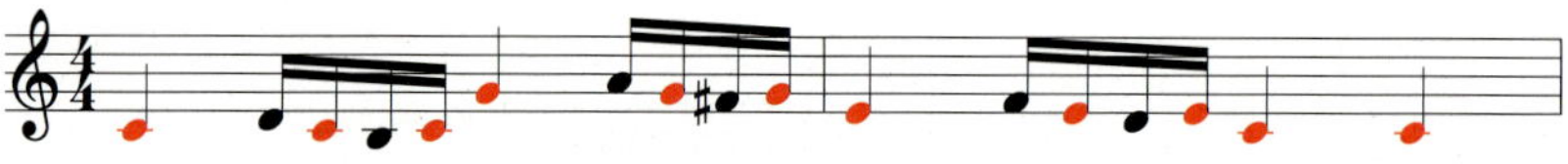

Umspielung einzelner Melodietöne mit benachbarten Tönen

Umspielung aller Melodietöne mit benachbarten Tönen

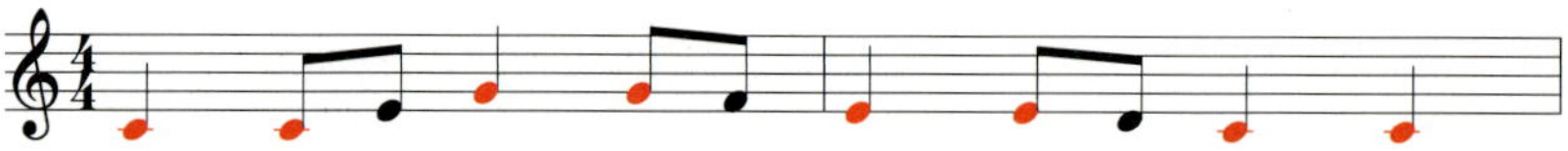

Verbindung von Melodietönen durch dazwischen liegende Töne

Verbindung und Umspielung von Melodietönen

Änderung einzelner Melodietöne

Rhythmische Veränderung der Melodie

Rhythmische Veränderung der Melodie

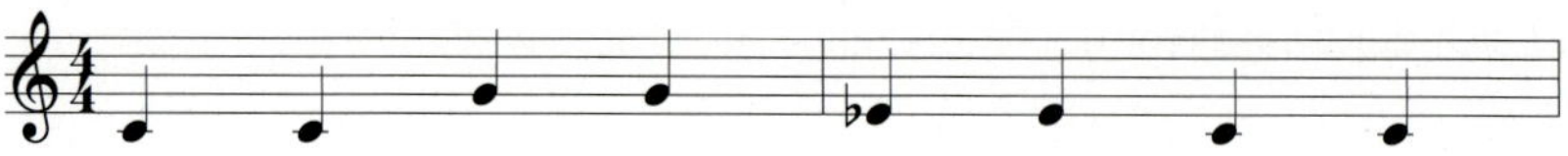

Änderung des Tongeschlechts

Tipps für die Gestaltung von Variationen:
- Achtet bei allen Veränderungen darauf, dass man das Thema trotzdem noch erkennen kann.
- Wenn ihr die Themenmelodie umspielt oder ihren Rhythmus ändert, entscheidet euch innerhalb einer Variation für eine einheitliche Art der Veränderung.
- Es müssen nicht immer alle Töne der Melodie umspielt werden. Damit vermeidet ihr, dass es eintönig wird.
- Wählt bei allen Variationen die Rhythmen so, dass die Summe der Notenwerte zur Taktart passt.

Sechs Variationen über ein Schweizerlied

Ludwig van Beethoven (1770–1827)

1 Macht euch mit Melodie- und Begleitstimme vertraut, indem ihr sie auf Instrumenten musiziert.

2 **a** Probiert verschiedene Möglichkeiten der Umspielung der Melodiestimme auf Instrumenten aus. Anregungen dazu findet ihr auf Seite 186.
b Entscheidet euch für die Lösung, die euch am besten gefällt, notiert und spielt sie.

3 **a** Variiert den Rhythmus, die Melodie und/oder den Charakter des Themas und probiert dies auf Instrumenten aus. Auch bei der Wahl der Instrumente könnt ihr variieren.
b Notiert das Ergebnis wiederum und spielt es.

4 Eure Variationen der Melodiestimme könnt ihr auch mit Beethovens Begleitstimme des Themas ergänzen. Überprüft dabei jeweils, ob diese noch zu eurer Variation passt oder entsprechend angepasst werden muss.

5 Variiert die Begleitstimme des Variationsthemas und notiert das Ergebnis.

6 **a** Gestaltet ein Plakat mit den Noten des Themas und euren Variationen. Macht durch die Gestaltung deutlich, wie die Variationen mit dem Thema zusammenhängen.
b Präsentiert das Plakat der Klasse und spielt eure Variationen vor.

In diesem Kapitel …
– erprobt ihr verschiedene Tänze,
– macht ihr selbst Musik und
  begleitet damit Tänze,
– entwickelt ihr Vorgehensweisen,
  die euch beim Einstudieren neuer
  Tänze helfen,
– gestaltet ihr selbst eine Tanz-
  choreographie.

Musik wird Bewegung

Gemeinsam tanzen

1 a Beschreibt die Tänzer und Ihre Haltungen auf den Bildern.
   b Beschreibt die Musik, die ihr euch zu dem jeweiligen Bild vorstellt.
     Begründet eure Aussagen.

2 Berichtet euch gegenseitig, wann und in welcher Form ihr tanzt.
   Tanzt ihr nur bei besonderen Anlässen? Tanzt ihr alleine oder zusammen?
   Welche Musik regt euch zum Tanzen an?

3 Bewegt euch zu den unterschiedlichen Musikbeispielen. Erläutert anschließend,
   ⊚ 5|34–36 welche Bewegungen ihr als besonders passend empfindet.

Der Langsame Walzer

Zu zweit im Dreivierteltakt

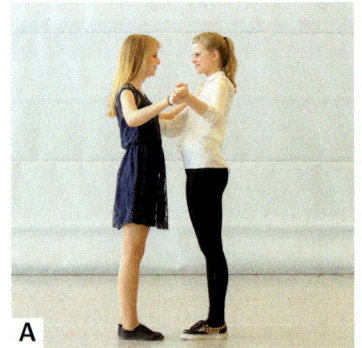

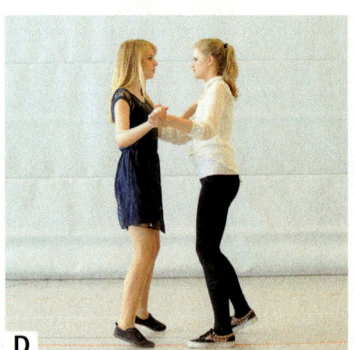

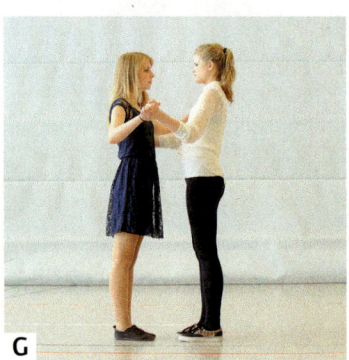

A Ausgangsposition

B Takt 1: Zählzeit 1

Partner 1 (Jungenschritt): langer Schritt vorwärts mit dem rechten Fuß

Partner 2 (Mädchenschritt): langer Schritt rückwärts mit dem linken Fuß

C Takt 1: Zählzeit 2

Partner 1 (Jungenschritt): kleiner Schritt nach links

Partner 2 (Mädchenschritt): kleiner Schritt nach rechts

D Takt 1: Zählzeit 3

Partner 1 (Jungenschritt): rechten Fuß neben linken Fuß anstellen

Partner 2 (Mädchenschritt): linken Fuß neben rechten Fuß anstellen

E Takt 2: Zählzeit 1

Partner 1 (Jungenschritt): langer Schritt rückwärts mit dem linken Fuß

Partner 2 (Mädchenschritt): langer Schritt vorwärts mit dem rechten Fuß

F Takt 2: Zählzeit 2

Partner 1 (Jungenschritt): kleiner Schritt nach rechts

Partner 2 (Mädchenschritt): kleiner Schritt nach links

G Takt 2: Zählzeit 3

Partner 1 (Jungenschritt): linken Fuß neben rechten Fuß anstellen

Partner 2 (Mädchenschritt): rechten Fuß neben linken Fuß anstellen

Die Tanzhaltung beim Paartanz

Der Junge (Partner 1) legt seine rechte Hand an das linke Schulterblatt des Mädchens (Partner 2). Das Mädchen legt seine linke Hand auf den rechten Oberarm (kurz vor der Schulter) des Jungen. Das Mädchen legt seine rechte Hand in die linke Hand des Jungen. Die Hände sollten sich nicht über der Augenhöhe des kleineren Partners befinden. Damit man sich nicht beim Tanzen auf die Füße tritt, stehen beide Tänzer so versetzt, dass sie über die Schulter des Partners schauen. – Achtet immer auf eine gerade und zugleich bewegliche Körperhaltung!

Der Grundschritt des Langsamen Walzers

Der Langsame Walzer gehört zu den Standardtänzen und ist im ¾-Takt notiert. Ein Grundschritt besteht aus sechs Bewegungen innerhalb von zwei Takten. Die Zählzeit 1 im Takt ist betont, die Zählzeiten 2 und 3 sind unbetont: Partner 1 beginnt mit dem rechten Fuß nach vorn (Jungenschritt), Partner 2 mit dem linken Fuß zurück (Mädchenschritt). Es folgt jeweils ein Seitschritt und ein belastetes Anstellen des freien Fußes. Anschließend tauschen die Partner ihre Bewegungen, das heißt, Partner 1 führt den linken Fuß zurück, Partner 2 den rechten Fuß vor. Anschließend folgt wieder der Schritt zur Seite und das belastete Anstellen des freien Fußes. Damit ist die Ausgangsposition wieder erreicht.

Grundschritt mit Rechtsdrehung

Voraussetzung für eine erfolgreiche Drehung ist wieder die versetzte Aufstellung der Tanzpartner. Die Drehung wird auf der Zählzeit 1 durch einen Schritt nach rechts vorn (Partner 1) beziehungsweise links zurück (Partner 2) eingeleitet. Dabei wird beim Vorwärts-Schritt kurz nach dem Aufsetzen der Ferse die rechte Fußspitze etwas nach außen gedreht. Entsprechend wird beim Rückwärtsschritt die Ferse etwas nach außen gedreht. Wenn jetzt der Seitschritt (Zählzeit 2) mit etwas Abstand neben den belasteten Fuß gesetzt wird, ist schon ein Teil der Drehung geschafft. Nun wird die Drehung beim belasteten Anstellen des freien Fußes (Zählzeit 3) weitergeführt.

1 a Studiert gemeinsam den Grundschritt des Langsamen Walzers ein. Nutzt dafür die DVD,
5|37 die Fotos, die Tanzbeschreibungen sowie die Tipps zum Einstudieren. **DVD**
  b Ergänzt den Grundschritt um die Rechtsdrehung.

2 Wertet euer Vorgehen und das Ergebnis aus. Haltet hilfreiche Übungsweisen fest.

Tipps zum Einstudieren des Grundschritts:
1. Stellt euch in Reihen auf und übt alle gemeinsam den Jungengrundschritt.
2. Stellt euch mit eurem Partner als Paar gegenüber auf und übt den Mädchengrundschritt dazu. Fasst euch hierbei noch nicht an den Händen, sondern achtet vor allem auf eure Schritte.
3. Sucht euch einen Platz im Raum. Fasst euch locker an beiden Händen und übt den Grundschritt.
4. Nehmt nun die Tanzhaltung ein und übt den Grundschritt in dieser Haltung.
5. Hilfe beim Üben der Rechtsdrehung: Jedes Paar denkt sich im Raum einen Kreis, auf dessen Kreisbahn die Schritte ausgeführt werden. – Vielleicht könnt ihr den Kreis als Hilfe aufmalen.

Conquest of paradise

Einen Langsamen Walzer musizieren

Musik: Vangelis; Arrangement: Rasmus Frederich

* Beim Musizieren mehrerer Durchgänge folgt Teil A auf Zählzeit 3.

„Conquest of paradise" ist die Titelmusik des 1992 gedrehten Films „1492 – Die Eroberung des Paradieses", in dem es um die Landung des italienischen Seefahrers Christoph Kolumbus in Amerika geht. Zunächst fand das Lied keine große Beachtung. Erst als es der Boxer Henry Maske als Einmarschmelodie verwendete, wurde es sehr populär. Die Bass-Stimme des Stückes gehört zu einer alten Tanzform, der Folia, die schon zu Kolumbus' Zeiten bekannt war. So verbinden sich in „Conquest of paradise" moderne synthetische Klänge mit der Musik aus der Zeit der Reisen des Kolumbus. Der Originaltext ist in

Gérard Depardieu am Set des Films „1492 – Conquest of paradise", USA, 1992

einer Kunstsprache geschrieben, die an das Lateinische erinnert. Weitere Informationen über den Komponisten Vangelis findet ihr in Kapitel 2.1 (▶ S. 44/45).

1 Hört die Aufnahme von Vangelis und beschreibt, wie diese klanglich gestaltet ist.

◉ 5|37

2 a Sammelt, welche Instrumente euch für den Spielsatz zur Verfügung stehen. Achtet dabei auf deren typische Klangeigenschaften.
   b Musiziert den Spielsatz mit Instrumenten. Nutzt dafür bei Bedarf den Abdruck der Melodie für B-Instrumente.

3 a Schreibt einen eigenen Text zur Melodie, entweder ebenfalls in einer Kunstsprache oder auf Deutsch. Achtet darauf, dass die Länge der Abschnitte sowie die Betonungen in Text und Musik zueinander passen.
   b Wählt einen Text aus, den ihr mit der Klasse singen wollt.

4 Teilt euch auf: Einige von euch tanzen, während die anderen den Spielsatz spielen oder die Melodie singen.

Melodiestimme – notiert für B-Instrumente

Der Mambo

Einen lateinamerikanischen Tanz kennenlernen

A Ausgangsposition

B Zählzeit 1

C Zählzeit 1+

D Zählzeit 2

E Zählzeit 3

F Zählzeit 3+

G Zählzeit 4

H Handhaltung beim „Vor und zurück"

I Mädchendrehung

1

 5|38

a Plant gemeinsam, wie ihr den Grundschritt des Mambo einstudieren wollt. Nutzt dafür eure Erfahrungen beim Einstudieren des Langsamen Walzers.

b Studiert gemeinsam den Grundschritt des Mambo ein, ergänzt anschließend weitere Tanzfiguren. **DVD**

2 Wertet euer Vorgehen beim Erlernen der Tänze aus. Überlegt, welche Fortschritte ihr gemacht habt und wo es Schwierigkeiten gab.

Die Geschichte des Mambo

Der Mambo entwickelte sich in den 1930er-Jahren auf der Ostseite Kubas aus den Tänzen Son und Danzón. Während des Zweiten Weltkrieges siedelten viele Kubaner in die USA über, speziell nach New York. Dort wurden die kubanischen Rhythmen bald von Jazzbands übernommen. Auch der kubanische Musiker und Komponist Pérez Prado kombinierte seine heimatlichen Rhythmen mit Saxophon und Trompete. Sein Mambo No. 5 wurde damit ein Welterfolg. Mambo-Tanz und Mambo-Musik bringen ständig neue Stile hervor. Ein Beispiel für einen modernen Mambo ist die Bearbeitung des „Mambo No. 5" durch Lou Bega.

Der Grundschritt des Mambo

Der Mambo ist ein sehr lebhafter Paartanz. Er steht im 4/4-Takt. Der Grundrhythmus ist schnell-schnell-langsam. Wir tanzen den Mambo „On1", d. h. wir beginnen mit dem Grundschritt auf der Zählzeit 1. Getanzt wird in Lateintanzhaltung: Bei dieser Tanzhaltung stehen sich die Paare gegenüber und nicht versetzt wie zum Beispiel beim Walzer. In der Ausgangsposition sollte zwischen den Fußspitzen etwa 10–15 cm Platz sein. Dadurch erhalten die Arme Bewegungsfreiheit für die Figuren und können schnell in eine andere Armhaltung (z. B. in die Doppelhandhaltung) wechseln. Der Mambo kann auf kleinem Raum getanzt werden, fortgeschrittene Tänzer benötigen allerdings viel Platz für Drehungen und komplexe Figuren.

Foto	Zählzeiten	Bewegung des Mädchens	Bewegung des Jungen
A		Ausgangsposition	
B	1	Schritt rück mit rechtem Fuß	Schritt vor mit linkem Fuß
C	+	linker Fuß setzt am Platz auf	rechter Fuß setzt am Platz auf
D	2	rechter Fuß setzt neben links auf	linker Fuß setzt neben rechts auf
E	3	Schritt vor mit linkem Fuß	Schritt rück mit rechtem Fuß
F	+	rechter Fuß setzt am Platz auf	linker Fuß setzt am Platz auf
G	4	linker Fuß setzt neben rechts auf	rechter Fuß setzt neben links auf

Eine Auswahl möglicher Tanzfiguren

1. „Vor und zurück": Hier wird der Grundschritt in Doppelhandhaltung getanzt. (Bild H)

2. Mädchendrehung: Diese Figur wird auf den Zählzeiten 3, 3+ und 4 getanzt. Der Junge gibt durch Druck mit seiner rechten Hand ein Signal zur Einleitung der Drehung. Gleichzeitig hebt er seinen linken Arm, damit sich das Mädchen darunter hindurchdrehen kann (Bild I). Sie setzt den linken Fuß nach einer 1/4-Drehung nach rechts vor (auf 3). Sie dreht weiter und setzt den rechten Fuß am Platz auf (auf 3+). Beim Vollenden der Drehung wird der linke Fuß am Platz aufgestellt (auf 4).

3. Cucaracha: Hier wird der Grundschritt seitlich ausgeführt. Zum Üben könnt ihr also die Beschreibung des Grundschritts nutzen. Es ändert sich nur die Richtung der Schritte auf Zählzeit 1 und 3, der Rest bleibt gleich:

Zählzeiten	Bewegung des Mädchens	Bewegung des Jungen
1	Schritt zur Seite mit rechtem Fuß	Schritt zur Seite mit linkem Fuß
...		
3	Schritt zur Seite mit linkem Fuß	Schritt zur Seite mit rechtem Fuß

Eine moderne Latin-Begleitung

Mambo No. 5

Text: Christian Pletschacher/David Lubega, Musik: Perez Prado/David Lubega

1. One, two, three, four, five, ev'ry-bod-y in the car, so come on, let's ride to the

li-queur-store a-round the cor-ner, the boys say they want some gin and juice, but I

real-ly don't want a beer-bust like I had last week. I must stay deep 'cause

spoken

talk is cheap. I like An-ge-la, Pa-me-la, San-dra and Ri-ta and

as I con-ti-nue, you know they're get-ting sweet-er. So what can I do, I

real-ly beg you my Lord, to me flirt-ing is just like sport, an-y-thing fly, it's

all good let me dump it, please set in the trum-pet. Ref.: A lit-tle bit of

Mo-ni-ca in my life,— a lit-tle bit of E-ri-ca by my side,— a lit-tle bit of

Ri-ta is all I need,— a lit-tle bit of Ti-na is what I see.— A lit-tle bit of

San-dra in the sun,— a lit-tle bit of Ma-ry all night long,— a lit-tle bit of

Jes-si-ca here I am,— a lit-tle bit of you makes me your man!—

Begleitpattern zum Mambo No. 5

Arrangement: Rasmus Frederich

* In der Aufnahme von Lou Bega wird der Mambo-Rhythmus der Timbales etwas verändert und vereinfacht. Entscheidet, ob die Timbales diesen Rhythmus oder den eigentlichen Mambo-Rhythmus spielen soll. Im Arrangement sind beide Möglichkeiten abgedruckt.

1 Singt oder hört den Song und teilt ihn anschließend in musikalische Abschnitte ein.

⊚ 5|38

2 **a** Studiert die Begleitpatterns zunächst in langsamem Tempo ein und bewegt eure Füße dazu im Grundschlag. **PH|**S. 78

b Vereinbart Abschnitte (siehe Aufgabe 1), in denen einzelne Begleitinstrumente aussetzen. Die Claves und der Bass sollten jedoch durchgehend spielen.

3 Teilt eure Klasse in drei Gruppen auf. Eine Gruppe tanzt den Mambo No. 5, die anderen beiden singen und spielen ihn. Wechselt anschließend die Aufgaben. **PH|**S. 78

4 Probiert mehrere Durchgänge in verschiedenen Tempi. Bestimmt dazu einen Dirigenten oder eine Dirigentin, deren Aufgabe es ist, einen einheitlichen Grundschlag anzugeben.

Clave

Die Clave ist ein rhythmisches Element der lateinamerikanischen Musik. Sie wird auf den **Claves** (Klanghölzern) gespielt und bildet den Orientierungspunkt für die anderen Rhythmusinstrumente. Einem Großteil der populären lateinamerikanischen Musik liegt die kubanische Son-Clave zugrunde. Sie besteht aus zwei Takten und erscheint in zwei unterschiedlichen rhythmischen Formen:

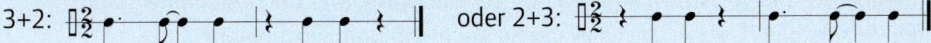

Rock 'n' Roll

Lebensfreude im Tanz ausdrücken

A Kick

B Zurückziehen

C Kick

D Fuß aufsetzen

E Kick mit dem anderen Fuß

F Fuß aufsetzen

G Kick/Grätschsprung

H, K Schlusssprung

J Grätschsprung/Kick

1   **a** Lest die Tipps zum Einstudieren des Rock-'n'-Roll-Grundschritts.
      b Entwickelt aus den Tipps und euren bisherigen Tanzerfahrungen einen eigenen Übungsplan.

2   **a** Studiert den Grundschritt und die Kick-Grätsch-Figur nach eurem Plan ein. **DVD**
⊚ 5|39   **b** Tanzt zur Aufnahme. Hört beim Tanzen aufmerksam auf die Musik und wechselt immer dann
      zwischen beiden Schrittfolgen, wenn ihr musikalische Veränderungen wahrnehmt.

Der Sechser-Grundschritt des Rock 'n' Roll DVD

Der Rock 'n' Roll ist ein fröhlicher und energiereicher Tanz, der den Tänzern präzise Bewegungen und eine gute Kondition abverlangt. Neben dem Sechser-Grundschritt gibt es verschiedene Tanz- und Akrobatik-Figuren. Die Musik steht im 4/4-Takt und ist sehr schnell. Achtung: Ein Sechser-Grundschritt ist 1 1/2 Takte lang! Die Partner stehen sich gegenüber. Das Mädchen legt seine rechte Hand locker in die linke Hand des Jungen, die Arme sind leicht gebeugt. Das Standbein federt immer im Takt der Musik mit.

Foto	Zählzeiten	Bewegung des Mädchens	Bewegung des Jungen
A	1	rechter Fuß kickt	linker Fuß kickt
B	2	rechten Unterschenkel zurückziehen	linken Unterschenkel zurückziehen
C	3	rechter Fuß kickt	linker Fuß kickt
D	4	rechten Fuß belastet aufsetzen	linken Fuß belastet aufsetzen
E	T. 2, 1	linker Fuß kickt	rechter Fuß kickt
F	T. 2, 2	linken Fuß belastet aufsetzen (rechter Unterschenkel holt Schwung)	rechten Fuß belastet aufsetzen (linker Unterschenkel holt Schwung)

Die Tanzfigur Kick-Grätsch DVD

Diese Figur ergibt sich fließend aus dem Grundschritt. Nach einem Kick setzt ihr den Fuß auf, springt in eine leichte Grätsche und anschließend wieder in die Mitte.

Foto	Zählzeiten	Bewegung des Mädchens	Bewegung des Jungen
G	1	rechter Fuß kickt	Grätschsprung
H	2	Schlusssprung	Schlusssprung
J	3	Grätschsprung	rechter Fuß kickt
K	4	Schlusssprung	Schlusssprung

Tipps zum Einstudieren des Grundschritts …

1. Stellt euch in zwei oder vier Reihen nebeneinander auf und federt zunächst im Takt der Musik mit. Tanzt die Kickbewegung abwechselnd mit dem rechten und dem linken Fuß.
2. Nun dreht sich die erste (und die dritte) Reihe um, sodass sich Paare bilden. Die Reihen, die sich umgedreht haben, tanzen nun den Jungenschritt: 2 × Kick mit dem linken Fuß, 1 × Kick mit dem rechten Fuß. Die Kickbewegung führt ihr dabei etwas nach außen aus. Die anderen tanzen dazu den Mädchenschritt, sie beginnen mit dem rechten Fuß. Die Kickbewegung geht hier nach vorn.
3. Sucht euch als Paare einen Platz im Raum und übt den Sechser-Grundschritt mit Handfassung.

… und der Tanzfigur Kick-Grätsch

1. Stellt euch wieder in Reihen und übt gemeinsam einzelne Abschnitte des Kick-Grätsch-Schritts:
   – Kick rechts – Schlusssprung – Kick rechts – Schlusssprung usw.
   – Grätsche – Schlusssprung – Grätsche – Schlusssprung usw.
2. Kombiniert nun beide Schrittfolgen: Kick rechts – Schlusssprung – Grätsche – Schlusssprung usw.
3. Sucht euch mit eurem Partner oder eurer Partnerin einen Platz im Raum und übt diesen Schritt versetzt. In der Tabelle seht ihr, wer womit beginnt. Sprecht euch gut ab!
4. Übt zum Abschluss die Verbindung von Grundschritt (4 ×) und Kick-Grätsch-Schritt (4 ×).

Unterrichtsprojekt

Eine eigene Rock-'n'-Roll-Choreographie zu „Great balls of fire" gestalten

Ein- und Ausdrehen des Mädchens

Platzwechsel mit Armführung über Kopf

Platzwechsel mit Handwechsel hinter dem Rücken

1 Diskutiert, in welcher Form ihr eine eigene Rock-'n'-Roll-Choreographie gestalten wollt. Folgende Fragen solltet ihr dabei klären:
- Sollen alle tanzen oder wollt ihr euch so aufteilen, dass einige von euch tanzen und die anderen die Musik dazu machen? **PH**|S. 79
- Wollt ihr, dass die einzelnen Paare sich jeweils eine eigene Choreographie ausdenken oder soll es eine Choreographie mit einer gemeinsamen Figuren-Abfolge für alle geben?

2 Wählt anhand der DVD Tanz- und Akrobatikfiguren aus und übt sie. Beachtet dabei, wie ihr bisher beim Einstudieren neuer Tanzfiguren vorgegangen seid, und orientiert euch an der DVD. Helft euch gegenseitig. **PH**|S. 79 **DVD**

Mögliche Tanzfiguren	Mögliche Akrobatik-Figuren
Sechser-Grundschritt Kick-Grätsch-Schritt Ein- und Ausdrehen des Mädchens Platzwechsel mit Armführung über Kopf Platzwechsel mit Handwechsel hinter dem Rücken	Durchzieher Grätschsprung Achtung: Wenn ihr die Akrobatik-Figuren integrieren wollt, müsst ihr diese mit Lehrerhilfe gut üben, um Verletzungen zu vermeiden.

3 Fügt die einzelnen Tanz- und Akrobatik-Figuren zu einer Choreographie zusammen:
⊚ 5|39
- Achtet darauf, dass eure Figuren zu den einzelnen Musikabschnitten passen. Gliedert den Song „Great balls of fire" dafür in einzelne Abschnitte.
- Setzt die Breaks in kurze Posen um. **DVD**
- Findet eine Aufstellung, bei der alle genug Platz zum Tanzen haben.
- Übt abschließend euren Gesamtablauf zur Aufnahme oder zu eurer Live-Fassung.

4 **a** Wertet euer Projekt aus: Seid ihr zufrieden mit dem Einstudieren und dem Ergebnis? Was habt ihr dazugelernt? Wie würdet ihr bei weiteren Tanzchoreographien vorgehen?
b Sucht andere Songs aus und entwickelt dazu Choreographien. **PH**|S. 80

Great balls of fire

Der Song „Great balls of fire" wurde 1957 von dem Rock-'n'-Roll-Pianisten und Sänger Jerry Lee Lewis (geboren 1935) aufgenommen, der für seine wilden Auftritte bekannt war. Der Song war so erfolgreich, dass auch ein Film über das Leben des Musikers diesen Titel bekam.

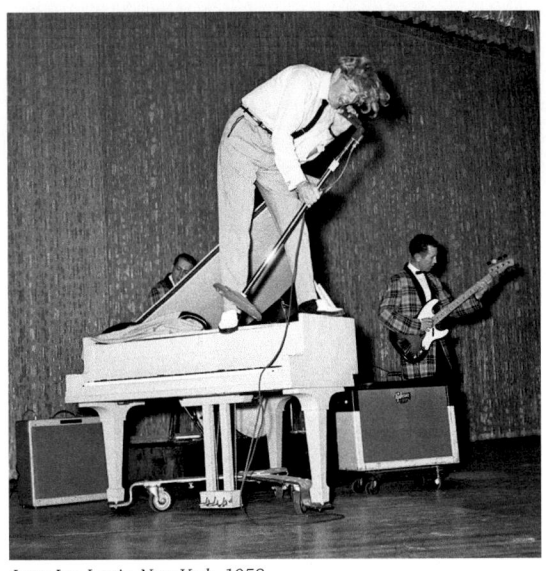

Akkordschema				Möglicher Ablauf
Strophen				Intro (über Strophe)
C	C	F	F	Strophe
G	F	C	C	Strophe
Refrain				Refrain
F	F	C	C	Solo (über 2 × Strophen)
F	F	G	G	Refrain
G	G	G	G	Strophe

Jerry Lee Lewis, New York, 1958

Text: Otis Blackwell / Jack Hammer

1. You shake my nerves and you rattle my brain,
   too much love drives a man insane.
   You broke my will, but what a thrill.
   Goodness gracious great balls of fire!

2. I laughed at love 'cause I thought it was funny.
   You came along and moved me honey.
   I've changed my mind – love is fine.
   Goodness gracious great balls of fire!

Refrain: Kiss me baby – oh – feels good.
Hold me baby – I want to love you like a lover should.
You're fine, so kind,
I got to tell this world that you're mine mine mine mine.

3. I chew my nails and I twiddle my thumbs.
   I'm real nervous, but it sure is fun.
   C'mon baby, you drive me crazy.
   Goodness gracious great balls of fire!

Vorschlag für eine Begleitung mit Klavier, Bass und Schlagzeug:

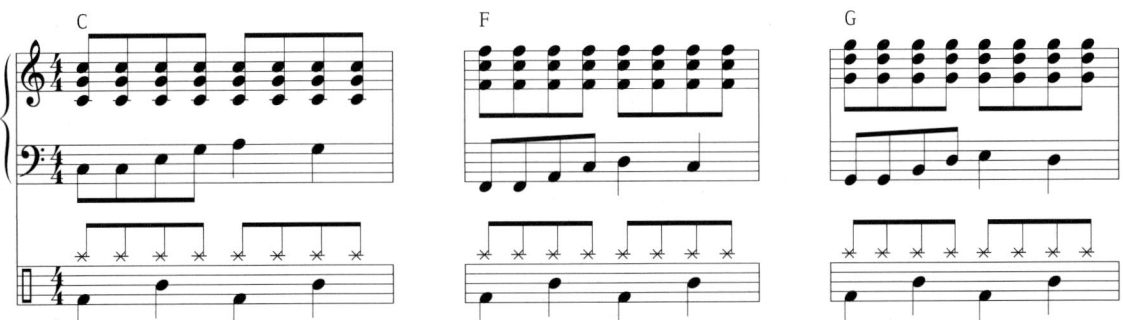

Die Bass-Begleitung lässt sich vereinfachen, indem nur die Noten auf den Zählzeiten gespielt werden.

Rechts: Jonas Reckermann und Julius Brink,
Goldmedalliengewinner Beachvolleyball, Olympia, 2012

In diesem Kapitel …
– singt ihr eine Reihe bekannter und
 unbekannter Lieder und Hymnen,
– untersucht ihr Funktionen des
 gemeinsamen Singens in unterschiedlichen Situationen,
– untersucht ihr, wie der Klang von
 Musik zu bestimmten Situationen
 passt.

Singen für die gemeinsame Sache

Gesänge und ihre Funktionen untersuchen

1 Beschreibt die Situation, die auf dem Bild gezeigt wird, und überlegt, warum hier gesungen wird.

2 Sammelt Situationen, in denen ihr schon einmal gemeinsam in einer großen Gruppe gesungen habt.

3 a Überlegt bei jeder dieser Situationen, was das Ziel des gemeinsamen Singens war und warum ihr mitgesungen habt.
b Ordnet die Situationen nach Gemeinsamkeiten und stellt eure Ergebnisse in einer Grafik dar.

Die deutsche Nationalhymne

Wirkung und Geschichte einer Hymne untersuchen

Einigkeit und Recht und Freiheit

Text: Heinrich Hoffmann von Fallersleben (1798–1874)
Musik: Joseph Haydn (1732–1809)

1 Singt gemeinsam die deutsche Nationalhymne und beschreibt ihre Wirkung.

2 Sammelt politische, sportliche und gesellschaftliche Anlässe, in denen ihr die Nationalhymne schon einmal gesungen oder gehört habt. Benennt weitere Situationen, in denen sie erklingt oder erklingen könnte.

3 Informiert euch über die Entstehung der Melodie und des Textes zur deutschen Nationalhymne. Klärt dabei,
a was die Melodie mit dem Land Österreich zu tun hat,
b warum nur die dritte Strophe als deutsche Nationalhymne gesungen wird. **PH** | S. 82/83

4 **a** Arbeitet anhand des Interviews mit Oliver Bierhoff heraus, welche Meinung er zum Mitsingen der Nationalhymne vertritt. Welche Position nehmt ihr ein?
b Oliver Bierhoff sagt, bis zum Jahr 2006 habe das Singen der Nationalhymne im Stadion „etwas Verklemmtes" gehabt. Sprecht mit euren Eltern und Großeltern, einem anderen älteren Verwandten oder euren Lehrern über ihr Verhältnis zur deutschen Nationalhymne.

5 Vergleicht die Bläseraufnahme der Nationalhymne mit dem 2. Satz eines Streichquartetts von Joseph Haydn.
◉ 5|40–41
a Benennt die Instrumente und beschreibt die klanglichen Unterschiede beider Aufnahmen.
b Untersucht, wie die Melodie jeweils gestaltet ist.

6 Diskutiert, welche Aufführungsform der Hymne für eine bestimmte Situation am besten geeignet ist. Sollte in manchen Situationen vielleicht ausschließlich gesungen werden? **PH** | S. 84/85

In einem Interview mit der Süddeutschen Zeitung (SZ) spricht
Oliver Bierhoff, der Teammanager der deutschen Fußballnational-
mannschaft, über die Diskussionen nach der 1:2 Niederlage
gegen Italien im Halbfinale der Fußball-Europameisterschaft 2012.

Oliver Bierhoff in einem
Interview

5 *SZ: Es haben sich rund um das Italien-Spiel seltsame Debatten*
entwickelt. Es ging um die zu luxuriöse Rundum-Ausstattung der
Spieler, um zu wenig leidenschaftliches Singen der Hymne …
Bierhoff: … am liebsten würde ich gleich bei der Hymnendebatte
10 einhaken. Mir ist es natürlich auch am liebsten, wenn alle Spieler
mitsingen, aber …
SZ: … haben Sie denn mitgesungen?
Bierhoff: Ich habe gesungen. Aber es sei auch einmal angemerkt, dass bis 2006
im Stadion kaum jemand gesungen hat. Da hatte das noch etwas Verklemmtes, da
15 wurde das Singen automatisch in die rechte Ecke geschoben, und wenn man sich
die Spiele von früher anschaut, findet man auch bei den Spielern kaum einen, der
mitsingt. […]
SZ: Dabei hat ein ehemaliger Spieler namens Franz Beckenbauer genau das gerade
wieder gefordert.
20 Bierhoff: Der große Ruck kam 2006, bei der Heim-WM, da gab's diesen positiven
Nationalstolz, der die Leute auf den Tribünen zum Mitsingen animiert hat. Ich finde es
auch schön, wenn die Spieler der anderen Nationen singen – aber daraus zu folgern,
dass wir gegen Italien verloren haben, weil die leidenschaftlicher gesungen haben,
ist natürlich albern. Die Italiener haben auch vor dem Finale leidenschaftlich gesungen
25 und 0:4 verloren.
SZ: Die Hymnen-Debatte gab's ja schon bei der WM 2010.
Bierhoff: Wir reden immer von Toleranz, und Toleranz bedeutet für mich auch, dass
man akzeptiert, wenn Mesut Özil nicht singt. Er ist in Deutschland geboren und bekennt
sich zu diesem Land ohne Wenn und Aber - das ist für uns entscheidend, auch wenn
30 er nicht die Hymne mitsingt. Man muss außerdem respektieren, dass ein Teil seiner
Familie in der Türkei lebt. Ich hoffe und glaube, dass wir diese Debatte in der nächsten
Generation nicht mehr führen müssen. […]
SZ: Gibt es eine Grenze, an der der Sommermärchen-Hype ins Ungesunde, Nationalistische
kippen könnte?
35 Bierhoff: Wir bewegen uns in Deutschland immer auf einem schmalen Grat. Wir haben
eine hohe Verantwortung für die Geschichte und müssen uns ihrer stets bewusst sein.
Deshalb steht es uns gut zu Gesicht, eine Niederlage auch mal zu akzeptieren. Wir
dürfen bei allem sportlichen Ehrgeiz nicht anmaßend sein und so tun, als könnte uns
das nicht mehr passieren. Wir müssen aufpassen, dass wir keine Überheblichkeit ver-
40 mitteln, dass das nicht im Ausland so ankommt wie: Die Deutschen glauben, sie sind
unschlagbar! Wir müssen die Leichtigkeit beibehalten, die unsere Mannschaft 2010 aus-
gestrahlt hat, aber so etwas kann auch leicht verloren gehen, wenn derartige Debatten
geführt werden.

Kampflied oder Loblied?

Unterschiedliche Hymnen miteinander vergleichen

Il Canto degli Italiani (Fratelli d'Italia)
Nationalhymne Italiens – Beginn

Text: Goffredo Mameli (1827–1849)
Musik: Michele Novaro (1818–1885)

Fra - tel - li d'I - ta - lia, l'I - ta - lia s'è de - sta. Dell'

el - mo di Sci - pio s'è cin - ta la te - sta. Do -

v'è la Vit - to - ria? Le por - ga la chio - ma. Ché

schia - va di Ro - ma id - dio la cre - ò.

Die römische Siegesgöttin Victoria thront auch auf der Siegessäule in Berlin.

In der Hymne werden die „Brüder Italiens" aufgerufen, gemeinsam für ein geeintes Italien zu kämpfen. Die Nennung des antiken römischen Feldherrn Scipio stellt dabei einen Bezug zur bedeutsamen Vergangenheit des Landes her. Außerdem wird betont, dass Victoria, die Siegesgöttin, auf der Seite eines geeinten Italiens stehe.

Tipps zur Aussprache des Italienischen
* *ch* (in **ch**ioma, s**ch**iava) gesprochen wie *k*
* *ci* (in S**ci**pio) gesprochen wie *tsch*

Nationalhymnen

Die Nationalhymne eines Landes ist das Musikstück, mit dem sich dieses Land bei offiziellen Anlässen präsentiert. Diese repräsentative Aufgabe von Nationalhymnen spiegelt sich in deren musikalischer Gestaltung wider. Zwei unterschiedliche Arten von Nationalhymnen werden unterschieden: Zum einen gibt es **Königshymnen**, die den Herrscher oder die Herrscherin eines Landes preisen. Manchmal wird auch die Schönheit des Landes selbst besungen. Zum anderen gibt es **Revolutionshymnen**, die aus politischen Kämpfen und Umwälzungen hervorgingen. Viele dieser Hymnen entstanden, als sich im 19. Jahrhundert die europäischen Nationalstaaten bildeten. Heinrich Hoffmann von Fallersleben dichtete den Text, der erst 1922 zur deutschen Nationalhymne wurde, bereits 1841, als Deutschland noch in 40 selbstständige Staaten aufgesplittert war.

God save our gracious Queen
Nationalhymne Großbritanniens   aus dem 18. Jahrhundert

*Königin Elisabeth II. (*1926),*
Nottingham, 2012

1 **a** Singt den Beginn der italienischen und die englische Nationalhymne.
Probiert beim Singen unterschiedliche Tempi und Artikulationsarten aus.
b Beschreibt, wie die beiden Gesänge jeweils auf euch gewirkt haben.

2 **a** Arbeitet anhand beider Nationalhymnen musikalische Merkmale von
Revolutions- beziehungsweise Königshymnen heraus und stellt sie einander
gegenüber.
b Überprüft anhand eurer Gegenüberstellung, wo Probleme und Mehrdeutigkeiten
entstehen können, wenn ihr versucht, den beiden Kategorien weitere
Nationalhymnen zuzuordnen.

3 Untersucht die Hymnen weiterer Länder,
die euch interessieren oder zu denen es in
eurer Familie Bezüge gibt, im Hinblick auf
ihre musikalische Gestaltung. Stellt eure
Ergebnisse in der Klasse vor und nehmt dabei
auch Bezug auf die Kategorien Königs- und
Revolutionshymne. **PH | S. 81**

Bei der Untersuchung von Melodien solltet ihr
diese Aspekte beachten:
– die rhythmische Gestaltung sowie die
verwendete Taktart,
– den Aufbau der Melodie sowie den Verlauf
der Harmonik und deren Wirkung,
– die Textbedeutung sowie das Verhältnis
von Text und Musik.
Auch ergänzende Recherchen zur Entstehungsgeschichte der Hymnen und eure Kenntnisse
aus dem Geschichtsunterricht können
hilfreich sein.

Die Europahymne

Über die Funktion und Gestalt einer Hymne diskutieren

Freude, schöner Götterfunken

Text: Friedrich Schiller (1759–1805)
Musik: Ludwig van Beethoven (1770–1827)

Die Verleihung des Friedensnobelpreises an die Europäische Union im Jahr 2012 zeigt, wie bedeutsam dieser Zusammenschluss der europäischen Staaten für ein friedliches und geeintes Europa ist. „Freude, schöner Götterfunke" ist die Hymne der Europäischen Union. Offiziell wird eine Instrumentalfassung der „Ode an die Freude" aus dem letzten Satz von Beethovens neunter Sinfonie verwendet. Für diese Lösung entschied sich der Europarat 1972.

1
a Singt die Melodie. Beschreibt, wie sie auf euch wirkt und wie sie aufgebaut ist.
b Untersucht, durch welche Merkmale sich die Melodie als Hymne eignet.
   Geht dabei vor allem auf den Aufbau der Melodie und ihr Verhältnis zum Text ein.
◉ 5|42 c Hört die offizielle Version der Europahymne und beschreibt deren Gestaltungsweise.

2 Es gibt immer wieder Initiativen, die für die offizielle Hymne der Europäischen Union eine andere Form finden wollen. Bereitet mit Hilfe der Rollenkarten eine Podiumsdiskussion zu diesem Thema vor.
a Teilt euch in Gruppen ein. Jeweils zwei Gruppen bereiten eine Rolle vor. Lest dabei auch die anderen Rollenkarten, um gut auf die Argumente der anderen vorbereitet zu sein.
   Belegt eure Argumente so konkret wie möglich mit der Musik bzw. dem Notentext. **PH**|S. 86
b Aus jeder Gruppe wird ein Diskussionsteilnehmer ausgelost, der sich zu Beginn der Diskussion mit einem kurzen Statement vorstellt.
c Die Zuhörer beobachten die folgende Diskussion. Legt dafür Beobachtungsaufträge fest.

3 Wertet die Diskussion und die Überzeugungskraft der einzelnen Teilnehmer aus. Zu welcher Einschätzung seid ihr persönlich im Verlauf der Diskussion gekommen? **PH**|S. 86

Rollenkarte 1: Initiative „Schiller für Europa"

Das Gedicht „Ode an die Freude" entsprang Schillers Vision von einer Menschheit, die sich in Brüderlichkeit vereint. Dieser fortschrittliche und edle Gedanke war es, der eurer Meinung nach Beethoven dazu veranlasste, das Gedicht im letzten Satz seiner neunten Sinfonie zu vertonen. Melodie und Text bilden eine wirkliche Einheit, die den europäischen Gedanken der friedlichen Einheit so feierlich darstellt, wie es einem Text oder einer Melodie alleine nicht möglich wäre. Jeder Europäer kann sich beim Singen der Worte Schillers mit dem Gedanken identifizieren, dass die Freude Konflikte überwindet und so alle Menschen Brüder werden. Mit der würdevollen Melodie Beethovens ist dieser Text folglich die perfekte Hymne.

Rollenkarte 2: Verband europabegeisterter Volksliedforscher

Zwar soll die Europahymne die Hymnen der einzelnen Nationalstaaten nicht ersetzen, doch das verbessert die Situation in euren Augen kaum. Vielleicht können sich die Bürger einiger europäischer Staaten mit der Melodie Beethovens identifizieren, doch die traditionelle Musik vieler EU-Staaten findet sich in dieser Komposition nicht wieder. Die einfache Harmonik und der schlichte Rhythmus der Melodie in Beethovens Komposition wird der Volksmusik vieler Mitgliedsstaaten nicht gerecht. Euer Vorschlag ist deshalb die Komposition einer neuen Hymne, die Elemente aller Volksmusiken Europas enthält. Ein Text ist nicht notwendig, denn die universale Sprache der Musik hat eine grenzüberschreitende Wirkung.

Rollenkarte 3: Vereinigung europäischer Hymnen-Sprachforscher

Eurer Meinung nach ist die weltweit bekannte, einfach zu singende und zugleich festlich wirkende Melodie Beethovens als Hymne Europas sehr gut geeignet. Das Problem ist der Text. Bisher wurde diese Frage nicht befriedigend geklärt, da keine Sprache bevorzugt werden sollte. Aber wenn sich die Menschen mit Europa identifizieren sollen, ist ein Text, der von allen gesungen wird, unbedingt notwendig. Darum ist es euer Ziel, einen Hymnentext zu verfassen, in dem alle 23 Amtssprachen der EU enthalten sind. Nur eine Hymne, in der die Sprachen aller Bürger Europas vorkommen, kann eine wirkliche Europahymne sein.

Rollenkarte 4: Initiative „Beethoven für Europa"

In euren Augen wäre es ein großer Fehler, die Europahymne mit einem Text zu versehen, denn gerade ohne Worte, in der universalen Sprache der Musik, ist sie ein Ausdruck der Werte Freiheit, Frieden und Solidarität. Das musikalische Genie Beethoven kann allen Europäern zudem als Identifikationsfigur dienen. Welche Musik könnte das Glück Europas, das sich trotz aller Schwierigkeiten friedlich vereint hat, besser aufzeigen als diese musikalische Feier der Freude? Der europäische Gedanke ist aus einer feierlichen und friedlichen Idee entsprungen. Nur eine instrumentale Hymne kann diesen Gedanken darstellen und so die einzelnen Nationalhymnen Europas im Sinne der Gemeinschaft ergänzen.

Ein Lied für das Land oder für alle?

Unterschiedliche musikalische Haltungen vergleichen

God Bless America

Text und Musik: Irving Berlin

Marschtempo

God bless A - mer - i - ca,____ land that I love,____ stand be - side her____ and guide her____ thru the night with a light from a bove;____ from the moun - tains____ to the prai - ries____ to the o - ceans____ white with foam,____ God bless A - mer-i - ca,____ my home sweet home. home.

Kate Smith

Das Lied „God bless America" wurde von dem Komponisten Irving Berlin (1888–1989) geschrieben, dessen Eltern 1891 mit ihm und seinen Geschwistern aus Weißrussland in die USA auswanderten. Das Lied wurde 1938 populär, als die bekannte Sängerin Kate Smith (1907–1986) es in ihrer Radiosendung sang. Es wird häufig als eine Art heimliche Nationalhymne der USA bezeichnet. Seit den Terroranschlägen vom 11. September 2001 wird es regelmäßig bei den Spielen der amerikanischen Baseball-Liga und anderen Veranstaltungen gesungen. Das Lied „This land is your land" hat Woodie Guthrie (1912–1967) 1940 als kritische Antwort auf „God bless America" geschrieben, das ihm zu unrealistisch und selbstgefällig erschien. Ursprünglich sang er in der Schlusszeile „God blessed America for me" statt „This land was made for you and me". Auch dieses Lied ist heutzutage sehr populär in den USA.

This land is your land

Text und Musik: Woody Guthrie

1. This land is your land, this land is my land, from Ca-li-for-nia to the New York Is-land, from the Red-wood for-rest to the Gulf-stream wa-ters: This land was made for you and me.
2. As I was walk-ing that rib-bon of high-way, I saw a-bove me that end-less sky-way. I saw be-low me that gol-den Val-ley: This land was made for you and me.

3. I roamed and rambled and I followed my footsteps,
to the sparkling sands of her diamond deserts,
while all around me a voice was sounding,
this land was made for you and me.

4. When the sun came shining and I was strolling
and the wheat fields waving and the dust clouds rolling.
a voice was chanting as the fog was lifting:
This land was made for you and me.

1 a Singt beide Lieder. Ihr könnt euch mit den Akkorden auch selbst dazu begleiten.
  b Übersetzt die Liedtexte. Ihr könnt auch nach bestehenden Übersetzungen suchen.
  c Analysiert vergleichend die Gestaltung beider Lieder (s. S 207). Geht dabei auf den Rhythmus, die Melodiebewegung und die Textverteilung ein. **PH|**S. 87

2 Vergleicht die Aufnahmen von Kate Smith und
5|43–44 Woodie Guthrie.
  a Tauscht euch darüber aus, was der Klang beider Aufnahmen beim Hörer jeweils bewirken soll. Nutzt dafür auch die Informationen auf S. 210.
  b Untersucht das Tempo, die Besetzung und die Gesangsweise der Aufnahmen. Setzt eure Ergebnisse in Bezug zu der angestrebten Wirkungsweise beider Lieder.

3 Nehmt Stellung: Welches der beiden Lieder spricht euch mehr an? Welche Art von Liedgestaltung würdet ihr für ein Lied über eure Heimatstadt bevorzugen?

Woodie Guthrie

211

Singende Unterstützung

Fangesänge im Fußball untersuchen

1 a Beschreibt mit Hilfe der Bilder oder anhand eigener Erfahrungen, wann und wie im Fußballstadion gesungen wird.

b Sammelt Eigenschaften, die ein guter Fangesang haben muss, und ordnet sie nach musikalischen und textlichen Merkmalen.

2 a Vergleicht die abgedruckten Fangesänge und nennt Situationen, in denen sie gesungen werden könnten.

b Sammelt weitere Fangesänge und ordnet sie den verschiedenen Situationen zu.

3 a Singt die beiden Lieder mit ihren verschiedenen Texten und überprüft dabei eure Phrasierung der unterschiedlichen Textierungen. Benennt Auffälligkeiten.

b Vergleicht die Textaussagen der Originale mit denen der Stadionversionen. Nutzt dabei auch die Informationen im blauen Kasten.

c Tragt Merkmale von Liedern zusammen, die Fans als Grundlage für ihre Kontrafakturen auswählen.

4 Oft hört man in Stadien Schmähgesänge, in denen der gegnerische Verein oder einzelne Spieler beleidigt werden. Wie ist dies zu erklären? Welche Position nehmt ihr dazu ein?

5 Wählt eine geeignete Melodie aus und erstellt dazu einen Fangesang für euren Lieblingsverein oder eure Schulmannschaft.

Kontrafaktur und Parodie

Der Begriff **Kontrafaktur** leitet sich aus dem Lateinischen ab und bedeutet Gegenentwurf. In der Musik bezeichnet er das Unterlegen einer bestehenden Melodie mit einem neuen Text, der keinen Bezug zum ursprünglichen Textinhalt hat. Eine **Parodie** (*griechisch* Gegenlied) legt ebenfalls einen neuen Text unter eine bestehende Melodie. Parodie bezeichnete in der Musik ursprünglich nur das Umgestalten eines Musikstücks. Heute wird darunter eher eine verzerrende, übertreibende oder verspottende Nachahmung verstanden (▶ S. 94). Das kann ein neuer Text sein, der unter eine bestehende Melodie gelegt wird, um das Original zu kommentieren. Es kann sich aber auch um ein eigenständiges Musikstück handeln, das ein wichtiges Merkmal des kommentierten Werks übertrieben zugespitzt aufgreift und so Stellung dazu bezieht.

Singender Fußballfan

Kurzgesänge

Kämp-fen   F   C,   kämp-fen!
Ham-burg

Auf   Wie-der-seh'n!   Auf

Neu-er,   wir lie-ben dich!
Sa-mi,   wir lie-ben dich!

Yellow submarine und zwei Stadionversionen

Originaltext und Musik:
John Lennon (1940–1980)/Paul McCartney (*1942)

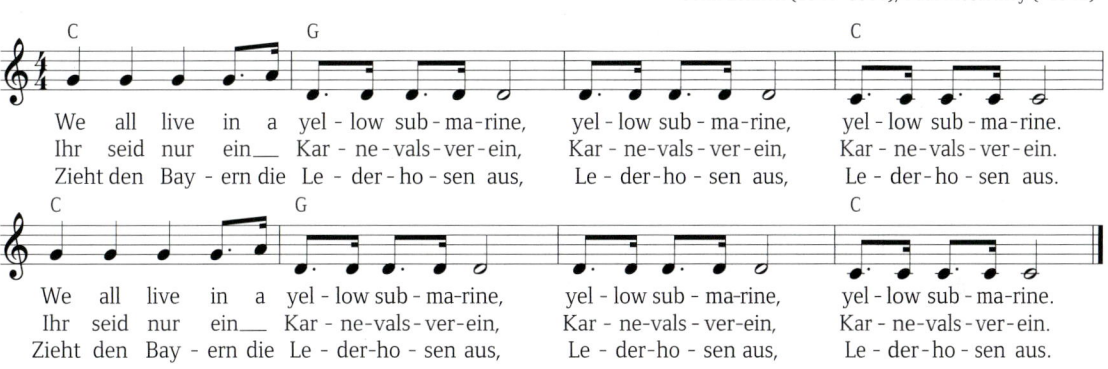

We all live in a yel-low sub-ma-rine, yel-low sub-ma-rine, yel-low sub-ma-rine.
Ihr seid nur ein___ Kar-ne-vals-ver-ein, Kar-ne-vals-ver-ein, Kar-ne-vals-ver-ein.
Zieht den Bay-ern die Le-der-ho-sen aus, Le-der-ho-sen aus, Le-der-ho-sen aus.

We all live in a yel-low sub-ma-rine, yel-low sub-ma-rine, yel-low sub-ma-rine.
Ihr seid nur ein___ Kar-ne-vals-ver-ein, Kar-ne-vals-ver-ein, Kar-ne-vals-ver-ein.
Zieht den Bay-ern die Le-der-ho-sen aus, Le-der-ho-sen aus, Le-der-ho-sen aus.

Oh when the saints und eine Stadionversion

aus den USA

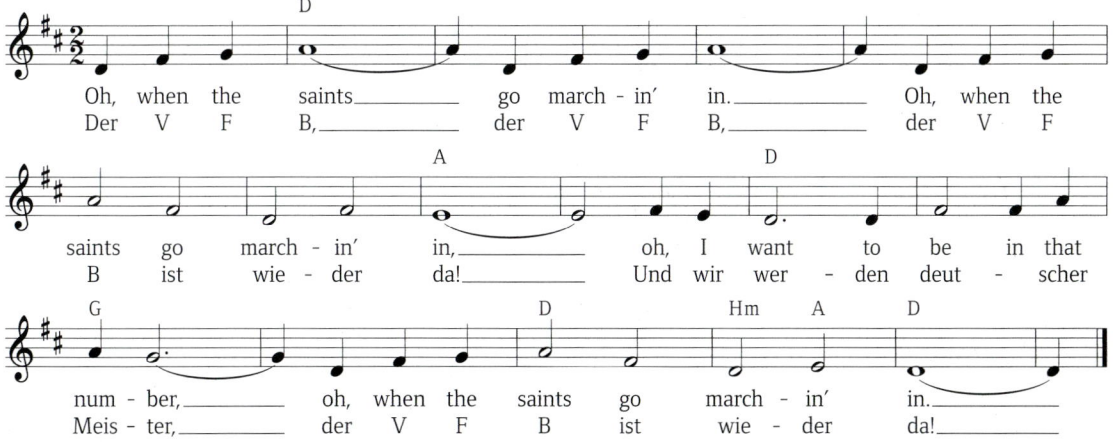

Oh, when the saints___ go march-in' in.___ Oh, when the
Der V F B,___ der V F B,___ der V F

saints go march-in' in,___ oh, I want to be in that
B ist wie-der da!___ Und wir wer-den deut-scher

num-ber,___ oh, when the saints go march-in' in.___
Meis-ter,___ der V F B ist wie-der da!___

213

Zu schwer für das Stadion?

Die Ur-Hymne des Fußballs erkunden

You'll never walk alone

Text und Musik: Richard Rodgers / Oscar Hammerstein

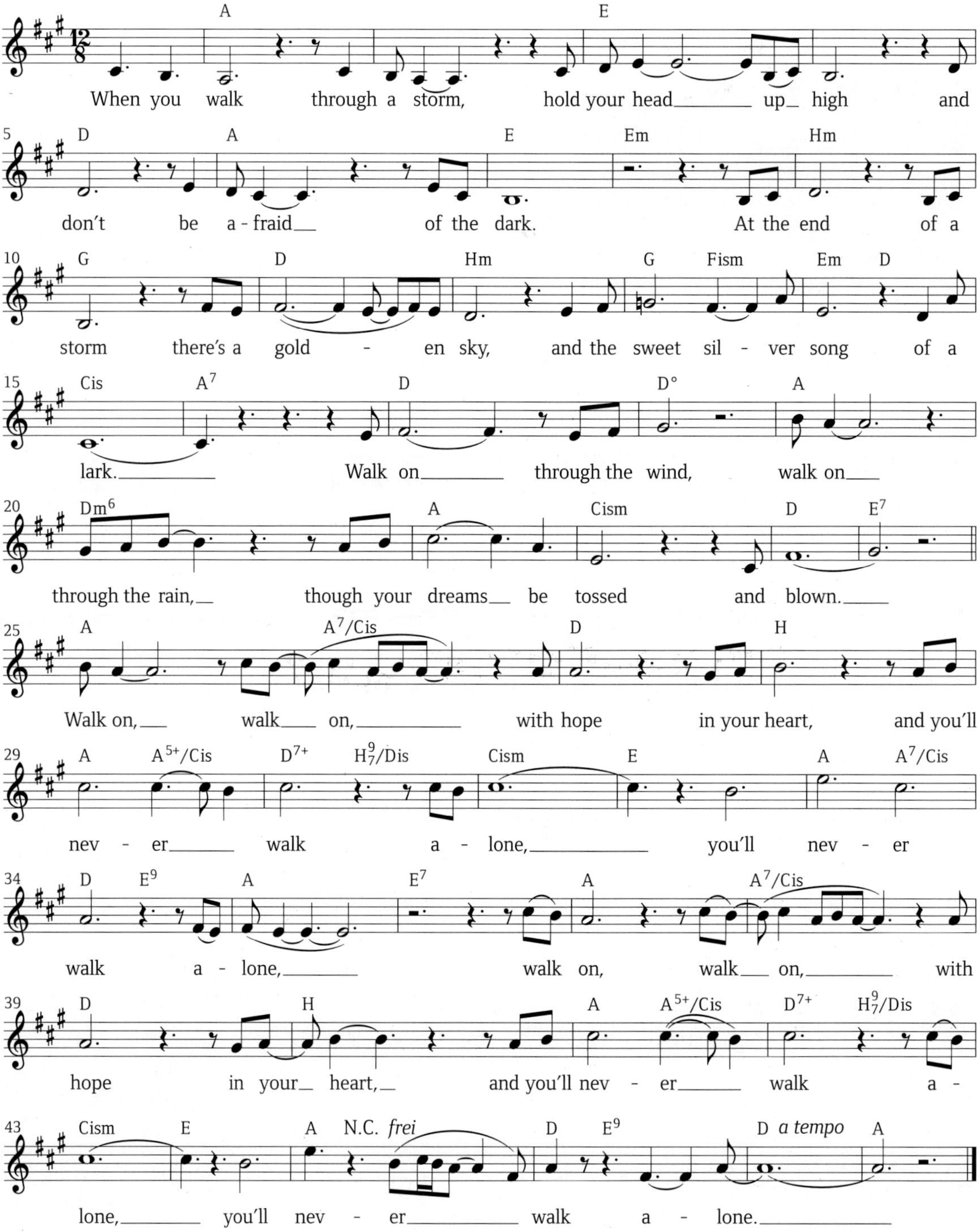
A E
When you walk through a storm, hold your head up high and
5 D A E Em Hm
don't be a-fraid of the dark. At the end of a
10 G D Hm G Fism Em D
storm there's a gold - en sky, and the sweet sil - ver song of a
15 Cis A7 D D° A
lark. Walk on through the wind, walk on
20 Dm6 A Cism D E7
through the rain, though your dreams be tossed and blown.
25 A A7/Cis D H
Walk on, walk on, with hope in your heart, and you'll
29 A A5+/Cis D7+ H9/7/Dis Cism E A A7/Cis
nev - er walk a - lone, you'll nev - er
34 D E9 A E7 A A7/Cis
walk a - lone, walk on, walk on, with
39 D H A A5+/Cis D7+ H9/7/Dis
hope in your heart, and you'll nev - er walk a -
43 Cism E A N.C. frei D E9 D a tempo A
lone, you'll nev - er walk a - lone.

Die Geschichte einer Fußball-Hymne

Shankly Gates, Hillsborough Memorial, Liverpool

„You'll never walk alone" entstammt dem Broadway-Musical „Carousel" von Richard Rodgers und Oscar Hammerstein aus dem Jahr 1945. Im Jahr 1963 ver-öffentlichte die britische Band Gerry & The Pacemakers eine Coverversion, die ein großer Hit wurde. Diese Aufnahme wurde damals im Stadion von Liverpool vor Beginn der Fußballspiele abgespielt. Schließlich begann der Fanblock das Lied vor den Spielen selbst anzustimmen. Der Legende nach soll das erstmals geschehen sein, als einmal die Musikanlage im Stadion ausfiel. Auf diesem Weg wurde es zur Vereinshymne des FC Liverpool und in der Folge von vielen anderen Vereinen übernommen. Dabei wird oftmals nur der zweite Teil (ab Takt 25) gesungen.

1
a Singt das Lied und benennt Unterschiede zu den Fangesängen, die ihr untersucht habt.
b Setzt eure Ergebnisse in Bezug zu den unterschiedlichen Zeitpunkten, in denen Vereins-hymne und Anfeuerungsgesänge im Rahmen eines Fußballspiels gesungen werden. Sucht hierfür auch im Internet nach Mitschnitten von Fußballgesängen.

2
a Übersetzt den Text und fasst die Textaussage in einem Satz zusammen.
b Untersucht ab Takt 25 das Verhältnis von Melodie und Text und benennt Auffälliges.
c Findet auf der Grundlage eurer Ergebnisse mögliche Gründe für die Beliebtheit dieses Liedes als Vereinshymne.

3 ⊚ 6|1–2
a Vergleicht die musikalische Gestaltung der Musical-Aufnahme von „You'll never walk alone" mit der Aufnahme von Gerry & The Pacemakers.
b Überprüft mit Hilfe eurer Ergebnisse, welche Version des Liedes das Mitsingen im Stadion besser ermöglicht.

4
Singt das Lied nochmals:
a in einer Version, wie ihr sie auf einer Bühne darbieten würdet,
b in einer Version, die im Stadion eure Verbundenheit mit dem Verein ausdrücken soll.
c Erklärt anschließend eure gesangliche Gestaltung beider Versionen.

5 ⊚ 6|1
Plant eine Bewegungschoreographie, die von einer Fangruppe im Stadion aufgeführt werden könnte. Führt die Choreographie zur Aufnahme von Gerry & The Pacemakers auf.

Gerry Marsden von Gerry & The Pacemakers singt die Vereinshymne, Liverpool, 2010

Worterklärungen:
lark = Lerche
dreams to be tossed and blown = Träume, die sich in Luft auflösen

Unterrichtsprojekt

Fangesänge und Hymnen erforschen

Vorschlag 1: Nationalhymnen erforschen und eine Präsentation erstellen
Dieser Vorschlag knüpft an Aufgabe 3 auf Seite 207 an.

1 Erforscht inner- und außereuropäische Nationalhymnen und plant als Klasse eine Präsentation zu diesem Thema. Geht dabei folgendermaßen vor:

Vorbereiten:

a Sammelt mögliche Schwerpunkte für euer Forschungsprojekt. Welche Aspekte an National-hymnen findet ihr für eine Untersuchung besonders interessant? Die abgebildete Übersicht gibt euch Anregungen.

b Einigt euch auf eine zentrale Fragestellung, damit ihr eure Untersuchungen am Anschluss gut vergleichen und gemeinsam präsentieren könnt.

c Teilt jeder Arbeitsgruppe eine Nationalhymne zu, die untersucht werden soll.
Beachtet bei der Auswahl eure zentrale Fragestellung.

Erforschen:

d Recherchiert in Lexika und im Internet Informationen zu eurer Hymne und sucht nach einer Aufnahme. Oft bietet die offizielle Homepage eines Landes einen guten Ausgangspunkt.

e Tauscht euch während der Recherche regelmäßig untereinander aus. Falls sich Probleme wegen eurer Fragestellung ergeben, könnt ihr diese nun noch einmal verändern. Das müsst ihr aber mit allen anderen absprechen. Sammelt schon erste Ideen zur Präsentation eurer Ergebnisse.

Präsentieren:

f Wählt für eure Ergebnisse eine Präsentationsform. Achtet darauf, dass die Präsentation informativ und zugleich ansprechend gestaltet ist. Mögliche Präsentationsformen können sein: eine Ausstellung mit Hörstationen, ein digitaler Hymnenatlas, kurze Spiel-szenen zu Nationalhymnen, eine Szenenfolge zu einem Hymnencasting, ...

Vorschlag 2: Gesänge bei Sportveranstaltungen vor Ort untersuchen

Ein möglicher Fragenkatalog zu Gesängen bei Sportveranstaltungen

Veranstaltungsrahmen und Sportart
– Um welche Sportart handelt es sich? (Fußball, Tennis, Hockey, Judo, Tischtennis, …)
– Was für eine Veranstaltung findet statt? (Jugendturnier, Profisport-veranstaltung, …)
– Welche Größe hat die Veranstaltung?
– …

Musikalischer Rahmen
– Welche Musik erklingt vor / während / nach dem Spiel / dem Wettkampf?
– Wird Musik live oder von einer Aufnahme gespielt?
– …

Art der Gesänge (für jeden Gesang notieren)
– Wer waren die Sänger? (einige Fans, alle Zuschauer, …)
– Was für Gesänge waren zu hören?
– Was für Texte wurden gesungen?
  1. Hymne für den Verein (Text notieren)
  2. Anfeuerungsruf für die eigene Mannschaft (Länge, Text, …)
  3. …
– Welche musikalischen Merkmale hatten die Gesänge?
– Welche Ziele hatten die Gesänge? (Bekenntnis zur eigenen Mannschaft / zum eigenen Land, Anfeuern der eigenen Mannschaft …)
– Änderten sich die Gesänge im Verlauf des Wettkampfs / des Spiels?
– …

Notizen für die anschließende Recherche
– Interview mit einem Vertreter einer Fangruppe oder mit dem Veranstalter
– Recherche zur Herkunft der Melodien
– …

2 Erforscht Fangesänge bei Sportveranstaltungen. Orientiert euch bei den Vorbereitungen, der Durchführung und der Präsentation an Projektvorschlag 1.

Mögliche Leitfragen für die Auswertung eurer Untersuchungen können sein:
– Wie sehr unterscheiden oder ähnln sich die Gesänge bei unterschiedlichen Sportarten?
– Welche Sportarten eignen sich besonders für Fangesänge?
– Welche Voraussetzungen braucht Gesang bei Sportveranstaltungen?
– Woher stammen die Melodien der Fangesänge? Gibt es bevorzugte Melodie-Quellen?
– …

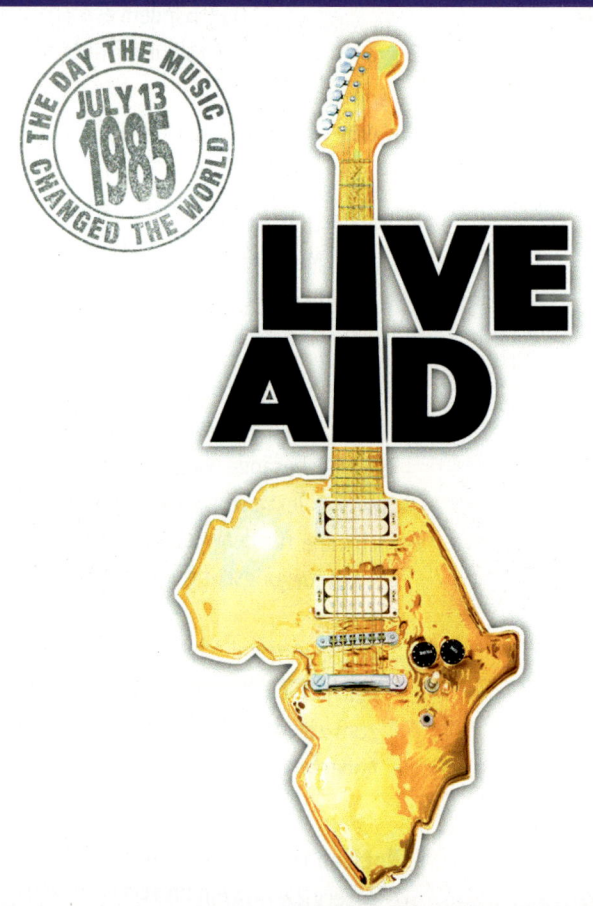

Links: Logo von „Live Aid"
Rechts: Protestzug, Stuttgart, 2010

In diesem Kapitel …
– untersucht ihr, wie durch Musik
 Protest ausgedrückt werden kann,
– beschreibt ihr Wirkungen
 gesellschaftskritischer Musik,
– komponiert ihr einen eigenen
 Protestsong oder organisiert ihr eine
 musikalische Ausstellung.

Nicht mit uns!
Musik als Ausdruck von Protest und Auflehnung

1 **a** Im Jahr 1985 organisierte eine Gruppe von Musikern eine internationale Konzert-veranstaltung unter dem Titel „Live Aid". Betrachtet das Plakat und überlegt, worum es bei diesem Ereignis gegangen sein könnte.

b Informiert euch über das Projekt und stellt euch die Ergebnisse gegenseitig vor.

2 **a** Betrachtet das Foto „Stuttgart 21" und informiert euch, wogegen protestiert wird.

b Überlegt, welche Rolle die Musik in dieser und in ähnlichen Situationen spielt.

3 Stellt euch gegenseitig Songs und Musikstücke vor, in denen gegen etwas protestiert wird, und erklärt, gegen welche Missstände sich die Kritik richtet.

Gemeinsam aufbegehren

Ein Lied zum Thema „Ungerechtigkeit“ analysieren

Die Internationale

Text: Eugène Pottier (1816–1887); Nachdichtung: Emil Luckhardt (1880–1914)
Musik: Pierre Degeyter (1848–1932)

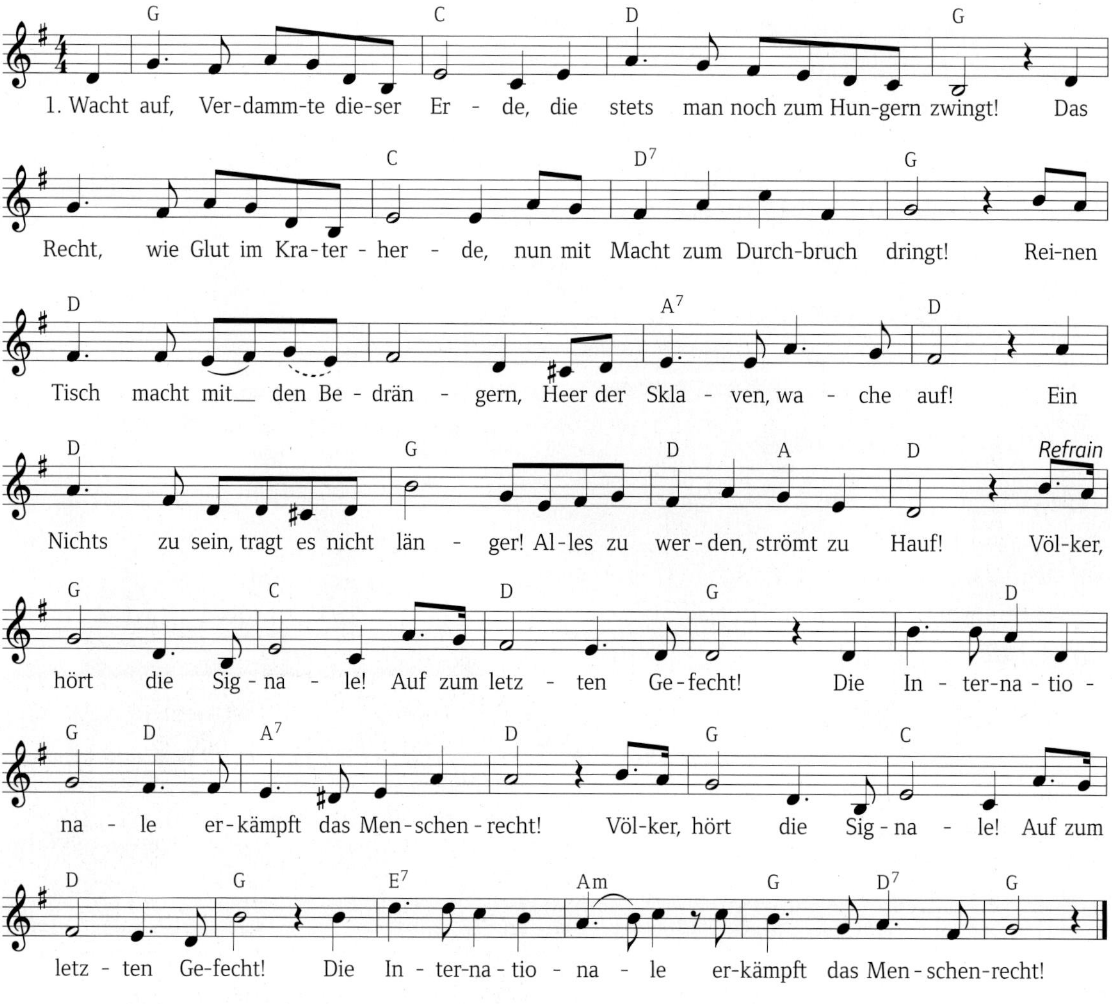
G C D G
1. Wacht auf, Ver-damm-te die-ser Er - de, die stets man noch zum Hun-gern zwingt! Das
C D7 G
Recht, wie Glut im Kra-ter - her - de, nun mit Macht zum Durch-bruch dringt! Rei-nen
D A7 D
Tisch macht mit den Be - drän - gern, Heer der Skla - ven, wa - che auf! Ein
D G D A D
Refrain
Nichts zu sein, tragt es nicht län - ger! Al-les zu wer-den, strömt zu Hauf! Völ-ker,
G C D G D
hört die Sig - na - le! Auf zum letz - ten Ge-fecht! Die In - ter-na - tio -
G D A7 D G C
na - le er-kämpft das Men-schen-recht! Völ-ker, hört die Sig - na - le! Auf zum
D G E7 Am G D7 G
letz - ten Ge-fecht! Die In - ter-na - tio - na - le er-kämpft das Men-schen-recht!

2. Es rettet uns kein höh’res Wesen,
kein Gott, kein Kaiser noch Tribun.
Uns aus dem Elend zu erlösen,
können wir nur selber tun!
Leeres Wort: des Armen Rechte,
Leeres Wort: des Reichen Pflicht!
Unmündig nennt man uns und Knechte,
duldet die Schmach nun länger nicht!
Völker, hört die Signale …

3. In Stadt und Land, ihr Arbeitsleute,
wir sind die stärkste der Partei’n.
Die Müßiggänger schiebt beiseite!
Diese Welt muss unser sein.
Unser Blut sei nicht mehr der Raben,
nicht der mächt’gen Geier Fraß!
Erst wenn wir sie vertrieben haben,
dann scheint die Sonn’ ohn’ Unterlass!
Völker, hört die Signale …

1
a Hört „Die Internationale" und lest Melodie und Text mit.

◉ 6|3   **b** Fasst die Aussage des Textes in eigenen Worten zusammen und überlegt, in welcher Absicht das Lied entstanden sein könnte.

2
a Lest auf der Seite unten, wann und warum der Liederdichter Eugène Pottier den Text geschrieben hat.

b Recherchiert die Entstehungsgeschichte des Liedes genauer. Folgende Suchbegriffe können euch dabei helfen: Pariser Kommune, Erste Internationale, Arbeiterbewegung.

3
a Untersucht die Wirkung des Liedes, indem ihr es singt und musiziert.

b Erklärt an ausgewählten Stellen, wie diese Wirkung zustande kommt. Findet heraus, wie die Melodie den Textinhalt unterstützt.

c Sucht im Internet nach Filmausschnitten, in denen „Die Internationale" erklingt, und erläutert die Art der Darstellung.

4
a Überlegt, zu welchen Anlässen und in welchen Zusammenhängen das Lied heute noch gesungen werden könnte.

◉ 6|4   **b** Hört eine moderne Aufnahme des Liedes „Die Internationale" und vergleicht sie mit der euch bereits bekannten Fassung. Diskutiert die Aussage dieser Gestaltung.

Eugène Pottier schrieb den Text des Liedes 1871, nachdem die „Pariser Commune" blutig niedergeschlagen worden war. In den Monaten März bis Mai hatten Arbeiter und Kleinbürger eine eigene Regierung errichtet, die tiefgreifende Reformen durchsetzte wie zum Beispiel die Gleichberechtigung der Frau, eine bessere Kinderbetreuung, die Schulpflicht, Arbeitsgesetzgebung und Preiskontrollen. Vertont wurde „Die Internationale" 1888 und verbreitete sich rasch in der ganzen Welt.

Anonym, Die Frauen von Paris, 1871

Der Traum von einer besseren Welt

„We shall overcome" musizieren und einordnen

We shall overcome

Text und Musik: trad., heutige Fassung: Zilphia Horton,
Frank Hamilton, Guy Carawan, Pete Seeger

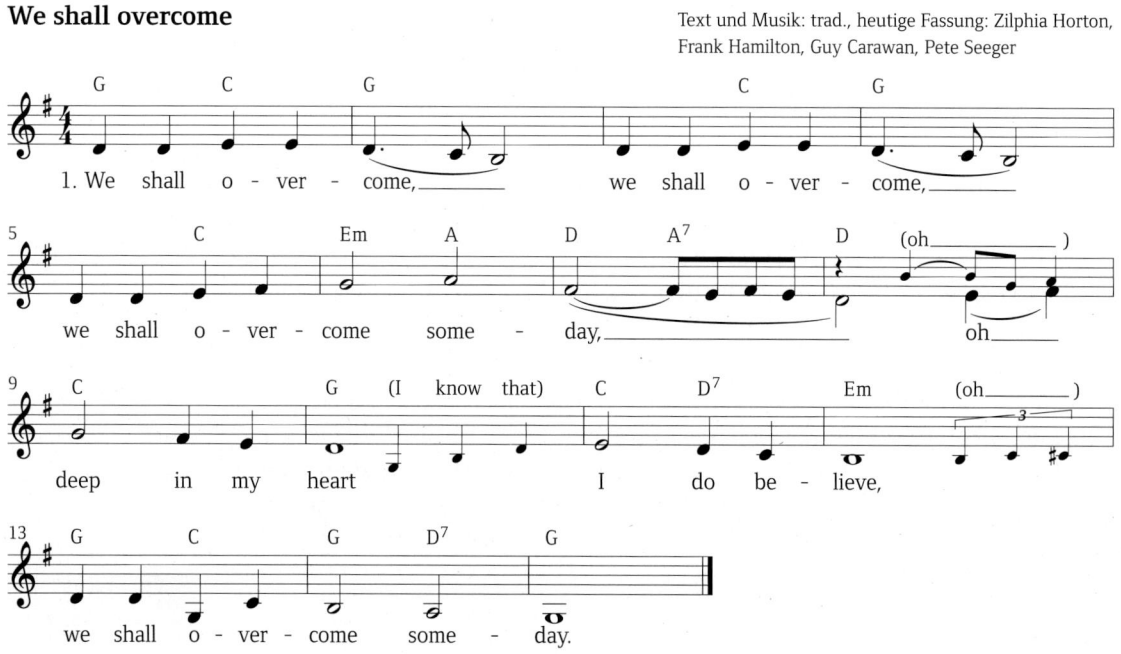

2. We'll walk hand in hand … / 3. We shall live in peace … / 4. We are not afraid …

Spielsatz

Satz: Inkeri Schumann

Martin Luther King, Washington, 1963

Die Bürgerrechtsbewegung in den USA setzte sich seit Anfang des 20. Jahrhunderts für die Gleichberechtigung der Afroamerikaner und für die Überwindung des Rassismus ein. 1963 waren es 250.000 Menschen, Schwarze und Weiße, die zur Unterstützung ihrer Ziele nach Washington marschierten. Einer der Höhepunkte auf der Abschlusskundgebung war die Rede von Martin Luther King, die die berühmte Formulierung „I have a dream" enthielt. Joan Baez, aber auch andere Musiker und Gruppen, sangen das alte Spiritual „We shall overcome", das mehr und mehr zur Hymne der Bürgerrechtsbewegung wurde.

1 Singt „We shall overcome" und beschreibt den musikalischen Ausdruck.

2 Begleitet den Song mit Hilfe des Spielsatzes und probiert aus, wie ihr die Wirkung des Songs mit musikalischen Mitteln verstärken könnt.

3 a Recherchiert die Entstehungsgeschichte des Songs und findet heraus, zu welchen Anlässen er vor und nach 1963 gesungen wurde.
b Erörtert, wie aktuell der Song heute noch ist, und formuliert eure Ansicht in einem Statement.

4 Sucht im Internet nach Filmausschnitten, in denen der Song „We shall overcome" gesungen wird. Benennt Gemeinsamkeiten und Unterschiede.

5 Tauscht euch über eure eigenen Erfahrungen beim gemeinsamen Singen aus. Überlegt, zu welchen Gelegenheiten ihr gemeinsame Überzeugungen durch Lieder ausdrücken würdet.

Die amerikanische Hymne in Original und Bearbeitung

Mittel musikalischer Verfremdung untersuchen

The Star-Spangled Banner

Text: Francis Scott Key (1777–1843)
Musik: John Stafford Smith (1750–1836)

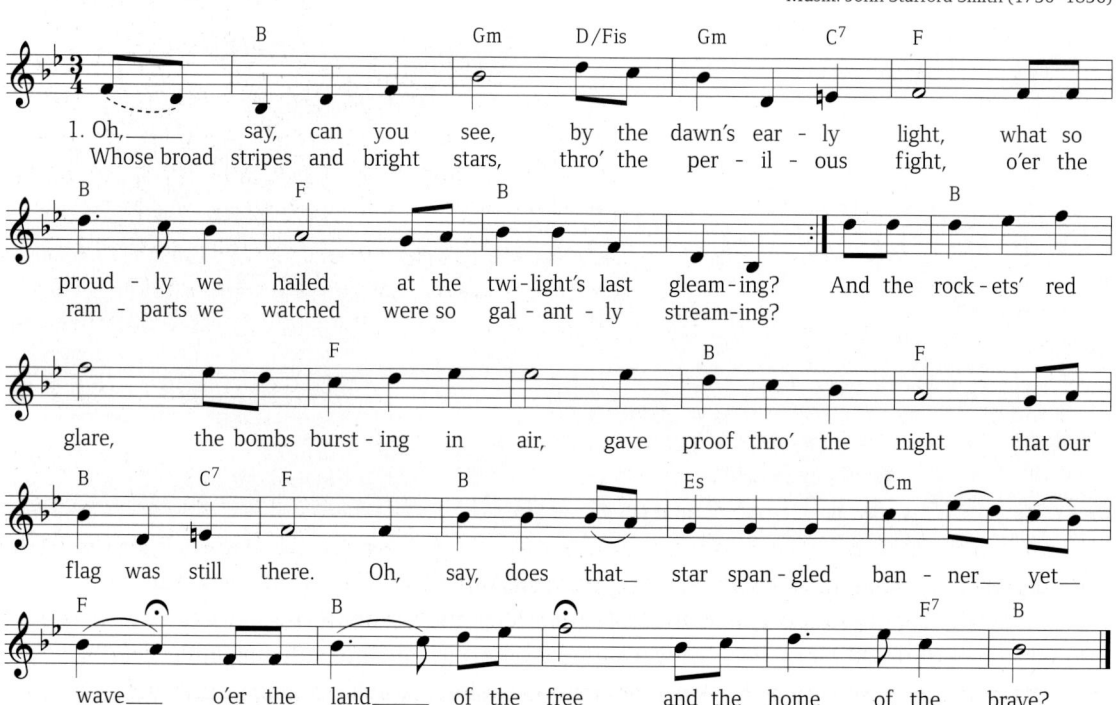

Deutsche Übersetzung:

Sagt, könnt ihr es im frühen Morgenlicht sehen, das, was wir so stolz bejubelten im letzten Abendschimmer? Dessen breite Streifen und helle Sterne wir beim erbitterten Kampf über unseren Barrikaden so stattlich wehen sahen? Und das rote Leuchten der Raketen, die Bomben, wie sie die Luft erbeben ließen, bezeugten die Nacht hindurch, dass unsere Fahne noch standhielt. Sagt, weht dieses Sternenbanner auch jetzt noch über dem Land der Freien und der Heimat der Tapferen?

Francis Scott Key war ein junger Anwalt. Von einem britischen Kriegsschiff aus beobachtete er den Angriff der Engländer am 14. September 1814 auf Fort McHenry bei Baltimore. Als er am Morgen nach den schweren Kämpfen sah, dass die amerikanische Flagge noch immer wehte, drückte er seine Erleichterung in einem Gedicht aus: The Star-Spangled Banner. Die Melodie von John Stafford Smith, eigentlich ein populäres englisches Trinklied, entstand schon um 1800.

1 a Singt die amerikanische Nationalhymne oder lest ihren Text und fasst seine Aussage mit eigenen Worten zusammen.

◉ 6|5 b Hört die Hymne mit Hilfe der Noten und beschreibt, wie sie auf euch wirkt.

Jimi Hendrix (1942–1970) war einer der experimentierfreudigsten Rock-Gitarristen und perfektionierte den Einsatz von Soundeffekten für die E-Gitarre. 1969 spielte er zum Abschluss des Woodstock-Festivals unter anderem die amerikanische Nationalhymne.

Jimi Hendrix, Woodstock, 1969

Zeitzeugen berichten, dass das Publikum regelrecht schockiert war, als Jimi Hendrix „The Star-Spangled Banner" spielte. Einer der Organisatoren des Festivals erinnert sich, dass die Zuhörer den Atem anhielten und sich die Haare rauften. So etwas habe noch niemand zuvor gehört.

2 Lest die Reaktionen der Hörer und äußert Vermutungen, wie Hendrix die Hymne gespielt haben könnte.

3 ⊚ 6|6
    a Hört die amerikanische Nationalhymne in der Version von Jimi Hendrix, lest den Notentext des Originals mit und beschreibt eure unmittelbare Reaktion.
    b Überlegt, was Hendrix mit dieser Interpretation bezweckt haben könnte.

4 Recherchiert, in welchem Rahmen er die Hymne in dieser Fassung gespielt hat, und informiert euch über die gesellschaftliche und politische Situation im Amerika der späten 1960er-Jahre.

5 ⊚ 6|6   ⊚ 6|7–12
    a Untersucht mit Hilfe des Notentextes, an welchen Stellen Jimi Hendrix die Nationalhymne verändert hat. **PH|S. 88**
    b Untersucht die Art der Veränderungen und beschreibt die Spielweise. Achtet zum Beispiel auf Verlängerungen einzelner Noten, Einschübe, Triller, gitarrenspezifische Spieltechniken und eingesetzte Effekte. Hierbei helfen euch die Hinweise im blauen Kasten.

Spieltechniken der E-Gitarre und Soundeffekte

Bending: Die Gitarrensaiten werden nach oben oder unten gezogen. Die Saitenspannung verändert sich und somit der Ton. **Rückkopplung:** Die Saiten werden vom verstärkten Schallsignal des Lautsprechers zu weiteren Schwingungen angeregt. Die **Fuzzbox** erzeugt einen verzerrten Klang mit zahlreichen Obertönen. **Divebomb** – so bezeichnet man eine besondere Obertontechnik: Der im 5. Bund der Gitarre gespielte Ton lässt sich mit dem Vibratohebel bis zur Saitenerschlaffung herunterdrücken. „Dive bomb" nennt man diesen Effekt, weil sein Klang an ein abstürzendes Flugzeug erinnert. Der **Octaver** macht es möglich, einem Ton seine Unter- oder Oberoktaven hinzuzufügen. **Wah-Wah** ist ein Effekt, der nach seinem lautmalerischen Klang benannt ist. Die Farbe des Ausgangsklanges wird mit Hilfe eines Fußpedals beeinflusst.

Protest durch Parodie

Zwei Märsche im Vergleich

Yorckscher Marsch

Ludwig van Beethoven

1809 erhoben sich die Österreicher gegen den französischen Kaiser Napoleon, der ganz Mitteleuropa erobert hatte. Im Gefühl nationaler Begeisterung schrieb Beethoven einen Marsch, der später als „Marsch des Yorckschen Korps" bekannt wurde.

1 a Hört den „Yorckschen Marsch" und beschreibt die Wirkung der Musik.
6|13 b Erklärt mit Hilfe des Notenbildes, dass es sich um einen Marsch handelt.

2 a Entwickelt eine Bewegungschoreographie, die den Rhythmus der Musik aufnimmt.
6|13 b Präsentiert eure Choreographien zur Musik, eure Mitschüler können die typischen Marschelemente auf Schlaginstrumenten hervorheben.

Mauricio Kagel wurde 1931 in Argentinien geboren. Seine Eltern, deutsch-russische Juden, waren in den 1920er-Jahren aus Russland geflohen. Kagel komponierte neben Instrumentalmusik auch Werke für das Musiktheater, für Hörspiele und Filme. In den Jahren 1978/79 schrieb er die Sammlung „Zehn Märsche, um den Sieg zu verfehlen".

„Musik kann sich in den Köpfen jener wirkungsvoll einnisten, die Sprengköpfe zu verwalten haben. Der Ausgang jedenfalls ist allseits bekannt." (Mauricio Kagel)

Mauricio Kagel (1931–2008)

Marsch 1

Mauricio Kagel

3

⊚ 6|14

a Hört den Marsch 1 von Mauricio Kagel. Marschiert im Raum zur Musik und diskutiert im Anschluss eure Erfahrungen. Inwieweit ist euch das Marschieren leicht oder schwer gefallen?

b Findet Gründe für eure Ansichten im Partiturausschnitt. Untersucht insbesondere die rhythmische Gestaltung der verschiedenen Stimmen.

4

⊚ 6|13–14

Vergleicht den „Yorckschen Marsch" von Beethoven mit dem Marsch von Kagel und notiert Gemeinsamkeiten und Unterschiede.

5

Lest die biographischen Angaben zu Mauricio Kagel und seine Aussage zur Wirkung von Musik und überlegt, was der Komponist mit diesem Marsch wohl zum Ausdruck bringen wollte.

Zwischen Reichtum und Armut

Zwei Songs unserer Zeit untersuchen und einordnen

Samy Deluxe (geboren 1977, bürgerlicher Name Samy Sorge) ist einer der erfolgreichsten deutschen Rapper. Er stammt aus Hamburg, sein Vater ist Sudanese. Samy Deluxe engagiert sich gegen Rechtsradikalismus und unterstützt Kampagnen zur Integration und zur Aids-Aufklärung. In seinen Texten geht es um gesellschaftliche und politische Missstände und soziale Ungerechtigkeit. Damit steht er in der Tradition der HipHop-Kultur, die seit den 1970er-Jahren von Los Angeles ausgehend international populär wurde und sozialkritische Texte mit Musik, aber auch mit Breakdance und Graffitis verknüpft.

Samy Deluxe, Hamburg, 2010

1 Samy Deluxe brachte 2011 einen Song mit dem Titel „Wer wird Millionär" heraus.

◉ 6|15 **a** Hört den Song und beschreibt seinen Klang. Achtet dabei auf den Umgang mit dem Text und auf die Besonderheiten der musikalischen Begleitung.

b Lest den Text zur Musik mit. Erklärt, was in dem Song angeprangert wird und um welche Verhaltensweisen und Einstellungen es geht.

c Überlegt, warum der Song den Titel „Wer wird Millionär" trägt.

2 **a** Rappt den Text der ersten Strophe zu einer eigenen rhythmischen Begleitung. Beschreibt die Besonderheiten beim Rappen gegenüber dem Singen.

◉ 6|15 **b** Hört die Aufnahme von Samy Deluxe erneut und erklärt, wie die Aussage des Textes durch die musikalische Gestaltung unterstützt wird.

3 Gestaltet eine Collage zum Song „Wer wird Millionär". Eure Arbeiten sollten das Thema „soziale Gerechtigkeit" aufgreifen.

a Hängt eure Ergebnisse im Klassenraum aus und betrachtet sie. Notiert, welche Aspekte des Themas angesprochen werden, und diskutiert die Präsentationen.

b Vergleicht eure Collagen mit dem Song. Wo findet ihr übereinstimmende, wo abweichende Ideen?

c Diskutiert, inwieweit ihr die Aussagen des Rappers teilt.

4 Hört den Song „Augen auf" des Berliner Rappers Sido. Arbeitet heraus, welche Aussage

◉ 6|16 Sido vermitteln möchte und welcher musikalischer Mittel er sich bedient. **PH** | S. 89

Samy Deluxe: Wer wird Millionär

[Intro]
Herzlich Willkommen, meine Damen und Herren
Zur beliebtesten Gameshow der Nation
„Wer wird Millionär?"

[Refrain]
Du kannst es nicht sehen
Wir komm' ein Schritt näher
Die Städte sind voll, die Taschen sind leer
Die Menschen haben's schwer
Die Welt ist nicht fair
Was kann man draus lern'?
Wir müssen mehr lern'

Du kannst es nicht sehen
Wir komm' ein Schritt näher
Die Städte sind voll, die Taschen sind leer
Die Menschen haben's schwer
Die Welt ist nicht fair
Die Frage ist: Wer wird Millionär? (wird Millionär?)

[Strophe I]
Mister Deluxe mit dem Großstadtreport (aha)
Gibt es ein Problem, bin ich sofort vor Ort (aha)
Ihr sagt Sozialstaat, ich sag nur „Blabla"
Sag mal, was ist das bloß für ein Wort?
Wie zur Hölle kann man das Gerechtigkeit nennen?
Sag mal?
Zehn Prozent geht's gut, dem Rest geht's schlecht
Aha
Und nicht nur, weil sie wenig haben
Sondern, weil die Medien sagen
Dass die Reichen besser sind und dass wir die Probleme starten
Die Leute in der Hochhaussiedlung woll'n auch'n Benz
Doch können sich den nicht leisten und fühl'n sich ausgegrenzt
Ein Viertel weiter haben die Leute sogar Zweitwagen
Kann jemand ma' Angela Merkel kurz Bescheid sagen?
Oder Günther Jauch, weil ich jemand' brauch'
Der mir hilft, mein Geld zu vermehren, denn ich geb's immer aus
Oh man, wie komm ich bloß an diese Million ran?
Ich glaub' ich meld' mich zur Show an

[Refrain]

[Strophe II]
Ehm, irgendwas läuft da falsch
Wo ist die Chancengleichheit?
Wenn das Volk immer ärmer wird und nur ihr Bonzen reich bleibt
Würden die Medien doch wenigstens mal predigen:

Was zählt ist, dass ihr in euerm Herzen, nicht auf den Konten reich seid
Doch das erzählt hier keiner
Alles hier geht um Scheine
Gleich zu Gier, Scheiß auf Wir
Jeder geht sein' Weg alleine
Kids wollen mehr Geld
Und sie lernen schnell
Dass es nicht lohnt, fair zu spielen in dieser unfairen Welt
Finden kriminelle Wege
Minimale Arbeit für den maximalen Profit
Konsequenzen stoppen gar kein' mehr
Jetzt macht ihr euch um euer Land Sorgen
Das Drama an den ganzen Standorten
Habt ihr zu verantworten
In all den Brennpunkten
Aus Spiegel-TV-Sendungen
Bei den' viele von euch leider nicht hinguckten
All die Kids, die auf der Straße häng'
Straßen-Gangs
Sind Produkte eurer Politik, wird Zeit nachzudenken
Und jetzt fangt ihr an, die Gesetze zu verschärfen
Anstatt endlich zeitgemäßere Konzepte zu entwerfen
Armut ist die Krankheit, Kriminalität das Symptom
Und die Arbeitgeber zahlen immer weniger Lohn
Wie soll das gehen, huh?
Und all die Läden werden teurer
Scheinbar ist das Leben nicht mehr lebenswert in Deutschland
Oh man, wie kommen wir endlich an die Million ran?
Komm, wir melden uns zur Show an

[Refrain]

[Bridge] (2×)
Ich brauch Scheine
Ich will Scheine
Ich krieg Scheine
Egal wie … (Wissen ist Macht)

[Strophe III]
Fakt ist, dass der Schlüssel zum Erfolg die Bildung ist
Fakt ist, dass der Preis für Bildung hier nicht billig ist
Fakt ist, dass viele abfucken, der Staat bewilligt es
Weil er sie nicht richtig unterstützt, deshalb bin ich es
Der die schlechte News überbringen muss, sinnlos
Leute hören nicht auf die Worte, nur auf den Rhythmus
Okay, dann kombinier' ich das mit 'nem Tanzschritt
Vielleicht hätt' ich so schon viel früher 'n Hit gelandet
Leute sagen: „Sam, kritisier doch mal dieses Land nicht
Wir wollen Party machen, man, spiel doch mal etwas anderes …

„Denn wovon lebt der Mensch?"

Einen Song aus den 1920er-Jahren untersuchen

Die „goldenen" 20er-Jahre des letzten Jahrhunderts:
Der wirtschaftliche Aufstieg nach dem Ersten Weltkrieg
brachte Wohlstand und ein luxuriöses Leben für die
einen, aber auch große Not für viele andere, vor allem
für Menschen, die keine oder nur schlecht bezahlte
Arbeit fanden. Die Zeichnung zeigt eine Familie, die sich
die Auslage eines Lebensmittelladens nur von außen
anschauen kann.
In dieser Zeit großer Not und sozialer Spannungen
ergriffen viele Künstler Partei, neben anderen Bertolt
Brecht und Kurt Weill: Gemeinsam schufen sie die
„Dreigroschenoper", die die sozialen Missstände mit
den Mitteln der damaligen Unterhaltungsmusik auf
die Bühne brachte.

George Grosz (1893-1959): Hunger, 1924

1 Hört das Finale aus der Dreigroschenoper „Denn wovon lebt der Mensch?"

6|17 **a** Beschreibt, wie die Musik klingt und woran sie euch erinnert.

b Findet heraus, wie Brecht die im Titel gestellte Frage beantwortet. Welche Gründe
führt er für Not und Elend an?

c Überlegt, ob ihr die Ansichten von Bertolt Brecht teilen könnt, und vergleicht
seine Auffassung mit euren Erfahrungen. Nutzt auch aktuelle Berichte zu diesem Thema.

2 Untersucht, wie die musikalische Gestaltung den Text unterstützt.

6|17 **a** Beschreibt die Vortragsweise des Sängers und vergleicht sie mit anderen Aufnahmen
von Operngesang.

b Sprecht den Text im Rhythmus des Songs und vergleicht diesen Vortrag mit der
natürlichen sinngemäßen Sprechweise.

c Beschreibt die instrumentale Begleitung und informiert euch über die Bezeichnung „Foxtrot".

3 Vergleicht den Song „Denn wovon lebt der Mensch?" mit „Wer wird Millionär"
im Hinblick auf das Verhältnis von Musik und Text. Nutzt dazu auch die Informationen
im blauen Kasten.

4 Diskutiert, welcher der beiden Songs sich besser für einen der folgenden Anlässe eignen würde:

a eine Demonstration gegen Kinderarmut,

b ein Theaterstück über einen Arbeitslosen,

c eine Fernsehreportage über ein Obdachlosenheim,

d eine Podiumsdiskussion mit Politikern zum Thema Sozialhilfe.

Denn wovon lebt der Mensch? – Refrain

Text: Bertolt Brecht; Musik: Kurt Weill

Denn wo-von lebt der Mensch? In-dem er stünd-lich den Men-schen pei-nigt, aus-zieht, an-fällt, ab-würgt und frisst. Nur da-durch lebt der Mensch, dass er so gründ-lich ver-ges-sen kann, dass er ein Mensch doch ist! Ihr ...

Strophe:

Ihr Herrn, die ihr uns lehrt, wie man brav leben
und Sünd' und Missetat vermeiden kann,
zuerst müsst ihr uns was zu fressen geben,
dann könnt ihr reden, damit fängt es an.

Ihr, die ihr euren Wanst und unsre Bravheit liebt,
das eine wisset ein für allemal, wie ihr es immer dreht,
und wie ihr's immer schiebt,
erst kommt das Fressen, dann kommt die Moral.
Erst muss es möglich sein auch armen Leuten,
vom großen Brotlaib sich ihr Teil zu schneiden.

Stellungnahme durch Musik

Der Dramatiker Bertolt Brecht (1898–1956) und der Komponist Kurt Weill (1900–1950) entwickelten gemeinsam Überlegungen zur Rolle der Musik bei der Vermittlung sozialkritischer oder politischer Aussagen. Für Brecht und Weill sollte das Publikum durch die musikalische Gestaltung eines Songs zwar unterhalten werden, aber so, dass die Aufmerksamkeit nicht von der kritischen Aussage des Textes abgelenkt wurde. Kurt Weill forderte in seinen Äußerungen einen Zuschauer, „der in der ruhigen Haltung eines denkenden Menschen den Vorgängen folgt und der, da er ja denken will, eine Beanspruchung seiner Genussnerven als Störung empfinden muss." Auf diese Weise sollte das Publikum in die Lage versetzt werden, sich mit den dargestellten Widersprüchen und Problemen auseinanderzusetzen, Missstände zu durchschauen und politische Veränderungen anzustreben.
In Brechts Worten kam der Musik damit die Aufgabe zu, „sozusagen zur Schmutzaufwirblerin, Provokateurin und Denunziantin" zu werden.

Unterrichtsprojekt

Vorschlag 1: Einen eigenen Protestsong komponieren

Ihr habt in diesem Kapitel verschiedene Formen des musikalischen Protestes kennengelernt.
Jetzt seid ihr an der Reihe, eine Angelegenheit, die euch stört, musikalisch zur Sprache zu bringen.

1 Überlegt, zu welchem Thema ihr euch kritisch äußern möchtet.

2 Berücksichtigt, welche Instrumente und welche technischen Mittel ihr für eure Komposition
zur Verfügung habt. Entscheidet daraufhin, ob ihr einen Song komponiert, einen Rap
textet und aufnehmt, eine bestehende Komposition verfremdet oder einen musikalischen Stil
parodieren wollt.

3 Orientiert euch an den Musikstücken, die ihr im Verlauf dieses Kapitels kennengelernt habt,
und nehmt sie als Anregung für eure eigene Komposition.

Wenn ihr euch für einen Song entscheidet, sind folgende Teilschritte sinnvoll:
- Verfasst einen Gedichttext, der eure Absichten ausdrückt. Unterscheidet dabei
  zwischen einzelnen Strophen und einem wiederkehrenden Refrain.
- Legt eine Akkordfolge fest und probiert mögliche Melodien und Rhythmen aus.
- Passt Text und Melodie einander an, sodass sprachliche und musikalische Betonungen
  eine Einheit bilden.

Wenn ihr euch für einen Rap entscheidet, solltet ihr Folgendes bedenken:
- Verfasst nach dem Vorbild von „Wer wird Millionär" einen Text in mehreren Sinnabschnitten,
  der eure Absichten ausdrückt, und ergänzt einen kurzen Refrain mit einer zentralen Aussage.
- Erstellt eine Breakbeat-Aufnahme, mit der ihr euren Rap unterlegt. Kombiniert dazu
  aufgenommene Sounds mit einem durchgehenden Beat, zum Beispiel mit Hilfe eines
  Computerprogramms.
- Übt das ausdrucksvolle rhythmische Sprechen eures Textes zur Breakbeat-Aufnahme.
  Achtet dabei auf passende Betonungen und vielfältige Rhythmen.

Wenn ihr eine Komposition verfremden oder einen musikalischen Stil parodieren möchtet,
müsst ihr unter anderem diese Aspekte im Blick haben:
- Wählt eine Vorlage aus, zu der sich eine kritische Haltung vermitteln lässt. Ihr könnt
  zum Beispiel die Aussage eines Liedtextes in ihr Gegenteil verkehren, einen Militärmarsch
  zum Stolpern bringen oder den Inhalt einer Nationalhymne kritisch kommentieren.
- Wählt musikalische Gestaltungsmittel aus, die ihr verfremden oder durch Übertreibung
  parodieren könnt. Dazu eignen sich zum Beispiel Melodie, Rhythmus und Tongeschlecht
  der Vorlage, aber auch Tempo und Taktart. Auch die Wahl der Besetzung kann verfremdend
  wirken.
- Erprobt die Wirkung eurer Veränderungen und überprüft, ob die neue musikalische Gestalt
  eure Absichten eindeutig vermittelt.

4 Präsentiert die Ergebnisse in eurer Klasse und teilt euch gegenseitig eure Eindrücke mit.

5 **a** Vergleicht die Themen, die ihr beanstandet habt, und die Art und Weise eurer Kritik.
  b Diskutiert die Wirksamkeit eurer Protestmusik und formuliert Tipps, anhand derer ihr eure
   Kompositionen noch verbessern könnt.

Vorschlag 2: Eine musikalische Ausstellung organisieren

In vielen Ländern der Erde gibt es Künstler, die gegen Missstände protestieren und ihre Stimme
für eine bestimmte Sache erheben. Manche von ihnen werden sogar wegen ihres Einsatzes gegen
Unrecht, Diskriminierung und Unterdrückung ihrerseits verfolgt und angefeindet. Organisiert
eine musikalische Ausstellung in eurer Schule, in der ihr solche Künstler und ihr Werk vorstellt und
so die Zusammenhänge zwischen musikalischem Protest und politischen oder sozialen Problemen
deutlich macht. Hierzu könnt ihr die Impulse aus diesem Kapitel nutzen oder andere Themenbereiche
recherchieren. Dabei könnt ihr sowohl in die Vergangenheit als auch in die Gegenwart blicken.

1 Überlegt, mit welcher Künstlerpersönlichkeit ihr euch befassen möchtet, und sammelt
⊚ 6|18 Informationen über ihr Leben und ihre Arbeit. Beachtet, dass der Schwerpunkt eurer Aus-
 stellung auf der Musik liegen muss.   **PH|S. 90**
 Folgende Fragen können euch dabei helfen:
 – Wodurch ist die Person besonders bekannt geworden?
 – Welches Anliegen vertritt sie, für welche Sache setzt sie sich ein?
 – Wie bringt sie ihr Anliegen durch ihre Musik, durch öffentliche Auftritte oder besondere
   Aktionen zum Ausdruck?
 – Inwieweit war sie erfolgreich mit ihrem Protest? Auf welche Widerstände ist sie gestoßen?

2 Diskutiert, wie ihr euer Thema für die Besucher der Ausstellung interessant gestalten könnt,
 und beachtet die räumlichen und technischen Möglichkeiten, die euch zur Verfügung stehen.
 Berücksichtigt, dass bei eurer Ausstellung die Musik im Vordergrund stehen muss. Ihr könnt
 zum Beispiel Videos von Auftritten zeigen, Hörproben abspielen oder selbst Musik aufführen,
 außerdem Collagen gestalten, Bilder und Fotos präsentieren, Zitate einbeziehen und auf
 die Künstlerbiographie eingehen.

3 Organisiert die Ausstellung an einem gut zugänglichen Ort innerhalb eurer Schule und
 möglichst zu einem Zeitpunkt, an dem viele Gäste in der Schule sind. Sucht mit den
 Besuchern der Ausstellung das Gespräch und findet heraus, welche Situationen sie erlebt
 haben, in denen mit Musik gegen Missstände protestiert wurde. Inwiefern wurden sie
 selbst schon durch Musik zu Protest und Kritik angeregt?

8.2

In diesem Kapitel …
– lernt ihr Musik aus unterschiedlichen Zeiten kennen, in der es um die Sehnsucht nach Frieden geht,
– musiziert ihr mit Stimme und Instrumenten,
– vergleicht ihr Musik zu einem gemeinsamen Thema,
– bereitet ihr ein Offenes Singen zum Thema „Friedenssehnsucht gestern und heute" vor.

„Es ist eine große Ehre, dass die Europäische Union den Friedensnobelpreis erhält. Dieser Nobelpreis ist eine Auszeichnung für alle Bürgerinnen und Bürger der Europäischen Union. Wir im Europäischen Parlament sind zutiefst berührt. Die Europäische Union hat unseren Kontinent friedlich vereint und aus ehemaligen Erzfeinden Freunde gemacht. Diese historische Leistung ist zu Recht preiswürdig." (Martin Schulz)

Die Sehnsucht nach Frieden

Vokalmusik musizieren und einordnen

1. Teilt einander mit, was ihr über die abgebildeten Symbole wisst, und recherchiert den Hintergrund des abgedruckten Zitats.

2. Informiert euch über kriegerische Auseinandersetzungen, von denen zurzeit im Fernsehen, im Internet oder in anderen Medien berichtet wird.

3. Sammelt Musikstücke und Songs, in denen es um Krieg und Frieden geht. Welche Aussagen, Ansichten oder Stellungnahmen könnt ihr darin erkennen?

Frieden für alle Menschen

Zwei Popsongs singen und begleiten

Peace train

Text und Musik: Cat Stevens / Yusuf Islam (*1948)

C G C F C F

1. Now I've been hap - py late - ly, think-in' a-bout the good things to come,
I've been smil - ing late - ly, dream-in' a-bout the world___ as one,

G Am F G F

and I___ be-lieve it could be,___ some-thing good has be gun. 2. Oh
some day it's___ going to come. 'Cause

C G C F C F

out on___ the edge of dark-ness there rides a peace train. Oh
peace train___ sound - ing loud-er, glide on___ the peace train.

G Am F G F

peace train take___ this coun-try, come, take_ me home a-gain. Now
(instrumental) come on,_ the peace train. Yes

C G C F C F

I've been smil - ing late-ly, think-in' a - bout the good things_ to come,
peace train ho - ly rol - ler, ev - 'ry-one jump up-on the peace train,

G Am F G 1.F 2.C

and I___ be - lieve___ it could be, some-thing good has be-gun.
come on_ the peace_ train. Hey!___ Yes, it's the peace train.

Rhythmuspattern

Claves

Guiro

Congas

Gitarrenakkorde

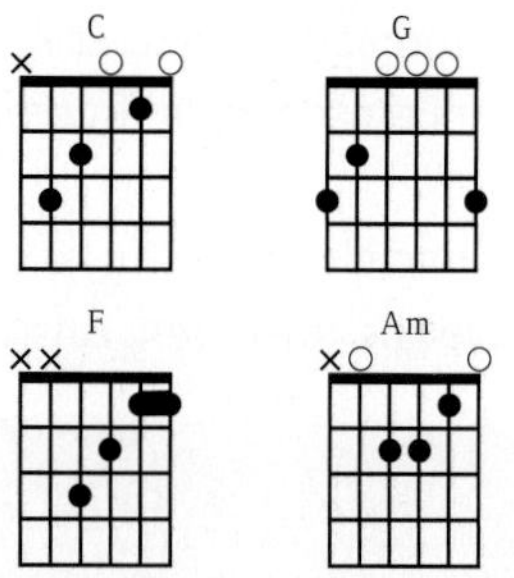

C G

F Am

Cat Stevens wurde als Steven Demetre Georgiou 1948 in London geboren. Seine Mutter stammte aus Schweden, sein Vater aus Zypern. In den 1970er-Jahren war Cat Stevens als Sänger und Songwriter international sehr erfolgreich. Nach einem schweren Badeunfall wandte er sich dem Islam zu, änderte seinen Namen in Yusuf Islam und trat von 1979 bis 1995 nicht mehr öffentlich auf. Erst 2006 brachte er wieder ein Album mit neuen Liedern heraus.

Yusuf Islam setzt sich seit vielen Jahren für die Opfer von Kriegen und Naturkatastrophen ein und wirkte häufig bei Benefizkonzerten mit. Für dieses Engagement wurde er mehrfach ausgezeichnet.

Steven Georgiou als Cat Stevens, 1971,

1 a Sprecht den Songtext im notierten Rhythmus und studiert die Melodie ein. Nutzt dabei die Claves-Stimme aus dem Rhythmuspattern zur Begleitung.

b Übersetzt den Text und erklärt die Bedeutung des Songtitels.

2 Begleitet den Song mit Hilfe des Rhythmuspatterns und der Bass-Stimme und spielt die Begleitakkorde hinzu.

3 Beschreibt die Wirkung, die von dem Song ausgeht, und stellt einen Zusammenhang mit dem Textinhalt her. Dabei hilft euch die Originalaufnahme.

◉ 6|19

… und als Yusuf Islam, 2006

Bass-Stimme

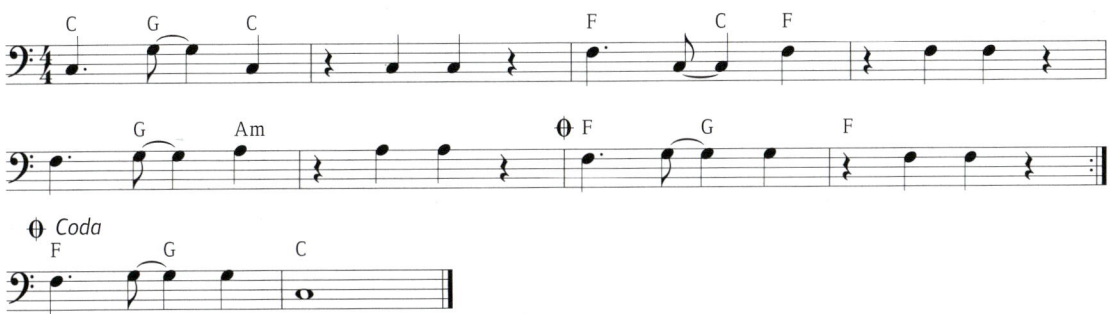

Zwei Popsongs singen und begleiten

John Lennon (1940-1980) gehörte in den 1960er-Jahren zu den Beatles. Nach der Auflösung der Band im Jahr 1970 war er auch als Solokünstler erfolgreich. Er engagierte sich politisch für den Frieden und trat gegen weltanschauliche Intoleranz und Aus-

grenzung ein. 1980 wurde er vor seiner New Yorker Wohnung Opfer eines Mordanschlags. Seine Witwe, die Künstlerin Yoko Ono, ließ dort einen kleinen Park anlegen, in dessen Mitte ein Gedenkstein an John Lennon erinnert. Der Song „Imagine" entstand 1971 und wurde Lennons populärste Solokomposition. Unter anderem wurde der Song 2012 bei der Abschlussfeier der Olympischen Spiele in London gespielt.

Imagine

Text und Musik: John Lennon

3. Imagine no possessions, I wonder if you can.

4
a Singt den Song und übersetzt den Text.
b „Imagine" heißt „Stell dir vor ...".
Erklärt, warum man sich beim Singen
die im Text genannten Dinge vorstellen
soll und was damit beabsichtigt sein
könnte.

5
a Hört euch eine Aufnahme des
⊚ 6|20 Songs an und achtet auf die notierten
Begleitpatterns.
b Begleitet den Song mit Instrumenten.
Ordnet die Patterns A–C entspre-
chend zu. **PH|S. 92**

6 Den Titel des Songs wählte Yoko Ono als
Inschrift des Gedenksteins für John Lennon (Foto).
Überlegt, warum sie sich so entschieden haben könnte.

7 Vergleicht Text und Musik von „Imagine" und „Peace train" und erläutert
⊚ 6|19–20 Gemeinsamkeiten und Unterschiede.

Begleitpatterns

Bass-Stimme

Die Bitte um Frieden

Geistliche Musik musizieren und vergleichen

Felix Mendelssohn Bartholdy (1809-1847) komponierte zahlreiche Stücke für Chor und Solostimmen. Im Jahr 1831 entstand die Choralkantate „Verleih uns Frieden gnädiglich". Die deutsche Textübertragung dieses ursprünglich lateinischen Gesangs stammt von Martin Luther (1483-1546) und ist auch heute noch sehr verbreitet. In Mendelssohns Vertonung steht eine wiederkehrende Melodie im Mittelpunkt, durch die der musikalische Verlauf gegliedert wird.

Wilhelm Hensel (1794-1861): Felix Mendelssohn Bartholdy, 1847

Choralkantate „Verleih uns Frieden gnädiglich", Chorabschnitte 1-3

1 Singt die Melodie in eurer natürlichen Stimmlage.

2 **a** Hört die Aufnahme. Verfolgt dabei das Notenbild mit und beschreibt den Aufbau der Musik.

◉ 6|21 **b** Untersucht, wie im letzten Abschnitt mit der abgedruckten Choralmelodie verfahren wird.

3 Erläutert die Wirkung der Musik als Friedensbitte. Nennt musikalische Merkmale, die diese Wirkung erzeugen.

Kantate und Motette

Seit dem 17. Jahrhundert werden in der Kunstmusik unterschiedliche Formen von Vokalmusik mit eigenen Begriffen benannt: **Kantate** (von *lateinisch* cantare = singen) bezeichnet allgemein ein ein- oder mehrstimmiges Gesangsstück mit Instrumentalbegleitung. Die Besetzung und die Anzahl der Sätze sind nicht festgelegt, häufig wechseln sich Solo- und Chorgesang ab. Die **Motette** enthält in der Regel keine eigenständige Instrumentalbegleitung. Typisch für diese Form ist, dass der Text in seinen einzelnen Sinneinheiten vertont wird. Dazu wird die Textvorlage in Abschnitte unterteilt, deren Inhalte durch passende musikalische Mittel ausgedeutet werden. Häufig werden einzelne zentrale Worte besonders ausgestaltet, zum Beispiel durch *musikalisch-rhetorische* Bewegungs- oder Ausdrucksfiguren. ▶ Kapitel 1.2

Die religiöse Friedensbitte steht häufig in Zusammenhang mit aktuellen kriegerischen Ereignissen, die die Menschen ganz unmittelbar bedrohen. Im 17. Jahrhundert war es der Dreißigjährige Krieg, durch den Europa in weiten Teilen verwüstet wurde. Etwa zwei Drittel der Bevölkerung im damaligen Deutschland starben durch Kriegszüge, bei Belagerungen und Plünderungen oder an Unterernährung und Seuchen. Im letzten Kriegsjahr 1648 vertonte Heinrich Schütz (1585–1672) „Verleih uns Frieden" als Motette für fünfstimmigen Chor.

Christoph Spetner:
Heinrich Schütz, 1661

Heinrich Schütz

Motette „Verleih uns Frieden"

Takt 1–6

Takt 38–39

4 **a** Hört die Motette und verfolgt den Text mit. Benennt Gemeinsamkeiten und Unterschiede
⊚ 6|22   gegenüber Mendelssohns Vertonung.
   b Lest die Informationen im blauen Kasten und überprüft sie anhand der Aufnahme dieser
       Motette.

5 Beschreibt mit Hilfe des Notenbildes, wie der Anfang der Motette gestaltet ist, und vergleicht
   ihn mit der Gestaltung in Takt 38–39.

6 Untersucht einzelne Abschnitte genauer. Wählt dazu einen Parameter aus,
⊚ 6|22 auf den ihr euch besonders konzentrieren wollt, zum Beispiel den Rhythmus,
   den Melodieverlauf oder die Tonlage.

7 Schütz' Motette wurde auch anlässlich der Wiedereinweihung der Dresdner Frauenkirche im Jahr 2005 aufgeführt, nachdem diese im Zweiten Weltkrieg fast völlig zerstört worden war.
   a Informiert euch über die Geschichte der Zerstörung und des Wiederaufbaus der Frauenkirche.
   b Diskutiert, was dafür und was dagegen spricht, Schütz' Komposition zu diesem Anlass aufzuführen.

Ruine der Frauenkirche, Dresden, 1957

Bilder vom Krieg – Bilder vom Frieden

Songs als politische Stellungnahme einordnen

Der Song „The universal soldier" wurde in den 1960er Jahren von der indianisch-stämmigen, kanadischen Musikerin Beverly „Buffy" Sainte-Marie (*1941) komponiert, die sich auch politisch und sozial engagierte. In Europa wurde er durch den schottischen Sänger und Songwriter Donovan (*1946) bekannt gemacht.

The universal soldier

Text und Musik: Buffy Sainte-Marie

1. Strophe:
He is five feet two, and he's six feet four,
he fights with missiles and with spears.
He is all of thirty-one, and he's only seventeen.
He's been a soldier for a thousand years.
He's a Catholic, a Hindu, an Atheist, a Jain,
a Buddhist and a Baptist and a Jew.
And he knows, he shouldn't kill
and he knows he always will,
kill for me my friend and I will kill for you.

Schlussteil:
He's the universal soldier and he really is to blame,
his orders come from far away, no more.
They come from here and there, and you and me,
and brothers, can't you see,
this is not the way to put an end to war.

Worterklärungen:
feet: amerikanisches Längenmaß (1 foot entspricht etwa 30 cm)
thirty-one: hier als Altersangabe zu verstehen
Jain: Anhänger des Jainismus, einer in Indien entstandenen Religion

Ostinate Bass-Stimme und Begleitakkorde

1 a Lest den Text der ersten Strophe und erklärt, worum es darin geht.
⦿ 6|23 b Hört den Anfang des Songs und prägt euch den Melodieverlauf ein.
c Singt die Melodie des Songs anhand der ersten Strophe nach.

2 Studiert die ostinate Bass-Stimme und die Begleitakkorde mit euren Instrumenten ein und musiziert den Song mit Gesang und Begleitung. **PH|S. 93**

3 Übersetzt den Schlussteil und erklärt, wofür der „universal soldier" sinnbildlich steht.

4 a Hört den Schluss der Aufnahme und beschreibt, welche musikalischen Veränderungen
⦿ 6|23 der Sänger vornimmt.
b Erläutert, wie diese Veränderungen mit dem Inhalt des Textes zusammenhängen.

5 Der Song verzichtet am Schluss auf den zur Tonart passenden Schlussakkord C-Dur. Erklärt, welche Gründe dafür denkbar sind.

Zur Zeit des Irakkriegs 2003 schrieb der amerikanische Rocksänger Lenny Kravitz den Song „We want peace" und nahm ihn zusammen mit dem irakischen Popsänger Kadim al Sahir, dem palästinensischen Gitarristen Simon Schaheen und dem libanesischen Percussionisten James Haddes auf. Kravitz berichtet, es habe viele aggressive, hasserfüllte Reaktionen gegeben. Offenbar hätten viele Leute ein Problem damit gehabt, dass ein Iraker bei dem Stück mitwirkt. 2004 wurde der Song anlässlich der Olympischen Spiele in Athen neu aufgenommen, Kadim al Sahir sang in dieser Fassung in arabischer Sprache.

Der irakische Sänger Kadim al Sahir

We want peace

Text und Musik: Lenny Kravitz (*1964)

Come on people
It's time to get together
It's time for the revolution!

Refrain:
We want peace
We want it yes
We want peace
We want it yes
We want peace
And we want it fast
Do, do do do do do do…

1. Here it is once again in our face,
   why haven't we learned from our past?
   We're at the crossroads of the human race,
   why are we kicking our own ass?

2. We're on the eve of destruction my friends,
   we are about to go too far.
   Politicians think that war is the way,
   but we know that love has the power.

3. The solution is simple and plain,
   there won't be peace if we don't try.
   In a war there is nothing to gain
   when so many people will die.

6 Beschreibt den Aufbau des Songs und erklärt, woran ihr erkennt, dass Musiker aus
⊚ 6|24 verschiedenen Ländern mitgewirkt haben.

7 **a** Recherchiert die Entstehung und Verbreitung des Songs und teilt euch die Ergebnisse gegenseitig mit.
b Sucht im Internet das Video „We want peace" von Lenny Kravitz und verfolgt beim Hören den Text mit. Schlagt unbekannte Begriffe in einem Wörterbuch nach.

8 Musiziert den Song mit Gesang und Instrumenten. Nutzt dazu den abgedruckten Gitarren-Riff mit seiner Akkordfolge. **PH|S. 93**

9 Vergleicht die beiden Songs „The universal soldier" und „We want peace".
Erläutert, wie in Text und Musik jeweils zur Überwindung von Gewalt und Krieg aufgerufen wird.

Gitarren-Riff

Friedensschluss und Versöhnung

*Guillaume Dufay
mit Gilles Binchois, 1441/42*

Eine Friedenshymne aus dem 15. Jahrhundert musizieren, untersuchen ...

Guillaume Dufay wurde um 1397 bei Brüssel geboren. Er komponierte weltliche und geistliche Vokalmusik und begründete einen neuen Stil, der auf größere Klangfülle und leichtere Singbarkeit der Einzelstimmen ausgerichtet war. Dazu nutzte Dufay die damals noch ungebräuchlichen Terzen und Sexten für mehrstimmige Zusammenklänge. In seiner Motette „Supremum est mortalibus bonum" wird der Frieden als „höchstes Gut für die Sterblichen" gepriesen.

Supremum est (Anfang)   Guillaume Dufay (um 1397–1474)

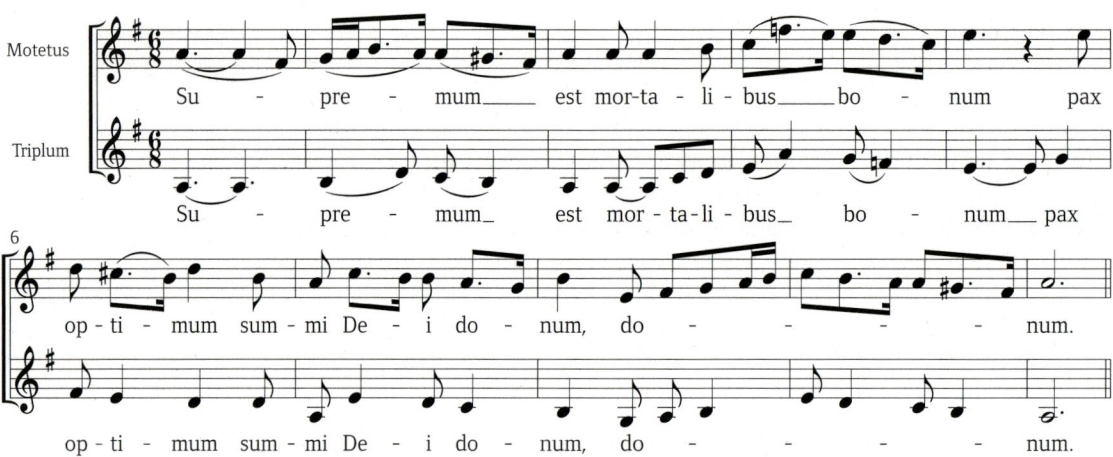

1 Hört und singt mit Hilfe des Notenbildes den Anfang der Komposition.

⊚ 6|25

2 Hört einen längeren Ausschnitt aus der Motette und beschreibt Besonderheiten der Gestaltung.

⊚ 6|25

3 Die mittlere Stimme ist nicht abgedruckt, sie wurde zu Dufays Zeit improvisiert. Findet anhand der Informationen im blauen Kasten heraus, wie diese Stimme klingen muss. **PH**|S. 94

Improvisierte Mehrstimmigkeit: Fauxbourdon

In der improvisierten Mehrstimmigkeit werden beim Musizieren eine oder mehrere Stimmen nach bekannten Regeln ohne Notation ergänzt. Ein sehr altes Beispiel ist der aus England stammende **Fauxbourdon**, bei dem ein zweistimmiger, aus Sexten und Oktaven bestehender Satz durch eine rhythmisch angepasste Mittelstimme zu jeweils vollständigen Dreiklängen oder Klängen aus Oktave und Quinte ergänzt wird.

Ober- und Unterstimme

Fauxbourdon

... und historisch einordnen

Als Mitglied der päpstlichen Kapelle erlebte Dufay am 5. April 1433 in Rom die Kaiser-krönung des Königs Sigismund durch Papst Eugen IV. Mit diesem Ereignis wurden die jahrelangen Auseinandersetzungen zwischen den beiden damals mächtigsten Herrschern Europas beendet. Die Motette „Supremum est mortalibus bonum" ist zur Feier dieser histo-rischen Begegnung entstanden. Dies erkennt man auch daran, dass am Schluss der Kompo-sition die beiden Namen genannt werden: „Eugenius et Rex (und König) Sigismundus".

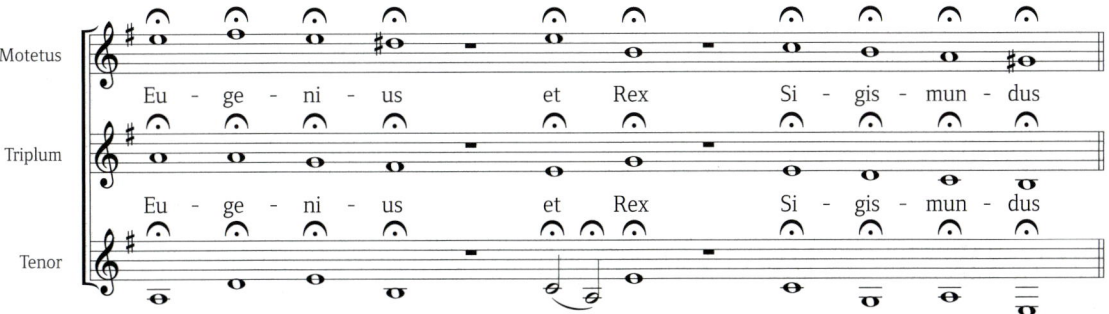

4 Beschreibt das Notenbild und benennt Auffälligkeiten.

5 Hört den Schlussteil der Motette. Achtet auf die Vertonung der abgedruckten Stelle und
⊚ 6|26 beschreibt ihre Wirkung.

6 Erläutert mit Hilfe der Informationen im blauen Kasten den Sinn dieser musikalischen Gestaltung.

7 Im Text wird der Frieden in zahlreichen Bildern beschrieben. So heißt es an einer Stelle: „Im Frieden waltet wahrhaft Gesetz und Beständigkeit des Rechtschaffenen, im Frieden ist frei und fröhlich der Tag und ruhigen Schlummer bringt die Nacht."
a Erklärt, welche Bedeutung die Begegnung der beiden Herrscher für die Menschen damals gehabt hat.
b Überlegt, welche Absichten ihr hinter dieser Komposition erkennen könnt.
c Haltet ihr es für möglich, dass sich politische Entscheidungen durch Musik beeinflussen lassen? Begründet eure Meinung.

Fermate und Corona

Die italienische Bezeichnung für die Fermate lautet **corona** (Krone). Das früher gebräuchliche Zeichen erinnert in der Tat an die Form einer Krone: In der mehrstimmi-gen Musik seit dem 15. Jahrhundert wurde die corona nicht nur zur rhythmisch freien Verlängerung von Notenwerten eingesetzt (▶ Kapitel 2.2, S. 56). Mit Hilfe dieses Zei-chens wurden auch *homophone*, also rhythmisch gleichartige Klangfolgen optisch hervorgehoben, durch die besonders wichtige Textstellen in allen Stimmen betont werden sollten.

Unterrichtsprojekt

Offenes Singen zum Thema „Friedenssehnsucht gestern und heute"

Mit Hilfe der hier gesammelten Lieder, Songs und Chorstücke könnt ihr ein Offenes Singen organisieren und veranstalten, zum Beispiel beim Schul- oder Klassenfest, aber auch an einem öffentlichen Gedenktag. Bei einem Offenen Singen geht es darum, das Publikum mit einzubeziehen und zum gemeinsamen Singen anzuregen. Es ist also keine Konzertveranstaltung. Allerdings muss auch ein Offenes Singen gut vorbereitet werden, damit sich die Besucher zutrauen, selbst aktiv zu werden.

1 Sammelt Vorschläge zur Liedauswahl. Beachtet dabei, dass möglichst unterschiedliche Stile und Formen vertreten sein sollten, also Popsongs, Volkslieder, Kanons und vielleicht sogar mehrstimmige Chorsätze.

2 Bildet mehrere Teams, die unterschiedliche Aufgaben übernehmen, zum Beispiel:
- Sammlung und Recherche
- Organisation und Vorbereitung
- Gestaltung eines Liedheftes
- Werbung
- Moderation der Veranstaltung

> Die Einordnung in unterschiedliche Themenbereiche kann helfen, die ausgewählten Lieder zu ordnen, zum Beispiel:
> - Friedenswünsche, Friedensbitten, Friedenshoffnung
> - Lieder gegen Gewalt, historische Anti-Kriegslieder, Lieder der Friedensbewegung
> - Volkslieder, populäre Songs, Spirituals und Gospels, geistliche Musik

3 Studiert die ausgewählten Stücke so ein, dass ihr sie sicher vortragen könnt, um auch andere zum Mitsingen zu motivieren. Dabei sollte es bei jedem Beitrag eine Person geben, die die Aufführung leitet und dem Publikum erklärt, was es zu tun hat.

4 **a** Entscheidet bei jedem Stück, welche Abschnitte das Publikum mitsingen soll, zum Beispiel:
- nur Refrain/Chorus
- Strophen/Verse im Wechsel mit Solisten oder einer Vorsängergruppe
- Stimmen im Kanon
- ostinate Phrasen

b Überlegt, ob es neben dem Singen noch weitere Formen des Mitmachens geben könnte, zum Beispiel:
- einen Rhythmus mitklatschen
- sich gemeinsam zur Musik bewegen
- Zwischenrufe oder gesprochene Texte einbauen

Aufgaben und Hinweise zur Vorbereitung und Ausgestaltung der Veranstaltung:

Sammlung und Recherche
Diese Gruppe stellt die Noten zusammen und informiert sich über die Geschichte und die Bedeutung der Songs. Sie kümmert sich bei fremdsprachigen Texten um eine Übersetzung.

Organisation und Vorbereitung
In dieser Gruppe muss geklärt werden, wo und wann die Veranstaltung stattfinden kann. Außerdem muss die Gruppe sich um die Vorbereitung des Raumes kümmern, sodass Instrumente, Notenpulte und genügend Sitzplätze vorhanden sind.

Gestaltung eines Liedheftes
Ein ansprechendes Liedheft begleitet die Veranstaltung. Es enthält neben Melodien und Texten zu allen Strophen auch kurze Informationstexte zum Hintergrund der Stücke sowie bei fremdsprachigen Texten zum Inhalt.

Werbung
Die Gruppe gestaltet ein Werbeplakat, das gut sichtbar ausgehängt wird, sowie ein Einladungsschreiben oder einen Flyer und kümmert sich um deren Verteilung an Interessierte. Auch über die Schulhomepage kann wirkungsvoll geworben werden.

Moderation der Veranstaltung
Die Mitglieder dieser Gruppe führen durch das Programm. Dazu sagen sie die einzelnen Titel an und geben Hinweise zum Inhalt. Auch die Begrüßung und Verabschiedung des Publikums gehört zu ihren Aufgaben.

Weitere Lieder zum Thema Frieden findet ihr in Liederbüchern oder im Internet, aber auch in anderen Kapiteln dieses Buches, zum Beispiel:
– We shall overcome (► Kapitel 8.1)

Auch im Musikbuch 1 sind passende Beispiele enthalten, so etwa:
– Shalom chaverim
– Es geht ein dunkle Wolk' herein
– B. Dylan: Blowin' in the wind
– Down by the riverside
– Da pacem, Domine

Links: Craig Armstrong, Komponist der Filmmusik zu „Romeo und Julia"
Rechts: Filmplakat zu „William Shakespeares Romeo + Juliet", USA, 1996

In diesem Kapitel …
– untersucht ihr anhand der
  Verfilmung von „Romeo und Julia"
  zahlreiche Möglichkeiten, Musik
  im Film einzusetzen,
– lernt ihr die Arbeit einer Filmmusik-
  komponistin kennen,
– gestaltet ihr Filmmusik selbst.

Mit den Ohren sehen
Filmmusik untersuchen und gestalten

„Das dem Stück zugrunde liegende Thema – die Tragik, die in einer Welt voller Hass aus einer verbotenen Liebe entsteht – gehört zu jenen Mythen, die uns alle tief im Innersten berühren. […] Was wir versucht haben, war, diesen Film so wild, verführerisch, unbarmherzig und unterhaltsam zu drehen, wie Shakespeare es getan hätte, wenn er Filmemacher gewesen wäre." (Baz Luhrmann, Regisseur)

1 **a** Beschreibt das Filmplakat aus dem Jahre 1996. Achtet auch auf die Darstellung der Personen, die verwendeten Farben und die grafische Gestaltung.
 b Erklärt, welche Erwartungen das Plakat weckt und was es über den Inhalt des Films erzählt.

2 **a** Informiert euch über den Dichter William Shakespeare und sein Drama „Romeo und Julia".
 b Lest das Zitat und erklärt, was der Regisseur damit meinen könnte.

3 **a** Entwickelt Ideen für eine passende Vorspannmusik oder sucht nach geeigneten Musikstücken. Begründet eure Entscheidungen und tauscht euch über die Wirkung der Musik aus.
 b Überlegt, was die Fotos des Komponisten Craig Armstrong, geboren 1959, über seine Musik aussagen.

Erwartungen wecken

„O Verona" beschreiben und musizieren

Die meisten Filme beginnen mit einem Vorspann, der auf den Filminhalt einstimmen will und zumeist mit Musik unterlegt ist. Der Charakter dieser Musik entscheidet bereits darüber, mit welcher Einstellung wir den Film wahrnehmen. Die Musik des Vorspanns ist außerdem die „Visitenkarte" des Filmkomponisten, denn hier hört das Publikum besonders genau auf die Musik.

1 Hört die Vorspannmusik und tauscht euch darüber aus, welche Erwartungen durch
◎ 6|27 diese Musik für den weiteren Film geweckt werden.

2 Musiziert das Stück „O Verona" aus dem Vorspann des Films. Achtet dabei auf eine zum Ausdruck des Originals passende Besetzung und Klangwirkung.

3 Beschreibt, welche Bilder beim Hören der Vorspannmusik vor eurem inneren Auge entstehen,
◎ 6|27 und überlegt, warum sich der Regisseur wohl für diese Art von Musik entschieden hat.

O Verona

Musik: Craig Armstrong / Markus de Vries / Paul Hooper; Satz: Ulrich Brassel

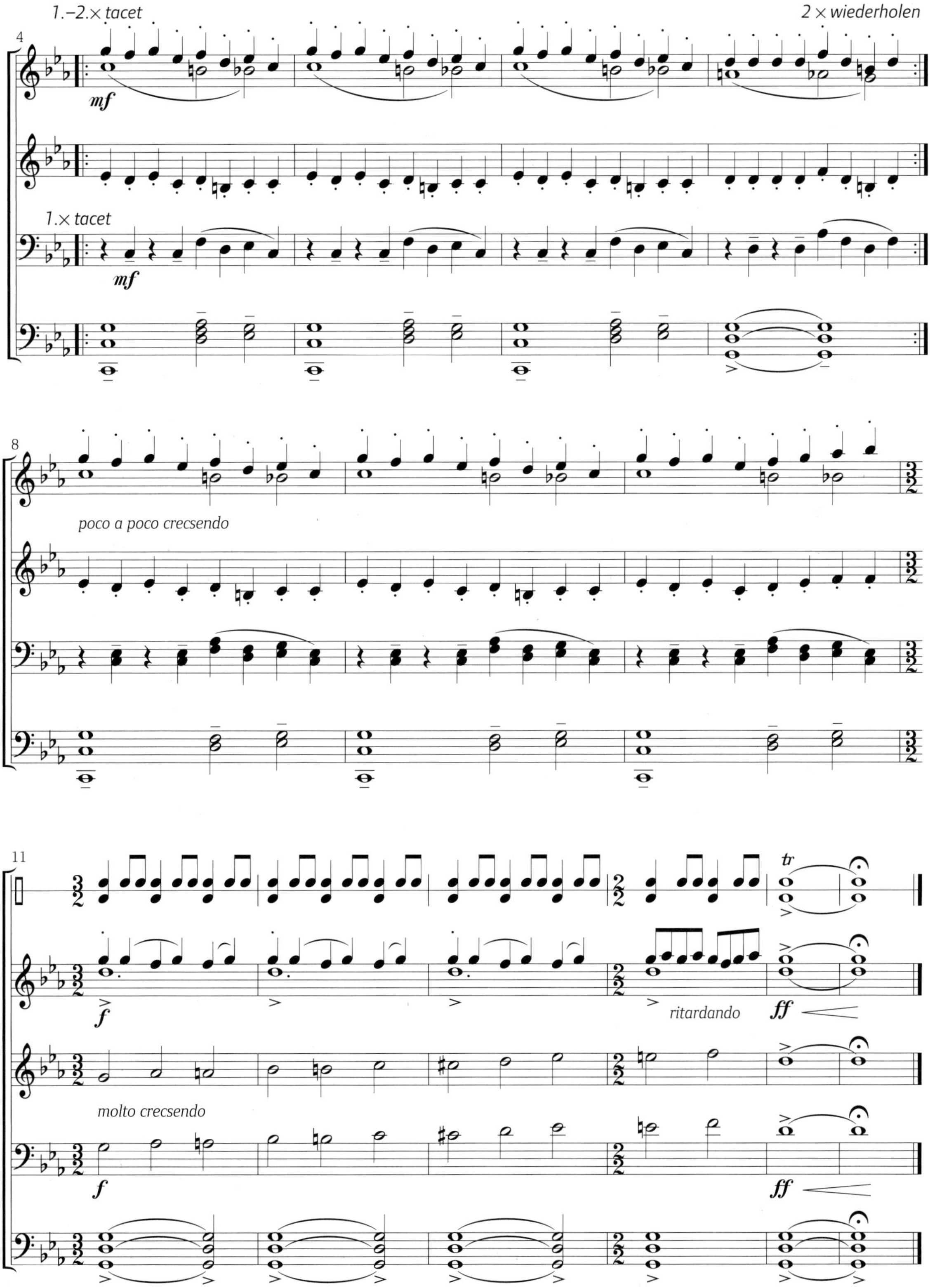
1.–2.× tacet
2 × wiederholen
4
mf
1.× tacet
mf
8
poco a poco crecsendo
11
tr
f
ritardando
ff
molto crecsendo
f
ff

Aufmerksamkeit steuern

Das Zusammenspiel von Musik und Kamera untersuchen

Der Inhalt eines Films wird nicht allein durch die Schauspieler und ihre Rollen vermittelt. Ebenso wichtig ist die Art und Weise, wie das Geschehen gefilmt und wie es mit Musik unterlegt wird. So entscheiden Kameratechnik und Filmmusik vor allem über die Wirkung der Bilder auf die Zuschauer. In diesen beiden wichtigen Fragen stehen dem Regisseur Fachleute zur Seite, deren Arbeit ebenfalls bei den jährlichen „Oscar"-Verleihungen geehrt wird.

1
a Schaut den Vorspann zunächst ohne Musik und beschreibt die Wirkung der Bilderfolge. Stellt dabei auch Bezüge zum Inhalt des Films her. **FILM** 0:00–2:28
b Untersucht die filmische Gestaltung des Vorspanns mit Hilfe der Informationen auf der folgenden Seite. **PH**|S. 96
c Erläutert, wie die Kameratechnik zur Wirkung des Vorspanns beiträgt. **PH**|S. 95

2
a Schaut den Vorspann mit Ton und beschreibt euren Gesamteindruck. **FILM** 0:00–2:28
b Erläutert, wie sich eure Wahrnehmung verändert hat.

3 Untersucht das Zusammenwirken von Musik und Bild genauer. **FILM** 1:04–2:28 **PH**|S. 97
a Vergleicht die filmische Gestaltung des Vorspanns mit dem Aufbau der Musik.
b Überprüft, wie sich die Einstellungswechsel (Schnitte) zu den metrischen Schwerpunkten der Musik verhalten.
c Erklärt, wie der Ort des Geschehens durch Kameratechnik und Musik dargestellt wird.

4
a Fasst zusammen, welche Aufgaben die Filmmusik in diesem Vorspann hat.
b Tauscht euch darüber aus, welche Erwartungen ihr an die weitere Gestaltung des Films habt. Beachtet dabei, dass im Zentrum eine Liebesgeschichte steht.

5 Diskutiert, für wie geeignet ihr die Filmmusik in diesem Vorspann haltet. Beschreibt denkbare Alternativen oder bringt entsprechende Musik mit und vergleicht deren Wirkung mit der des Originals.

Kameratechnik im Film

Bei der Kameratechnik unterscheiden wir drei große Arbeitsfelder:

1. Die Einstellungsgröße: Durch sie wird die Entfernung der Kamera zum Filmgegenstand festgelegt. Im Allgemeinen werden vier Einstellungsgrößen unterschieden:

Detailaufnahme:	**Großaufnahme:**	**Totale:**	**Panorama:**
Mit dieser Einstellung erhält ein kleiner Ausschnitt des Ganzen eine besondere Bedeutung. Der Blick der Zuschauer wird gezielt auf dieses Detail gelenkt und kann nicht abschweifen.	Die Umgebung tritt in den Hintergrund, der gezeigte Bildausschnitt erscheint vergrößert, wenn etwa nur das Gesicht einer Person gezeigt wird. Dadurch lassen sich Gefühle der Darsteller verdeutlichen.	Man sieht den gesamten Handlungsraum ohne die weitere Umgebung. So lernt man den Ort des Geschehens, die beteiligten Personen und die gezeigte Situation kennen.	Der Zuschauer lernt den Schauplatz in seiner Gesamtheit kennen, einzelne Personen oder Objekte verlieren an Bedeutung. Dies kann auch Gefühle wie Einsamkeit, Fremdheit oder Gefahr vermitteln.

2. Die Kameraperspektive: Durch sie lässt sich deutlich machen, wie der Betrachter das Geschehen wahrnimmt: In einer frontalen Perspektive steht die Kamera dem Bildinhalt auf gleicher Höhe direkt gegenüber. In der Froschperspektive filmt die Kamera von unten nach oben, das Geschehen wirkt dadurch größer, manchmal sogar bedrohlich. In der Vogelperspektive scheint die Kamera über den Dingen zu schweben, häufig wird dadurch der Eindruck von Distanz und Überlegenheit vermittelt.

3. Die Kamerabewegung: Häufig bewegt sich die Kamera in einer Einstellung so wie eine mitspielende Figur. Dabei entscheidet neben der Perspektive auch das Tempo derartiger Bewegungen, ob sie das Geschehen durchgehend aus einer subjektiven Sichtweise zeigt oder ob aus unterschiedlichen Blickwinkeln erzählt wird. Grundlegend unterscheidet man drei Kamerabewegungen: Schwenk, Fahrt oder Zoom, wobei beim Zoomen eine Kamerabewegung nur vorgetäuscht wird.

Wozu brauchen wir Filmmusik?

Interview mit der Filmmusik-Komponistin Bettina Hagemann

Frau Hagemann, wozu brauchen wir eigentlich Filmmusik?
Grundlegend stellt Filmmusik Atmosphäre her und malt Stimmungen aus und zwar viel genauer, als es die Bilder leisten können. Eigentlich heißt es ja immer, wenn sie nicht auffällt, ist sie gut. Ich finde aber gerade Filmmusik gut, die mir auffällt, indem sie unerwartete Impulse setzt. Dann finde ich sie spannend. Sie kann auch Orte oder Figuren beschreiben und sie interpretiert die Handlung. Damit schafft sie eine zweite Ebene.

Was ist denn mit der zweiten Ebene gemeint?
Das ist die Ebene, die ich der Szene mit meiner Musik hinzufüge. Filmmusik kann sehr zurückhaltend sein, indem sie mit den Stimmungen mitgeht, sie kann aber auch eingreifen, indem sie die Szene anders interpretiert, als es das Bild nahe legen würde. Für mich wirkt Musik direkter als Bilder und Dialoge, Musik kann viel schneller Emotionen erzeugen und das auf einer sehr unbewussten Ebene. Dafür braucht sie aber auch Raum im Gesamtgebilde Film. Wo zentrale Dialoge stattfinden, ist Musik oft schon allein wegen der Verständlichkeit des Textes nicht erwünscht. Man könnte etwas lapidar sagen: Der Feind der Filmmusik ist der Dialog, ihr Freund das Bild oder lange Kamerafahrten.

Wer entscheidet, an welchen Stellen Filmmusik eingesetzt wird?
In der Regel geben die Regisseure die Stellen vor. Aber als Komponistin habe ich dennoch Einfluss auf die Gestaltung einer Szene: Wenn klar ist, dass sie unterlegt werden soll, bleibt ja immer noch die Frage: Beginnt die Musik genau dann, wenn eine Stimmung anfängt, oder nimmt man die Stimmung bereits mit Hilfe der Musik vorweg? Außerdem kann Musik aufeinanderfolgende Szenen trennen oder verknüpfen.

Komponieren Sie Ihre Filmmusik immer selbst?
Ich komponiere hauptsächlich selbst, es gibt aber auch die Möglichkeit, bereits bestehende Musik einzusetzen, etwa bei so genannter Inzidenzmusik.

Was genau ist das?
Das ist Musik, die sich aus der Handlung ergibt, die real im Film stattfindet, wenn etwa eine Platte aufgelegt wird oder man eine Blaskapelle sieht. Eine andere Möglichkeit, bereits bestehende Musik zu verwenden, ist die Kompilation, also eine Zusammenstellung von Filmmusik aus anderen Musikstücken. Vor allem wenn man sehr bekannte Kompositionen verwendet, werden meist schon durch die Anfangstöne bestimmte Assoziationen geweckt, zumindest bei den Zuhörern, die das Stück kennen. So kann man recht schnell eine gewünschte Stimmung erzeugen. Dies gilt besonders für Songs: Wenn ein Text gesungen wird, eröffnet dies eine weitere Bedeutungsebene. Filmmusik ist ja sonst ohne Gesang.

Versuchen Sie manchmal auch, einen bestimmten Stil zu kopieren?
Manchmal hat ein Regisseur die Idee: „Das soll so klingen wie ..." Es gibt bei vielen Menschen so etwas wie ein gemeinsames Bewusstsein für musikalische Stimmungen, dazu gehören natürlich auch bestimmte musikalische Stile, die viele Menschen im Hinterkopf haben. Beim Komponieren spielt das eine große Rolle. Ich wünsche mir aber gleichzeitig, dass meine eigene musikalische Handschrift sichtbar bleibt.

---

1 **a** Gebt mit eigenen Worten wieder, wie Bettina Hagemann unterschiedliche Aufgaben von Filmmusik unterscheidet, und beschreibt ihre Arbeitsweise als Filmmusikkomponistin.
b Erläutert ihre Aussage: „Der Feind der Musik ist der Dialog, ihr Freund das Bild."

Gruppen charakterisieren

Musikalische Kontraste untersuchen und einordnen

Die Capulets

Die Montagues (Filmbilder S.255-263 aus „William Shakespeares Romeo+Juliet", USA, 1996)

William Shakespeares Tragödie war im „lieblichen Verona" angesiedelt. Baz Luhrmann verlegt die Handlung in eine schmutzige, von Gewalt geprägte Phantasiestadt am Meer und nennt sie Verona Beach. In dieser Stadt kämpfen seit langer Zeit die beiden rivalisierenden Familienclans der Capulets und der Montagues gegeneinander. Während Romeo den Montagues angehört, stammt Julia aus dem Hause Capulet. Beide Familien besitzen Macht und Einfluss und haben Anhänger um sich geschart, die einander auf gleiche Weise mit Misstrauen, Hass und Gewalt begegnen.

1
a Beschreibt anhand der Abbildungen, wie der Regisseur die beiden rivalisierenden Gruppen zeigt, und sammelt Eigenschaften, die sich den Gruppen zuordnen lassen. **PH|**S. 98
b Überlegt, wie die Gruppen musikalisch unterschieden werden können, und stellt eine entsprechende Kompilation zusammen. Nutzt dazu auch die Informationen aus dem Interview.

In der Anfangssequenz des Films werden beide Gruppen vorgestellt. Die Capulets werden dabei von Julias Cousin Tybald angeführt.

2
a Hört die Tonspur der Anfangssequenz und unterscheidet die beiden Gruppen anhand der musikalischen Gestaltung. Beachtet dabei besonders die eingesetzten Klangfarben und auffällige Stilmerkmale. **PH|**S. 98
b Schaut die Anfangssequenz an und vergleicht sie mit euren Überlegungen. **FILM** 2:29–4:36

3
a Untersucht, wie Tybald eingeführt wird. Achtet auf seine Kleidung, sein Auftreten und die klangliche Gestaltung. **FILM** 5:35–6.20
b Schaut die Fortsetzung der Filmsequenz und benennt musikalische Stilmerkmale, die Tybalds Handlungen begleiten. **FILM** 6:20–7:30
c Schaut die gesamte Eingangsszene und fasst die musikalische Gestaltung zusammen. **FILM** 0:00–8:53. Vergleicht sie mit euren Ergebnissen aus Aufgabe 1 b.

Figuren beschreiben

Bild und Musik im Vergleich

Romeo mit seinem Cousin Benvolio

Julia vor dem Maskenball

Neben den Hauptpersonen Romeo und Julia werden zu Anfang der Handlung auch einige wichtige Personen aus deren Umgebung vorgestellt. So ist Paris ein junger Mann aus einer reichen Familie, mit dem Julias Eltern ihre Tochter verheiraten wollen. Mercutio ist Romeos Freund, der im weiteren Verlauf der Handlung von Tybald im Streit getötet wird.

1 Beschreibt die gezeigten Personen anhand der Bilder.

2 a Wählt eine der Personen aus und überlegt, wie sie musikalisch dargestellt werden kann. Entscheidet zum Beispiel, welche Instrumente ihr wählen würdet und welche Wirkung die Musik beim Zuschauer erzielen soll.
  b Gestaltet auf euren Instrumenten eine Improvisation für diese Figur oder bringt passende Musik mit und begründet eure Auswahl.

3 a Schaut den ersten Auftritt von Romeo an und untersucht, wie der Komponist in dieser Szene Musik einsetzt. Nutzt dazu die Informationen aus dem Interview und dem blauen Kasten. **FILM** 9:12–11:47
  b Erläutert, welche Charakterzüge Romeo durch die Musik zugewiesen werden. Vergleicht die Musik mit euren eigenen Fassungen.

> **Tonbrücke**
>
> Aufeinander folgende Szenen werden oft musikalisch so miteinander verknüpft, dass eine **Tonbrücke** entsteht. Dabei setzt die Musik schon in einer Szene ein, obwohl sie inhaltlich erst zur folgenden Szene passt, und nimmt dadurch die Stimmung des Folgenden kurzzeitig vorweg.
> So lassen sich inhaltliche Zusammenhänge verdeutlichen, auch wenn der Schauplatz wechselt oder ein Zeitsprung überbrückt werden muss.

Mercutio und Romeo

Paris auf dem Maskenball der Capulets

Sinfonie Nr. 25 g-Moll, 1. Satz, Anfang   Wolfgang Amadeus Mozart (1756–1791)

4 Julia wird zusammen mit ihrer Mutter und der Amme vorgestellt. Vergleicht die drei
Frauenfiguren und beschreibt ihr Verhältnis zueinander. Untersucht mit Hilfe des Noten-
ausschnittes, wie Julias Mutter und die Amme durch die eingesetzte Filmmusik
charakterisiert werden. **FILM** 15:15–16:36

5 Recherchiert zu dem hier verwendeten Ausschnitt aus der Sinfonie Nr. 25 von W. A. Mozart
und überlegt, warum sich der Regisseur für diese Komposition als Filmmusik entschieden
haben könnte.

6 **a** Am Ende dieser Szene gestaltet der Komponist mit Hilfe der Musik eine erste Verknüpfung
zwischen Romeo und Julia. Beschreibt, wie er vorgeht, um ihre spätere Beziehung schon
hier anzudeuten. **FILM** 16:36–18:40
b Im Film werden immer wieder Ausschnitte aus bekannten Musikstücken verwendet.
Begründet, warum der Regisseur sich an dieser Stelle wohl für einen Ausschnitt aus dem
Song „Angel" von Gavin Friday entschieden hat.

7 Fasst zusammen, mit welchen musikalischen Mitteln der Komponist Romeo und Julia
ausgestaltet hat und wie sie dadurch von anderen Figuren abgegrenzt werden.

Atmosphäre herstellen und vorausdeuten

Eine zentrale Filmszene untersuchen

Julia auf dem Maskenball

… mit Romeo

Bei einem Maskenball im Hause Capulet treffen Romeo und Julia zufällig aufeinander. Julia soll an diesem Abend ihren künftigen Gatten Paris kennenlernen, Romeo hat sich in das Haus der Capulets eingeschlichen, um dort seine Angebetete Rosalinde zu treffen.

1 Entwerft anhand der Szenenfotos selbst eine Begegnungsszene. **PH|**S. 99/100

2 **a** Hört den Song „Kissing you" von Des'ree aus der Begegnungsszene zwischen Romeo und
⊚ 6|28   Julia und beschreibt, welche Atmosphäre durch Musik und Text entsteht.
b Studiert den Begleitsatz mit euren Instrumenten ein und spielt ihn zur Aufnahme des Songs.
c Untersucht die musikalische Gestaltung des Songs und erläutert deren Wirkung.

3 **a** Schaut die Begegnungsszene zunächst ohne Musik und untersucht sie im Hinblick auf die
filmtechnische Gestaltung. Vergleicht sie mit euren Fassungen. **FILM** 24:29–28:56
b Schaut die Szene mehrfach mit Musik und erläutert, wie die Gedanken und Gefühle
der Figuren durch Bild, Musik und Songtext verdeutlicht werden. **PH|**S. 101
c Erklärt, wie der Übergang vom Maskenball zur Begegnungsszene gestaltet ist.
PH|S. 102 **FILM** 23.07– 24.29

4 Diskutiert den Einsatz von Inzidenzmusik in dieser Szene. Nutzt dazu auch die Informationen
aus dem Interview.

5 **a** Seht die Filmsequenz bis zum Ende und untersucht, wie die einzelnen Szenen miteinander
verknüpft werden. **FILM** 24.29–33.33
b Erklärt, welche Auskunft die Musik am Schluss über die Zukunft der beiden frisch Verliebten gibt.
Achtet auf Instrumentierung, Tonhöhe und die rhythmische Gestaltung.

6 Vergleicht die Filmmusik in dieser Sequenz mit der musikalischen Gestaltung der Anfangsszene.
Fasst zusammen, durch welche Mittel die Begegnungsszene eine besondere Wirkung erzielt.

Kissing you – Begleitsatz

Text und Musik: Timothy Atack/Des'ree; Satz: Ulrich Brassel

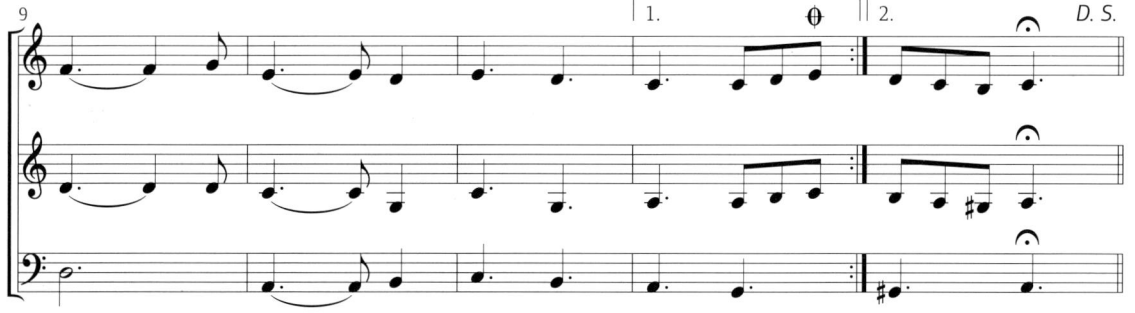

1. Pride can stand a thousand trials,
   the strong will never fall,
   but watching stars without you
   my soul cries.

2. Heaving heart is full of pain,
   oh oh the aching.
   'Cause I'm kissing you, oh,
   I'm kissing you love.

3. Touch me deep, pure and true.
   Give to me forever.
   'Cause I'm kissing you,
   I'm kissing you love.

Orte beschreiben

Typische Stilmerkmale zuordnen

Die Außenaufnahmen des Films wurden in Mexico-Stadt gemacht. Allerdings sagte Regisseur Baz Luhrmann in einem Interview über den Ort des Geschehens: „Nicht Mexiko ist der Ort, an dem der Film spielt, sondern Verona Beach. Verona Beach ist eine genaue Analyse der Elizabethanischen Welt. Es spiegelt die soziale, wirtschaftliche Realität. Religion und Politik waren eng verknüpft. Jeder trug Waffen mit sich. All das haben wir in die visuelle Sprache des zwanzigsten Jahrhunderts übersetzt. Wir klauten uns von überall Bilder, wir schufen uns eine Phantasiewelt, eine Phantasiestadt, und die nannten wir Verona Beach."

1 a Klärt den Begriff „Elizabethanische Welt", indem ihr Informationen über England zur Zeit Shakespeares sammelt.
b Überprüft anhand unterschiedlicher Szenen, wie Baz Luhrmann die Besonderheiten dieser Zeit in die moderne Welt übertragen hat.

2 a Untersucht anhand der bisher gesehenen Ausschnitte, wie die Phantasiewelt Verona Beach musikalisch gestaltet ist.
b Tauscht euch darüber aus, welche Vorstellungen durch die eingesetzte Musik entstehen.
c Sammelt Orte, die ihr mit einer bestimmten Musik verbindet, und bringt passende Musik für diese Orte mit. Ihr könnt eure Mitschüler bei der Präsentation raten lassen, welchen Ort euer Hörbeispiel beschreibt.

3 a Schaut die erste Kirchenszene des Films und beschreibt, welche Musik im Film für den Raum der Kirche ausgewählt wurde. **FILM** 44:42–47:10
b Beschreibt, wie der Filmkomponist den Übergang zur nächsten Szene musikalisch gestaltet hat. **FILM** 47:10–48.05

Heimliche Hochzeit

4 a Romeo und Julia wollen gegen den Willen ihrer Familien heiraten und werden von Pater Lorenzo heimlich getraut. Wählt zu dieser Szene passende Musik aus und stellt sie euch gegenseitig vor. Begründet eure Auswahl.
b Schaut euch die Trauung im Film an und beschreibt den Stil der Musik. **FILM** 52:47–55:15
c Überlegt, auf welche musikalischen Vorkenntnisse des Publikums hier zurückgegriffen wird. Nutzt dazu auch die Informationen aus dem Interview auf ▸ S. 254.

5 Verfasst ein kurzes fiktives Interview mit dem Filmkomponisten, in dem er erläutert, warum er für die Trauung diese Musik ausgewählt hat.

Spannung erzeugen

Musik zu einer Szene komponieren und erproben

Julia mit Waffe in der Kirche

Romeo verzweifelt

Julia ist in großer Sorge, denn sie weiß, dass Romeo verbannt wurde, weil er Tybald aus Rache ermordet hat, nachdem dieser Mercutio erstochen hatte. Sie sucht Pater Lorenzo auf, bei dem auch Paris sich zum Vorgespräch für die Trauung eingefunden hat. Sie allerdings will die geplante Hochzeit mit allen Mitteln verweigern.

1
a Schaut einen Ausschnitt aus der Szene mehrfach ohne Ton. Notiert in Stichworten den Handlungsablauf und überlegt, an welchen Stellen Musik erklingen soll, um Spannung zu erzeugen. **FILM** 1.23:38–1.24:56
b Entscheidet, welche Wirkung die Musik haben soll, und erfindet mit Hilfe eurer Instrumente oder am Computer passende melodische und rhythmische Bausteine. Erprobt auch verschiedene Klangfarben.
c Probt eure Gestaltung zur Filmszene und überarbeitet euer Konzept gegebenenfalls.

2 Präsentiert eure Ergebnisse und vergleicht sie. Diskutiert, wie die einzelnen Fassungen die Wahrnehmung der Szene beeinflussen.

3 Romeo hofft in seiner Verbannung vergeblich auf Nachrichten aus Verona.
a Schaut einen Ausschnitt aus der Szene ohne Ton und beschreibt, wie durch die filmische Gestaltung Spannung aufgebaut wird. **FILM** 1.29:33–1.32:59
b Entwerft wie in Aufgabe 1 beschrieben eine eigene Vertonung der Szene und stellt sie in eurer Klasse vor.

4
a Vergleicht eure Beispiele mit den beiden Originalfassungen in ihrer Gesamtlänge und benennt Ähnlichkeiten und Unterschiede gegenüber euren Gestaltungen.
FILM 1.23:03–1.25:47 und 1.29:33–1.35:05
b Vergleicht die beiden Szenen miteinander und fasst zusammen, mit welchen musikalischen Mitteln die Filmmusik Spannung erzeugt hat.

Wie Filmmusik entsteht

Fortsetzung des Interviews mit Bettina Hagemann

Bettina Hagemann ist seit 1995 als freischaffende Musikerin und Filmmusik-Komponistin tätig. Sie wirkte an Filmen von Hape Kerkeling mit („Club las Piranjas", „Isch kandidiere"), komponierte für „Käpt'n Blaubär" und „Shaun das Schaf" und lieferte den Soundtrack zu zahlreichen weiteren Fernsehproduktionen.

Gibt es bestimmte Regeln, die eine Filmmusikkomponistin einzuhalten hat?
Ein goldenes Gesetz ist: Sprache hat Vorrang, das heißt, wo ein Dialog stattfindet, muss ich mich als Komponistin so verhalten, dass der Dialog zu hören und verständlich ist. Um aber gute Musik entwickeln zu können, dürfen die Figuren nicht so viel reden, weil man sonst mit der Musik gar nicht durchkommt. Man kann mit der Musik aber auch zu aufdringlich sein, wenn etwa die ganze Zeit Musik erklingt oder wenn jede einzelne Bewegung musikalisch nachgeahmt wird. Dies nennen die Fachleute „mickey mousing". Auch Stille hat einen Wert. Das ist ein Lernprozess: zu erkennen, dass Musik nur dann wirken kann, wenn es auch mal still ist.

Wie entscheiden Sie, an welchen Stellen Musik erklingt und wo keine benötigt wird?
Teilweise wird das von der Regie vorgegeben, aber vieles geschieht durch Ausprobieren. Sehr wichtig ist das erste Anschauen einer Szene, weil sich aus den spontanen Einfällen oft weitere Ideen ergeben. Aber die erste Frage ist eigentlich nicht: Wo kommt Musik hin, das ist eine Detailfrage. Viel wichtiger ist, welches Klanggewand der Film grundlegend bekommen soll, welche Instrumente und Klänge und Stimmungen also generell zu dem Film passen. Ich muss entscheiden: Wird die Musik modern oder klassisch, gibt es große musikalische Themen oder muss ich kleinschrittig vorgehen, welche Instrumente stehen im Vordergrund, welches Genre wähle ich, kann es elektronische Musik sein oder etwas Traditionelles? Alles, was ich hier grundlegend entscheide, zieht sich ja durch den gesamten Film.

Und die Details?
Im Film gibt es zum Beispiel immer Schnitte, wenn eine Szene beendet wird und etwas Neues beginnt. Dann kann die Musik die Klammer bilden, die die beiden Szenen miteinander verbindet, das nennt man dann Tonbrücke. Im Detail muss ich aber auch entscheiden: Muss viel Bewegung in der Musik sein oder eher Ruhe, muss ich es lustig, traurig oder spannend machen, gibt es ein musikalisches Hauptthema? Das könnte dann auch in Variationen auftreten. Gibt es zentrale Stellen, an denen Musik erklingen soll, muss ich musikalisch auf einen bestimmten Punkt zusteuern, gibt es eine inhaltliche Wendung, die ich mit Musik begleiten muss, und: Wie deutlich oder versteckt ist diese Wendung hörbar? Ich entscheide mich also zunächst für eine Richtung und dann plane ich die Dosierung. Die genaue Wirkung kann man eigentlich nur durch Ausprobieren herausfinden.

Wird die Musik nach dem Drehbuch geschrieben oder erst zum fertigen Film?
Wenn der Zeitplan gut läuft, bekommt man vorher das Drehbuch, wenn die Zusammenarbeit mit der Regie eng ist, will die Regie auch vor dem Drehen schon Musik hören. Wenn der Zeitplan enger ist, bekommt man den fertigen Filmschnitt.

Was würden Sie jungen Filmkomponisten mit auf den Weg geben?
Auf die eigene Handschrift zu vertrauen und darauf zu bauen. Auch weil der Zugriff auf Musik so beliebig geworden ist und jeder unter seinen Film Musik legen kann. Das Kapital ist die individuelle Note.

Unterrichtsprojekt

Eine alternative Schlussszene filmen und vertonen

Jeder kennt Romeo und Julia als tragisches Liebespaar. Dagegen könnt ihr nun mit einfachen Mitteln eine abweichende Schlussszene entwerfen, filmen und mit Musik unterlegen, sodass ein Happyend entsteht.

Julia scheintot

1 Die Handlung planen:
  a Informiert euch über den weiteren Verlauf der Handlung bis zum Schluss.
  b Überlegt, an welcher Stelle der Handlung eine positive Wendung denkbar wäre und durch welche Ereignisse sie herbeigeführt werden könnte.

2 Eine Szene schreiben:
  a Entwickelt eine passende Szene und formuliert Dialoge, Monologe und Regieanweisungen. Legt auch fest, welches Bühnenbild und welche Requisiten ihr benötigt, und notiert alle Entscheidungen in einem Drehbuch.
  b Übt eure Szene ein. Achtet beim Spielen auf überzeugende Mimik und Gestik sowie auf die sprachliche Gestaltung.

3 Die Szene filmen:
  a Überlegt, welche Einstellungsgrößen und Kameraperspektiven ihr nutzen wollt und welche Kamerabewegungen passen könnten.
  b Erprobt deren Wirkungen und haltet im Drehbuch fest, wie die Kamera die Szene oder einzelne Einstellungen aufnehmen soll.

4 Den Film vertonen: **PH**|S. 103
  a Sammelt die Informationen aus dem Interview zur Entstehung von Filmmusik. Unterscheidet dabei zwischen den grundsätzlichen Entscheidungen und der Detailarbeit.
  b Entscheidet, welches „Klanggewand" ihr der Szene grundlegend geben wollt. Ihr könnt vorhandene Musik unterlegen, improvisieren oder selbst Musik komponieren.
  c Nutzt die Informationen aus dem Interview für eure Detailarbeit. Erprobt unterschiedliche musikalische Mittel mit Hilfe von Instrumenten oder am PC und nehmt euer Ergebnis auf.

5 Das fertige Produkt präsentieren:
  a Kombiniert die Filmszene mit der Musikaufnahme und präsentiert das Ergebnis in eurer Klasse.
  b Erläutert, wie eure musikalischen Entscheidungen mit dem Inhalt der Szene zusammenhängen.

9.2

In diesem Kapitel ...
– untersucht ihr, wie Musik,
  Texte und Bilder in Videoclips
  zusammenwirken,
– vergleicht ihr Videoclips
  zu unterschiedlichen Stilen,
– dreht ihr einen eigenen Videoclip.

Mit den Augen hören
Musik im Videoclip untersuchen und einordnen

1 Betrachtet die drei verschiedenen Screenshots aus Michael Jacksons Videoclip „Thriller" (USA, 1983) bis heute das meistverkaufte Musikvideo weltweit. Überlegt, worum es in diesem Videoclip gehen könnte.

2 Schaut euch den Clip an und achtet darauf, wie sich die Musik und die dargestellte Handlung zueinander verhalten. Stellt davon ausgehend Vermutungen zur Funktion von Videoclips an.

3 a Stellt euch gegenseitig Videoclips vor, die ihr besonders gut findet, und begründet eure Ansicht.
b Vergleicht die vorgestellten Clips und findet Merkmale, mit deren Hilfe sich verschiedenartige Clips einordnen lassen.

„I'm still a rock star"

Die Rolle des Stars im Musikvideo untersuchen

1 Betrachtet die Abbildung aus einem Videoclip der amerikanischen Sängerin Pink
zu ihrem Song „So what". Beschreibt, wie die Musikerin hier dargestellt wird.

2 a Hört den Song „So what" und verfolgt den Text mit.

◉ 6|29 **b** Klärt den Inhalt des Textes und beschreibt, welche musikalischen Merkmale
diesen Inhalt unterstützen. Achtet dabei auf Klangfarbe und Sound des Songs sowie
auf wiederkehrende Melodieteile.

3 Überlegt, wie ihr einen passenden Videoclip gestalten würdet und welche Merkmale euch
besonders wichtig wären. Begründet eure Vorschläge.

4 Sucht im Internet den Videoclip „So what" und vergleicht seine Gestaltung mit euren
Überlegungen.

5 Untersucht den Videoclip im Detail und arbeitet heraus, wie seine Gestaltung zur Musik passt.
Nutzt dazu auch die Fragen auf ▶ S. 267. **PH**|S. 104

6 Im Refrain des Songs singt Pink: „So what? I am a rock star, I got my rock moves and
I don't want you tonight." Erläutert, wie der Sound der Musik, der Inhalt des Textes
und die Gestaltung des Videoclips zu dieser Aussage passen.

7 a Fasst zusammen, welche Rolle Pink in „So what" spielt, und diskutiert, warum sie sich
so darstellen lässt.
b Überlegt, welche Szenen oder Bilder euch besonders im Gedächtnis bleiben und warum.

So what!

Text und Musik: Max Martin / Alecia Moore / Johan Karl Schuster

Na-na-na-na, na-na, na-na....

1. Strophe
I guess I just lost my husband,
I don't know where he went.
So I'm gonna drink my money,
I'm not gonna pay his rent.

I've got a brand new attitude,
and I'm gonna wear it tonight.
I'm gonna get in trouble,
I wanna start a fight.

Na-na-na-na, na-na, na-na,
I wanna start a fight.
Na-na-na-na, na-na, na-na,
I wanna start a fight.

Refrain
So, so what?
I'm still a rock star,
I got my rock moves,
and I don't need you tonight.

And guess what,
I'm having more fun.
And now that we're done,
I'm gonna show you tonight.
I'm alright, I'm just fine,
and you're a tool...

2. Strophe
The waiter just took my table
and gave it to Jessica Simp.
I guess I'll go sit with drum boy,
at least he'll know how to hit.

What if this song's on the radio,
then somebody's gonna die.
I'm gonna get in trouble,
my ex will start a fight.

Refrain

Bridge
You weren't there, you never were.
You want it all, but that's not fair.
I gave you life, I gave my all.
You weren't there, you let me fall.

Worterklärungen:
rent – Miete; *brand new attitude* – brandneue Einstellung; *I'm gonna wear it tonight* – die zeige ich heute Nacht; *we're done* – wir sind fertig; *tool* – Werkzeug; *Jessica Simp* – gemeint ist die Pop-Sängerin Jessica Simpson; *drum boy* – hier: Schlagzeuger der Band

8 Recherchiert im Internet und findet andere Künstler, die in ihren Videoclips bestimmte Rollen spielen. Vergleicht diese Rollen mit dem, was ihr sonst über diese Künstler wisst.

Die Bildgestaltung eines Videoclips könnt ihr anhand folgender Fragen untersuchen:
– Welche Stimmung wird vermittelt?
– Wie tritt die Sängerin auf und wie bewegt sie sich? Welche Kleidung trägt sie? Welche Requisiten benutzt sie?
– Wie ist die Handlung des Clips aufgebaut? Wie hängen die einzelnen Szenen zusammen?
– An welchen besonderen Schauplätzen spielt der Clip?
– Wie wird die Kamera eingesetzt?

In Szene gesetzt

Die Stimmung eines Videoclips untersuchen

Peter Fox, geboren 1971, ist ein Berliner Reggae- und HipHop-Musiker, der sowohl als Solokünstler als auch als Sänger der Band „Seeed" auftritt. Der Song „Alles neu" stammt von der CD „Stadtaffe", er wurde 2008 veröffentlicht.

1 Hört und singt den Song.

◉ **6|30**

2 a Arbeitet heraus, worum es im Song geht und welche Stimmung vermittelt wird.
    b Baut ein Standbild, in dem ihr die Stimmung und den Ausdruck des Songs darstellt. Achtet auf eure Körperhaltung, auf Gestik und Mimik.
    c Singt oder hört die Musik, während einzelne Gruppen ihre Standbilder präsentieren.
    d Vergleicht und erläutert eure Ergebnisse.

3 Untersucht, wie die musikalische Gestaltung des Songs zu eurer Wahrnehmung beiträgt. Beachtet dabei den Sound sowie das Verhältnis von Gesang und Begleitung.

4 a Betrachtet das Video von „Alles neu" und untersucht, wie die Stimmung des Songs im Videoclip gestaltet wird. Beachtet dabei auch, welche Textpassagen im Video besonders hervorgehoben werden und wie der Gesamteindruck zum Textinhalt passt. **DVD**
    b Diskutiert die Funktion der musizierenden Affen.

5 Recherchiert im Internet und findet weitere Videoclips, in denen auf vergleichbare Weise die Stimmung eines Songs dargestellt wird. Untersucht eines dieser Beispiele im Hinblick auf die musikalischen und bildlichen Darstellungsmittel und stellt eure Ergebnisse einander vor.

Alles neu

Text und Musik: Pierre Baigorry / David Conen / Vincent Graf Schlippenbach

1. Ich verbrenn mein Studio, schnupfe die Asche wie Koks.
   Ich erschlag meinen Goldfisch, vergrab ihn im Hof.
   Ich jag meine Bude hoch, alles was ich hab, lass ich los.
   Mein altes Leben schmeckt wie'n labbriger Toast.
   Brat mir ein Prachtsteak, Peter kocht jetzt feinstes Fleisch.
   Bin das Update, Peter Fox 1 Punkt 1.
   Ich will abshaken, feiern, doch mein Teich ist zu klein.
   Mir wächst 'ne neue Reihe Beißer wie bei 'nem weißen Hai.
   Gewachst, gedopt, poliert, nagelneue Zähne.
   Ich bin euphorisiert und habe teure Pläne.
   Ich kauf mir Baumaschinen, Bagger und Walzen und Kräne.
   Stürze mich auf Berlin, drück auf die Sirene.
   Baue schöne Boxentürme, Bässe massieren eure Seele.
   Ich bin die Abrissbirne für die d-d-d-deutsche Seele.

2. Ich hab meine alten Sachen satt, und lass sie in 'nem Sack verrotten.
   Motte die Klamotten ein, und dann geh ich nackt shoppen.
   Ich bin komplett renoviert, Bräute haben was zu glotzen.
   Kerngesund, durchtrainiert, Weltmeister im Schach und Boxen.
   Nur noch konkret reden, gib mir ein ja oder nein.
   Schluss mit Larifari, ich lass all die alten Faxen sein.
   Sollt ich je wieder kiffen, hau ich mir 'ne Axt ins Bein.
   Ich will nie mehr lügen, ich will jeden Satz auch so meinen.
   Mir platzt der Kopf, alles muss ich verändern.
   Ich such den Knopf, treffe die mächtigen Männer.
   Zwing das Land zum Glück, kaufe Banken und Sender.
   Alles spielt verrückt, zitternde Schafe und Lämmer.
   Ich seh besser aus als Bono, und bin 'n Mann des Volkes.
   Bereit die Welt zu retten, auch wenn das vielleicht zu viel gewollt ist.

Refrain

Eine Frage des Stils?

Zwei Videoclips im Vergleich

Manowar, München, 2007

Jay Z, New York, 2004

1 Betrachtet die beiden Abbildungen und beschreibt, wie die dargestellten Musiker auf euch wirken. Welchen Eindruck vermitteln sie von sich selbst?

2 Sucht im Internet die beiden Videoclips „Die for metal" von Manowar und „Hard knock life" von Jay Z und schaut deren Anfänge zuerst ohne, dann mit Tonspur an. Beschreibt, wie die Musik eure Wahrnehmung des Videos beeinflusst, und benennt typische musikalische Merkmale, die dafür verantwortlich sind.

3 Haltet anhand der beiden Videoclips Unterschiede zwischen den Stilen Metal und HipHop fest und stellt sie einander gegenüber. Nutzt dazu die Tipps auf ▶ S. 267.

4 Ergänzt eure bisherige Gegenüberstellung zum Aussehen, zur Musik und zur Gestaltung der Videoclips um weitere Elemente, zum Beispiel mit Hilfe von Referaten. **PH|**S. 105

5 a Sucht im Internet nach anderen Videoclips von Metal- und HipHop-Musikern und vergleicht sie mit Hilfe eurer Gegenüberstellung. Welche Stilmerkmale erkennt ihr wieder?
   b Untersucht, wie die Besonderheiten des Metal- oder des HipHop-Stils durch die Gestaltung dieser Videoclips hervorgehoben werden. Achtet dabei auch auf das Auftreten der Stars, den gezeigten Lebensstil, die Art der Kameraführung und auf die Beleuchtungseffekte.

6 **a** Auch die Songtexte geben Auskunft über die jeweilige Musikszene. Lest Auszüge aus „Die for metal" und „Hard knock life", übersetzt sie und vervollständigt eure Einblicke in Heavy Metal und HipHop.

b Nehmt kritisch Stellung zur Lebenseinstellung und zum Lebensstil, den die Musiker in ihren Texten jeweils vertreten.

7 Jay Z über HipHop: „HipHop is more about attaining wealth *(deutsch: reich werden)*. People respect success. They respect big. They don't even have to like your music. If you're big enough, people are drawn to you" *(deutsch: werden zu dir hingezogen)*.

a Diskutiert die Aussage auf der Grundlage eurer bisherigen Kenntnisse und überlegt, warum Jay Z dies so formuliert.

b Wie würde sich Eric Adams, der Sänger von Manowar, über seine Szene äußern? Verfasst ein Statement aus der Sicht eines „Metal"-Musikers.

Hard knock life   Text: Martin Charnin / Mark Howard James

Refrain
It's the hard knock life for us,
it's the hard knock life for us,
steada treated, we get tricked,
steada kisses, we get kicked,
it's the hard knock life.

1. Strophe
From standin' on the corners boppin'
to drive some of the hottest cars New York
   has ever seen,
for droppin' some of the hottest verses rap
   has ever seen.
From the dope spot with the smoke glock,
fleein' the murder scene you know me well
from nightmares of a lonely cell, my only hell.

(…)

Worterklärungen:
hard knock life – knallhartes Leben
steada treated – statt verwöhnt zu werden
boppin' – rempeln, pöbeln
droppin' – abliefern
dope spot – Drogenszene
smoke glock – hier: gerade abgefeuerte Waffe
fleein' – flüchten
nightmare – Alptraum

Die for metal   Text: Karl Logan / Joey DeMaio

Refrain
They can't stop us, let 'em try,
for heavy metal we will die!

Strophe
(…)
So I walked outside into the street,
from a hall I heard thunder and screams.
I walked inside so I could hear,
and the guy beside me gave me a beer.
He had his fist up in the air
and called me brother, said:
My friends are over there.
They called themselves immortals,
They're the truest of the true,
and in that very moment
I was born again.

Worterklärungen:
fist – Faust
immortal – unsterblich
the truest of the true – hier gemeint: „Die einzig Wahren"

Musik und Bild im Wettstreit

Konflikte zwischen visueller Darstellung und Musik ermitteln

Das Video zu „Sledgehammer" (deutsch: Vorschlaghammer) gewann 1987 bei den
MTV Video Music Awards und zeigt den Sänger Peter Gabriel in einer animierten Welt.
Im Songtext macht der Erzähler seiner Angebeteten viele Versprechungen und Angebote,
um sie zu erobern. Er will ihr die Welt zu Füßen legen, sie muss ihm nur ein Zeichen
geben. Dazu nutzt er zahlreiche Anspielungen, die häufig als Gegensatzpaare formuliert und
bildlich zu verstehen sind, zum Beispiel zu Beginn der ersten Strophe:

You could have a steam train
if you'd just lay down your tracks.
You could have an aeroplane flying
if you bring your blue sky back.

Text: Peter Gabriel

1 Betrachtet den Videoclip im Internet und äußert eure spontanen Eindrücke und Gedanken.

2 Untersucht, in welchem Verhältnis der Song und sein Textinhalt zur Bilderfolge dieses Clips
stehen. Dazu könnt ihr auch arbeitsteilig vorgehen:
a Unterteilt den Beginn des Clips bis zum Einsatz des Gesangs in einzelne Szenen und
findet den inhaltlichen Zusammenhang heraus. Vergleicht den gezeigten Ablauf mit der
musikalischen Gestaltung und ihrem Aufbau.
b Untersucht, wie der abgedruckte Textausschnitt im Video gestaltet wird, und benennt
Auffälligkeiten. Achtet im weiteren Verlauf auf ähnliche Textzeilen und beschreibt, wie sie
filmisch ausgestaltet werden. **PH|S. 106**

3 Erläutert, an welchen Stellen es schwierig war, eine Beziehung zwischen Song und Video herzustellen, und überlegt, welche Gründe es für diese Gestaltung des Videoclips geben könnte.

4 Manche Videoclips arbeiten mit Animationen. So haben zum Beispiel die Ärzte, seit vielen Jahren eine der erfolgreichsten deutschen Musikgruppen, in einem Videoclip die Videospielheldin Lara Croft eingebaut (Bild aus „Tomb Raider", 1998).

   a Betrachtet den Clip im Internet zunächst ohne Musik und beschreibt Aussehen und Verhalten der agierenden Personen.

   b Entwerft einen Dialog zum Videoclip, in dem ihr deutlich macht, welcher Konflikt zum Kampf geführt hat.

   c Präsentiert eure Ideen und haltet fest, welche Themen ihr euch überlegt habt.

5 Betrachtet den Clip mit Musik und diskutiert, inwieweit Clip und Musik zueinander passen. Berücksichtigt dabei das Thema des Songs, die Wirkung der Musik und die Vortragsweise durch die Band.

6 Farin Urlaub, Sänger und Gitarrist der Band, bezeichnet den Song in einem Interview einerseits als kalkulierten Tophit, andererseits berichtet er, dass er aus Unsicherheit die Veröffentlichung der Single fast zurückgezogen hätte.

   a Diskutiert die widersprüchliche Aussage des Musikers.

   b Beurteilt, inwieweit diese Aussage auch auf den Videoclip zutreffen könnte.

7 **a** Vergleicht die Gestaltung der beiden Videoclips von Peter Gabriel und den Ärzten mit den anderen bisher untersuchten Beispielen in diesem Kapitel und beschreibt, worin sie sich grundsätzlich von diesen unterscheiden.

   b Sucht nach weiteren, ähnlich gestalteten Beispielen und stellt sie in der Klasse vor.

273

Videos im Netz

Das Internet als Plattform für die Musikvermarktung

Die Bochumer Band „Artig" ist stilistisch im deutschen Pop-Rock angesiedelt. Die Texte ihrer Songs erzählen von Themen, in denen sich jeder ein bisschen wiederfindet. 2010 hat die Band ihren ersten Videoclip gedreht, seitdem folgten weitere Videos. In einem Interview erklären Max und Chris, was sie beim Dreh von Musikvideos besonders reizvoll finden und wie sie das Internet als Plattform der Musikvermarktung nutzen.

Warum habt ihr euch für die Darstellung eurer Musik im Videoclip entschieden?
Wir wollten etwas Handfestes zum Anschauen für unsere Fans, denn wenn ich selbst einen Song im Radio höre, interessiert es mich, wie die Künstler aussehen, wie sie sich darstellen. Außerdem gelingt die eigene Profilbildung mit Hilfe eines Videos sehr gut. Ich kann mich und meine Musik einer bestimmten „Szene" zuordnen. Darüber hinaus wird auch die Story klarer. Besonders bei Texten in anderen Sprachen ist das von Vorteil. Insgesamt wollten wir uns und unseren Liedtext im Clip gut „verkaufen".

Wie habt ihr euer Video anschließend verbreitet?
Wir haben den Clip bei Youtube hochgeladen und dann über unsere Facebook-Seite bekannt gemacht, indem wir den Link geteilt haben. Unsere Fans und Freunde haben dann ebenfalls weiter gepostet. Das funktioniert ganz gut. Geld verdienen kann man über Youtube aber nur bedingt. Die Plattform verdient zwar Geld mit hochgeladenen Videos und mit Werbeeinnahmen, aber nur ein geringer Teil davon wird an die Künstler weitergegeben. Man kann natürlich auch bei Viva Sendeplätze kaufen, aber das ist enorm teuer. Letzten Endes ist immer noch das Radio das beste Transportmedium, um seinen Song bekannt zu machen, denn die großen Musiksender haben einen enormen Einfluss auf die Musikszene.

Im Netz kann fast alles nach Belieben heruntergeladen und für eigene Zwecke verwendet werden. Habt ihr auch schon solche Negativerfahrungen gemacht?
Negativerfahrungen nicht, von uns wurde noch nichts geklaut. Man kann auch richtig Ärger bekommen, wenn man so was macht, und Profis wissen das auch. Eine positive Erfahrung haben wir aber schon gemacht. Eine „Youtuberin" hat uns mal gefragt, ob sie für einen Film einen Songausschnitt von uns verwenden darf, und da wir in den Credits genannt wurden, gab es daraufhin jede Menge Clicks im Netz.

1 Lest das Interview mit „Artig" und erklärt, warum die Band ein Musikvideo produziert hat.

2 Schaut euch den Clip zu „Lauf mit mir" an und vergleicht ihn mit euch bekannten Beispielen. Benennt Gemeinsamkeiten und Unterschiede. **DVD**

3 Diskutiert Gründe, die für oder gegen die Verbreitung von Musik über das Internet sprechen.

Unterrichtsprojekt

Ein eigenes Musikvideo drehen

Werdet zum Star im eigenen Videoclip, verfilmt euren Lieblingssong oder vermittelt die Lebenseinstellung, die mit einem Musikstil einhergeht.

1
a Überlegt, welchen Inhalt euer Musikvideo haben soll und was ihr darstellen wollt.
b Entscheidet, ob ihr einen eigenen Song komponieren oder mit einem existierenden Song arbeiten möchtet.

2 Der Dreh eines Videoclips setzt eine gute Planung voraus. Bereitet zunächst den Songtext vor und arbeitet heraus, welche Textstellen sich für die Umsetzung im Videoclip eignen. Je nach Schwerpunktsetzung solltet ihr unter anderem Folgendes bedenken:
– Wie wollt ihr als Künstler in Erscheinung treten? Wie inszeniert ihr euch? Welchen Eindruck möchtet ihr vermitteln? Wie seht ihr aus? Welche Körpersprache habt ihr?
– Welche Handlung passt thematisch zum Song? An welchen Orten dreht ihr?
– Welcher Lifestyle liegt der gewählten Musikrichtung zugrunde? Wie sehen die Künstler aus? Was ist ihnen wichtig? Welche Botschaften wollen sie vermitteln?

3 Legt fest, wie euer Video aufgebaut sein soll. Dazu ist es hilfreich, mit einer Zeitleiste die Musik zu gliedern und den gewünschten Bildinhalt anschließend zu ergänzen. Wie viele Zeilen ihr benötigt, entscheidet ihr selbst. Vielleicht braucht ihr auch noch zusätzliche Spalten für weitere Gesichtspunkte.

Zeit	Liedzeile	Handlung	Setting

4 Verwendet eure Übersicht beim Drehen des Videoclips und lasst währenddessen die Musik im Hintergrund laufen. So bemerkt ihr, ob und wann ihr eure Ideen anpassen müsst.

5 Schneidet euren Videoclip mit Hilfe eines Computerprogramms, sodass die Szenenfolge genau zur Musik passt.

6 Präsentiert eure Videoclips vor der Klasse und diskutiert, wie gut Filmaufnahmen und Songs zueinander passen.

Orientierungswissen

1. Parameterordnung

a Intervalle und Tonleitern

Bestimmung der Intervalle

Die Intervalle zwischen zwei Tönen werden abhängig vom Grad ihrer klanglichen Verschmelzung in zwei Gruppen eingeteilt: Die Konsonanzen Prime, Quarte, Quinte und Oktave sowie Terz und Sexte einerseits und die Dissonanzen Sekunde und Septime andererseits. Die chromatische Tonleiter enthält diese Intervalle, wobei vier von ihnen in unterschiedlichen Formen auftreten, nämlich als kleine und große Intervalle:

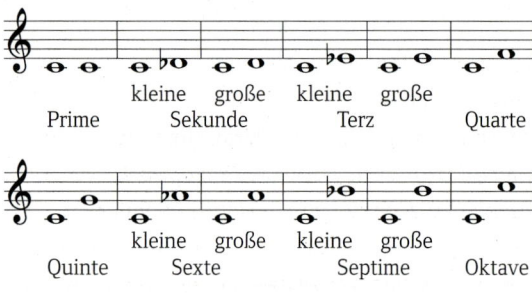

Wird ein Intervall durch weitere Vorzeichen vergrößert oder verkleinert, verändert sich auch sein Charakter. So entstehen übermäßige oder verminderte Intervalle:

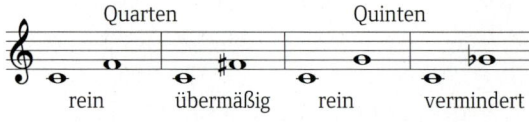

Blues-Tonleiter

Die Blues-Tonleiter verfügt über sechs verschiedene Tonleiterstufen, deren Tonabstände so angeordnet sind, dass daraus erfundene Tonfolgen mit den Hauptdreiklängen der Tonart begleitet werden können. Sie wird im Blues, im Jazz und in der Rockmusik zur Melodieimprovisation benutzt.

b Rhythmus, Metrum, Tempo

metrisch, a-metrisch

Musik, die durch eine Taktgliederung regelmäßige Betonungsverhältnisse aufweist, hat eine metrische Zeitgliederung mit einem einheitlichen Grundschlag. Die musikalische Zeitgliederung ohne regelmäßigen Grundschlag nennt man a-metrisch.

Offbeat

In der Rock- und Popmusik werden Melodiephrasen häufig so gesungen oder gespielt, dass sie gegenüber dem regelmäßigen Metrum geringfügig verschoben sind. Eine solche Phrasierung nennt man Offbeat, wörtlich übersetzt: neben dem Schlag.

Fermate

Die Fermate zeigt an, dass eine Note oder eine Pause so lange gehalten werden darf, wie es den Musizierenden sinnvoll erscheint. Mit Hilfe dieses Zeichens wurden bereits in der Musik des 15. Jahrhunderts besonders betonte Klangfolgen optisch hervorgehoben.

c Harmonik

Powerchords

In der Rockmusik werden häufig Klänge benutzt, die aus zwei Tönen im Abstand einer Quinte bestehen. Zusätzlich kann der untere Ton noch oktaviert werden, sodass ein dreistimmiger Akkord entsteht. Wegen seines machtvollen Klangs wird ein solcher Akkord Powerchord (*engl.* power chord) genannt.

Terzbegleitung

Eine geläufige Form der Zweistimmigkeit besteht darin, eine Melodie im Terzabstand zu verdoppeln. Rhythmus und Melodiebewegung werden dabei von der zweiten Stimme übernommen. Da immer die Töne der jeweiligen Tonleiter verwendet werden, ist hierbei eine Unterscheidung in kleine und große Terzen nicht notwendig.

Dreiklänge und ihre Umkehrungen

Ein Dreiklang ist ein Akkord aus drei Tönen, die jeweils im Abstand einer Terz angeordnet sind oder sich durch Oktavversetzung in Terzen ordnen lassen. Der unterste Ton des Dreiklangs ist sein Grundton. Neben der Grundstellung eines Dreiklangs entsteht durch Oktavieren des untersten bzw. der beiden untersten Töne die erste bzw. zweite Umkehrung eines Dreiklangs.

Leitereigene Dreiklänge in Dur

Dreiklänge auf den Stufen einer Dur-Tonleiter, die aus den Tonleitertönen gebildet werden, nennt man leitereigene Dreiklänge. Die drei Dur-Dreiklänge heißen Hauptdreiklänge, die Moll-Dreiklänge heißen Nebendreiklänge. Dreiklänge im Abstand einer kleinen Terz werden parallele Dreiklänge genannt.

Harmonische Funktionen

In einer Akkordfolge ist der Dreiklang der ersten Stufe meist Ausgangs- und Ruhepunkt, während die Dreiklänge der vierten und fünften Stufe sich dazu spannungsvoll verhalten. Für diese so genannten Hauptfunktionen werden die Begriffe Tonika (I. Stufe), Dominante (V. Stufe) und Subdominante (IV. Stufe) benutzt.

Cluster

Ein Cluster ist in der Musik eine Schichtung mehrerer gleichzeitig klingender Töne und deren Verschmelzung zu einer Klangfläche. Die Wirkung eines Clusters ist abhängig von der Dichte und Länge der Einzeltöne, den verwendeten Instrumenten, dem Tonumfang sowie der Lautstärke.

d Klangfarbe

Beschreibung von Klangfarbe

Unter der Klangfarbe, auch Timbre genannt, versteht man physikalisch betrachtet die Zusammensetzung der Obertonreihe (Naturtonreihe). Durch diese können Klänge als hell oder dunkel, weich oder hart wahrgenommen werden. Jedes Instrument und jeder Sänger hat eine eigene charakteristische Klangfarbe.

Artikulation und Spielanweisungen

Außer durch die Artikulation (z. B. staccato oder legato) lässt sich der Klang bei vielen Instrumenten durch spezielle Anweisungen für Spieltechniken beeinflussen. Diese lauten bei den Streichinstrumenten z. B. pizzicato (= gezupft), con sordino (= mit Dämpfer) oder col legno (= mit dem Holz des Bogens streichen).

2. Notationsformen

Hörpartitur und grafische Notation

Bei der grafischen Darstellung musikalischer Verläufe muss der Klang der Musik so aufgezeichnet werden, dass die grafischen Elemente sich den musikalischen Parametern zuordnen lassen, z. B. durch die Nachzeichnung des Melodieverlaufs, durch Formen unterschiedlicher Länge und Strichstärke oder durch farbiges Layout.

Clusternotation

Neben der traditionellen Notationsform hat sich für Cluster auch die Schreibweise in Form senkrechter Balken durchgesetzt. Diese zeigen den Tonumfang an. Hinzugefügte Vorzeichen geben an, ob alle, nur die weißen oder nur die schwarzen Tasten benutzt werden sollen.

Akkordsymbole, internationale Schreibweise

Dur-Dreiklänge werden international mit dem Großbuchstaben ihres Grundtons angegeben, bei Moll-Dreiklängen folgt der Buchstabe „m" (für *engl.:* minor). Bei zusätzlichen Akkordtönen werden Zahlen für das jeweilige Intervall vom Grundton aus ergänzt. Wird nicht der Grundton als Basston gespielt, wird dieser nach einem Schrägstrich hinter dem Akkordsymbol notiert.

3. Form- und Gestaltungsprinzipien

Bordun

Beim Bordun werden einer Melodie Haltetöne zur Begleitung hinzugefügt, die eine unveränderte Klangfläche bilden. Der Bordunklang kann aus einem einzelnen oder aus mehreren zueinander passenden Tönen bestehen, häufig handelt es sich um einen Quintklang.

Ostinato und Riff

In der Musik ist ein Ostinato ein beharrlich wieder-kehrendes Gestaltungselement. Dies kann eine melodische Figur sein, ein Rhythmus oder auch eine Harmoniefolge. In der Pop- und Rockmusik nennt man ein Ostinato auch Riff.

Blues-Schema

Die Akkordfolge des Blues besteht aus zwölf Takten, in denen die Dreiklänge der I., IV. und V. Tonleiterstufe in drei Taktgruppen angeordnet sind:
I – I – I – I / IV – IV – I – I / V – V (IV) – I – I.
So wird die für den Blues typische zweitaktige Folge von Call und Response durch die Akkordwechsel unterstützt.

Motiv und Motiv-Varianten

Motive sind die kleinsten musikalischen Formteile und besitzen eine charakteristische melodische und rhythmische Gestalt. Aus einem Motiv können im Verlauf einer Komposition durch Veränderung und Erweiterung größere Einheiten entstehen.

Thema in der Musik

In der Musik ist mit dem Begriff Thema eine zusam-menhängende musikalische Gestalt gemeint, die Aus-druck und Charakter einer Komposition bestimmt. Ein Thema lässt sich in der Regel in mehrere Motive unter-gliedern und wird im Verlauf eines Stückes immer wieder aufgegriffen und verändert. Die Verarbeitung und Weiterentwicklung von Themen wird als moti-visch-thematische Arbeit bezeichnet.

Unterschiedliche Thementypen

Offene Themen haben keinen eindeutigen Abschluss, sondern gehen direkt in nachfolgende Abschnitte über. Sie werden oft aus einem zentralen Motiv ent-wickelt. Geschlossene Themen haben dagegen einen klaren Schluss und wirken in sich abgerundet. Ist ein Thema durch kontrastierende Motive geprägt, spricht man von einem antithetischen Thema.

Periode

Die achttaktige Periode ist ein melodischer Verlauf mit einer symmetrischen Gliederung. Sie besteht aus zwei Viertaktgruppen, dem Vordersatz und dem Nachsatz, die häufig in ihrer jeweils ersten Hälfte gleich, in der zweiten Hälfte kontrastierend gestaltet sind, sodass sich die Form a – b / a – c ergibt. In der melodischen Gestaltung verhalten sich die beiden Hälften zueinander wie Frage und Antwort.

Fauxbourdon

Der Fauxbourdon ist eine Form mehrstimmiger Musik, bei der ein zweistimmiger Satz durch eine rhythmisch angepasste Mittelstimme zu jeweils vollständigen Dreiklängen oder Klängen aus Oktave und Quinte ergänzt wird. Die Fauxbourdonstimme wird beim Musizieren improvisiert.

Polyphonie und Homophonie

Sind die Einzelstimmen eines mehrstimmigen Satzes melodisch und rhythmisch eigenständig, heißt dies polyphon (*griech.*: poly = mehrfach, phon = klingend). Eine einfache polyphone Form entsteht beim Singen eines Kanons. Einen Satz mit rhythmisch gleichen Stimmen nennt man homophon (*griech.*: homo = gleich).

Fuge

Die Fuge ist eine Form polyphoner Musik. Sie beginnt in der Regel einstimmig mit der Vorstellung eines Themas, das anschließend von den übrigen Stimmen nacheinander imitiert wird. Dazu erklingen kontra-punktische Gegenstimmen. Im Verlauf einer Fuge tritt das Thema immer wieder auf, auch in unterschied-lichen Tonarten.

Cantus firmus

Der Begriff cantus firmus (*lat.*: feststehender Gesang) bezeichnet in polyphoner Musik eine Melodie, die von den anderen Stimmen umspielt wird, dabei aber deutlich im Satz zu erkennen ist, indem sie zumeist in langen Notenwerten erklingt.

Generalbass

Der Generalbass oder basso continuo besteht aus einer instrumentalen Bassstimme mit Akkordbegleitung, auf die alle weiteren Einzelstimmen zurückgeführt werden können. Diese Kompositionsweise ist typisch für die Musik des 17. und 18. Jahrhunderts.

Liedformen

Beim Strophenlied passt eine Melodie zu allen Stro-phen der Gedichtvorlage. Werden Melodiephrasen in einzelnen Strophen verändert, spricht man von einem variierten Strophenlied. Im durchkomponierten Lied passt die Art der Vertonung sich dem Inhalt der jeweiligen Gedichtstrophen an.

Syllabische und melismatische Textvertonung

Eine syllabische Vertonung liegt vor, wenn jeder Textsilbe nur ein einziger Ton zugeordnet ist. Im Gegensatz dazu erklingen bei der melismatischen Vertonung mehrere Töne auf eine Textsilbe.

Leitmotiv

In manchen Werken der Opern- und der Programmmusik werden seit dem 19. Jahrhundert wiederkehrende melodische Gestalten verwendet, die als klingende Symbole stellvertretend für handelnde Personen, ihre Gefühle oder Beziehungen stehen. Auf diese Weise leiten sie durch die in der Musik erzählte Handlung und heißen daher Leitmotive.

Zitat

Durch die Übernahme bekannter Musik in eigene Kompositionen lassen sich inhaltliche Verbindungen zu deren ursprünglicher oder üblicher Verwendung herstellen. Oft wird das Zitat im Verlauf einer Komposition abgewandelt und verarbeitet, um seinen Ausdruck und seine Wirkung zu verändern.

Remix und Mash-Up

Remix bezeichnet eine Bearbeitungstechnik, bei der ein Sample, ein einzelnes Klangelement, durch elektronische Bearbeitung in einen neuen musikalischen Zusammenhang gebracht wird, z.B. indem es in einem Loop, einer Klangschleife, häufig wiederholt wird. Stammen die Samples aus unterschiedlichen Musikstücken, spricht man von einem Mash-Up.

4. Gattungen und Formen

Volksmusik

In der europäischen Musik werden traditionelle Lieder und Tänze unter dem Sammelbegriff Volksmusik zusammengefasst. Die Volksmusik unterschiedlicher Regionen und Landschaften unterscheidet sich vor allem in der Melodik und Rhythmik sowie in der Auswahl der Instrumente.

Thema und Variation als musikalische Form

Die musikalische Form der Variation besteht aus einer Reihe von mehreren Variationen über ein zu Beginn vorgestelltes Thema. In den einzelnen Variationen bleiben jeweils charakteristische Merkmale des Themas erhalten, andere werden abgewandelt, z.B. durch Umspielung der Themenmelodie. Dies nennt man Figuralvariation.

Passacaglia

Die Passacaglia oder Chaconne ist eine Ostinatoform, in der eine sich wiederholende Bass- oder Akkordfolge das harmonische Grundgerüst bildet. Die Oberstimmen variieren, sind aber harmonisch stets auf die Akkordfolge bezogen.

Programmmusik und Sinfonische Dichtung

Dabei handelt es sich um Instrumentalmusik, die mit Hilfe allgemein bekannter Stil- und Gestaltungsmittel außermusikalische Vorstellungen darstellt. Seit Mitte des 19. Jahrhunderts bezeichnet man ein einsätziges Orchesterwerk der Programmmusik als Sinfonische Dichtung oder Tondichtung.

Konzert und Concerto grosso

Der Begriff Konzert wird vor allem für Instrumentalmusik genutzt, in der das solistische Spiel dem vollen Orchesterklang gegenübersteht. Man unterscheidet das Solokonzert mit einem Solisten, das Doppelkonzert mit zwei Solisten sowie das Concerto Grosso, in dem eine Gruppe von Solisten mit dem Orchester konzertiert.

Big Band und Big-Band-Sections

In einer Big Band stehen sich drei eigenständige Instrumentengruppen gegenüber, die als Sections bezeichnet werden: Reed-Section (Saxophone, evtl. auch Klarinette), Brass-Section (Posaunen und Trompeten) und Rhythm-Section (Schlagzeug, Bass, Klavier, Gitarre). Aus allen Sections können Solisten heraustreten.

Balladen

In Balladen werden Geschichten in Gedichtform erzählt. Zahlreiche Balladentexte sind seit dem späten 18. Jahrhundert vertont worden, in der Regel

für eine Singstimme und Klavier. In der Rock- und Popmusik bezeichnet der Begriff Ballade einen melancholischen oder sentimentalen Song in langsamem Tempo.

Verschiedene Teile einer Oper

Die größeren Teile einer Oper werden als Akt oder Aufzug bezeichnet. Diese gliedern sich in einzelne Szenen, in denen sich die Handlung entwickelt. Dialoge werden oft als Rezitativ gesungen. Dabei ist der Gesang rhythmisch frei und dem normalen Sprechen ähnlich. In einer Arie kommen dagegen Gefühle, Absichten und Charakterzüge einzelner Personen zum Ausdruck. Chor- und Tanzszenen werden in vielen Opern als Mittel der Steigerung eingesetzt.

Gregorianischer Choral

Die ältesten überlieferten Beispiele europäischer Musik sind die im 6. Jahrhundert unter Papst Gregor gesammelten geistlichen Gesänge. Sie sind einstimmig und ohne instrumentale Begleitung. Die Melodien werden rhythmisch frei und ohne durchlaufendes Metrum gesungen.

Aleatorik

Seit den Fünfzigerjahren des 20. Jahrhunderts werden in manchen Kompositionen Entscheidungen nach dem Zufallsprinzip getroffen, die die Struktur der Komposition ebenso beeinflussen können wie die Abläufe während einer Aufführung. Solche Kompositionen heißen aleatorisch, in Anlehnung an das lateinische Wort für Würfel, alea.

Techno

Techno entstand in den 1980er Jahren und ist elektronisch produzierte Tanzmusik mit vorwiegend synthetisch hergestellten Sounds. Technomusik ist gekennzeichnet durch fortlaufenden 4/4-Takt mit starker Betonung der Taktzeiten, schnelles Grundtempo meist oberhalb von 140 bpm sowie die Gliederung in 4- oder 8-taktige Abschnitte.

Gesellschaftstanz

Im Zusammenhang mit geschichtlichen und gesellschaftlichen Entwicklungen haben sich zahlreiche Tanzformen mit verbindlichen Schrittfolgen herausgebildet, die allgemein in zwei Gruppen eingeteilt werden, die Standardtänze und die lateinamerikanischen Tänze. Eine Sonderform ist der Rock 'n' Roll mit seinen oft akrobatischen Hebefiguren.

Menuett, Kontratanz, Ländler

In der Ständegesellschaft des späten 18. Jahrhunderts waren bestimmte Tänze einzelnen Ständen vorbehalten: Während das Menuett von den Mitgliedern des Adels getanzt wurde, galt der aus England stammende Kontratanz als Tanz des Bürgertums. Typisch für die Landbevölkerung war der so genannte Ländler, ein schneller Drehtanz ohne feste Schrittfolgen.

Nationalhymnen

Die Nationalhymne gehört zu den offiziellen Symbolen eines Staates. Die meisten Nationalhymnen sind entweder Königshymnen zum Lob eines Herrschers oder Revolutionshymnen, die aus politischen Umwälzungen hervorgegangen sind. Viele Nationalhymnen entstanden im 19. Jahrhundert.

Kontrafaktur

Der Begriff Kontrafaktur bezeichnet in der Musik das Unterlegen einer bestehenden Melodie mit einem neuen Text, der keinen Bezug zum ursprünglichen Textinhalt hat.

Kantate und Motette

Kantate bezeichnet seit dem 17. Jahrhundert ein ein- oder mehrstimmiges Gesangsstück mit Instrumentalbegleitung. Die Besetzung und die Anzahl der Sätze sind nicht festgelegt, häufig wechseln Solo- und Chorgesang. Die Motette ist Vokalmusik ohne eigenständige Instrumentalbegleitung. Typisch für diese Form ist, dass der Text in seinen einzelnen Sinneinheiten durch musikalische Mittel ausgedeutet wird.

Messe

In der geistlichen Musik werden häufig die fünf feststehenden Teile der katholischen Messe in einer mehrsätzigen Komposition vertont. Die meisten dieser Werke sind für den Einsatz im Gottesdienst bestimmt. Messkompositionen gibt es seit dem späten Mittelalter.

Filmmusik

Die Musik hat im Film die Aufgabe, die Wahrnehmung des Publikums zu steuern und die Aufmerksamkeit auf Stimmungen, Charaktere oder Handlungszusammenhänge in einer Szene zu lenken. Auch inhaltliche Verknüpfungen einzelner Szenen lassen sich durch Musik verdeutlichen, sodass der Filmmusik eine wichtige dramaturgische Funktion zukommt.

5. Wirkung und Ausdruck von Musik

Höreindrücke beschreiben

Durch bildliche Vorstellungen lässt sich der kurzfristige und flüchtige Höreindruck eines Musikstückes veranschaulichen. So sprechen wir etwa von Klangfarbe, von dunklen und hellen Tönen, von Vorder- und Hintergrund oder von einer regelmäßigen oder unregelmäßigen Form.

Musik als Klangrede

Vor allem in der textgebundenen Musik der Barockzeit wurden Gefühle, Stimmungen sowie die im Text geschilderten Handlungsweisen und Vorgänge mit musikalischen Mitteln, so genannten Figuren, anschaulich gemacht, um den Sinn eines Textes zu unterstreichen. So konnten *Bewegungsfiguren* beim Hören eine räumliche Vorstellung hervorrufen, indem sie die Richtung und das Tempo einer Bewegung musikalisch nachzeichneten. In anderen Figuren unterstreicht die Musik die Art des Vortrags, indem z. B. in der *Exclamatio-Figur* Ausrufe eines Redners nachgeahmt werden. Durch *Tonsymbolik* lassen sich darüber hinaus sinnbildliche Bezüge herstellen, etwa durch die Wahl der Instrumente, der Klanglage oder mit Hilfe bestimmter Tonfolgen. Musik galt im Barock daher als Rede mit Tönen, als Klangrede.

Satire und Parodie

In einer Satire werden zumeist gesellschaftliche Zustände oder Anschauungen kritisiert. Ein beliebtes Mittel dazu ist die Parodie. Eine musikalische Parodie entsteht, indem charakteristische Teile eines bekannten Werks nachgeahmt, dabei aber so verändert werden, dass durch Übertreibung oder Verzerrung ein komischer Effekt entsteht.

6. Akustische und technische Grundlagen

Romantisches Sinfonieorchester und transponierende Instrumente

Im Verlauf des 19. Jahrhunderts vergrößerte sich die Orchesterbesetzung, um die Klangfarben im Sinfonieorchester zu erweitern. Dazu wurden Blasinstrumente wie Klarinetten, Hörner und Trompeten häufig in verschiedenen Größen eingesetzt. Um sie jeweils mit denselben Griffen spielen zu können, wird der Grundton des Blasinstruments immer als c notiert, klingt aber je nach Rohrlänge des Instruments höher oder tiefer. Diese Instrumente nennt man daher transponierende Instrumente.

Synthesizer

Ein Synthesizer erzeugt und verändert Töne auf elektronischem Weg. So werden Klangfarben erzielt, die mit natürlichen Instrumenten nicht möglich sind. Auch Keyboards sind Synthesizer. Allerdings sind hier alle Klänge (Sounds) fest abgespeichert.

Spieltechniken der E-Gitarre und Soundeffekte

Das Spiel auf der E-Gitarre lässt zahlreiche Effekte zu, mit denen die Klangfarbe verändert wird. Dabei werden die elektroakustischen Möglichkeiten des Instruments ausgenutzt, entweder durch besondere Spieltechniken oder mit Hilfe zusätzlicher Effektgeräte.

Lauteninstrumente: Die Bağlama

Je nach Hals- beziehungsweise Corpuslänge werden die Lauteninstrumente mit unterschiedlichen Namen bezeichnet. Die Bağlama als Langhalslaute ist das traditionelle Begleitinstrument in vielen orientalischen Kulturen.

Ukulele

In der bekanntesten Form ist das viersaitige, gitarrenähnliche Instrument ca. 55 cm lang und hat seinen Ursprung in Portugal. Es gibt die Ukulele in unterschiedlichen Stimmlagen und Stimmungen, zum Teil auch mit mehr als nur vier Saiten.

Register

Sachregister

Personenregister

Quellenverzeichnis

Abbildungen

Cover: Stephan Röhl, Berlin
10/1: Shutterstock/Protasov AN
10/2: Shutterstock/Francesco Bucchi
11: Shutterstock/Mihai Simonia
12: Bridgeman Images/National Museum, Wales
14: bpk/CNAC-MNAM/Philippe Migeat/VG Bild-Kunst, Bonn 2015
15: Imago Sportfoto/Gran Angular
16: Bridgeman Images/Apsley House, The Wellington Museum, London
17: Picture-Alliance/United Archives/Imperial War Museum, London
20: Shutterstock/JPF
22: Shutterstock/Nicku
26: bpk/RMN-Grand Palais/Musée Condé, Chantilly
28: akg-images/De Agostini Picture Library
29: Peter Wirtz, Dormagen
31/1: ©Kolumba, Köln/Lothar Schnepf
31/2: akg-images/Tiroler Volkskunstmuseum, Innsbruck
41: Fotolia/pepe
42: Interfoto/© Illustrated London News Ltd./Mary Evans
43: Imago Sportfoto
45/1: Corbis/Tony Frank/Sygma
45/2: Culture-images
46: Bridgeman Images/avenue-images/private collection
47: Interfoto/Alinari
50: Culture-images
54/1: Culture-images/Lebrcht/Chris Christodoulou
54/2: Ullstein Bild/Brill
55: Mauritius images/Alamy
56/1: interTopics/Retna Ltd./David Atlas
56/2: Fotex/Jay Blakesberg
58/1: Culture-images
58/2: Getty Images
60/1: Corbis/Genevieve Naylor
60/2: Getty Images/Metronom
62: akg-images
63: akg-images
64/1: akg-images
64/2: Hybrid Images/cultura/Corbis
64/3: Bildagentur Geduldig
66: Getty Images/Popperfoto
70/1: Getty Images
70/2: Interfoto/Bildarchiv Hansmann
71: National Gallery of Art, Washington/Wolfgang Ratjen Collection, Patrons' Permanent Fund
72: Marja und Werner Schnell, Baindt/www.leierkaschtama.de

73/1: Filmmuseum München
73/2: Interfoto
74: akg-images
75: bpk
76/1: bpk
76/2: akg-images
76/3: Coverpicture/Thomas Lotze
78: Culture-images/Leberecht
80: action press/Startraks
82: Interfoto/Bildarchiv Hansmann
83/1: akg-images
83/2: Culture-images/Lebrecht
84 (2), 85: Barbara Braun/drama-berlin.de
86/1: akg-images/Album/Oronoz
86/2: Bridgemanart.com/By Courtesy of Julian Hartnoll
87: Bridgeman Images/Musée des Beaux Arts, Nimes
88/2: akg-images
88/1: akg-images/Erich Lessing
90/2: akg-images/De Agostini Picture Library
90/1: akg-images
94/1: bpk/Ministère de la Culture/Médiathèque du Patrimoine, Dist. RMN-Grand Palais/Félix Nadar (Atelier)
94/2: akg-images
96: Thilo Beu/Aalto Musiktheater und Philharmonie Essen
98/1: akg-images
98/2: © Deutsches Historisches Museum, Berlin/I. Desnica
100/1: akg-images/Salvador Dalí, Fundació Gala-Salvador Dalí/VG Bild-Kunst, Bonn 2015
100/2: M. C. Escher's "Ascending Descending" © 2015 The M. C. Escher Company – The Netherlands. All rights reserved. www.mcescher.com
101: © Michael Kneffel
104: akg-images
106: akg-images/Erich Lessing
107: akg-images/Marion Kalter
108: akg-images/Erich Lessing
109/1: Getty Images
109/2: akg-images/album/Pollock-Krasner Foundation/VG Bild-Kunst, Bonn 2015/Hirsshorn Museum, Washington
109/3: akg-images/VG Bild-Kunst, Bonn 2015/Nationalgalerie, Berlin
110: akg-images
111/1: akg-images/Marion Kalter
111/2: epd-Bild/Frank Drechsler
112/1: Culture-images/fai
112/2: picture alliance/dpa
113/1: akg-images

113/2: picture alliance/Xamax
114/1: akg-images
114/2: Davids/Darmer
115: akg-images
118: Robin Engelman/www.robinengelman.com
119: bpk/Herrmann Buresch
120: bpk/RMN/Bulloz/Carnavalet Museum, Paris
121: bpk/RMN/Jean-Pierre Lagiewski
122: akg-images/Erich Lessing
126/1: Staatliche Schlösser und Gärten, Michael Fuchs 2008
126/2: Mauritius images
126/3: POP-Eye/Heinrich
126/4: akg-images
128/1: iStockphoto/UygarGeographic
128/2: F1online
129: Orchester der Kulturen
130: Peter Wirtz, Dormagen
131/1: fotolia/Ralfen Byte
131/2: Mauritius images/age/ Forsberg Peter Erik
132: Getty Images
134/1: Mauritius images/Alamy
134/2: Peter Wirtz, Dormagen
135: Kinan Azmeh/© Jill Steinberg
136: © Claude Truong-Ngoc
137: Peter Wirtz, Dormagen
138: Tenri Japanisch Deutsche Kulturwerkstatt
139/1: Mauritius images/Alamy
139/2: Interfoto/Imagebroker
139/3: Imago Sportfoto/Enters
140: Blanko Musik GmbH, München/© Barbara Tavella & Claus Vittur
141: Angelika Lyakamwa/www.photocommunity.de
143: Interfoto/IFPAD/VG Bild-Kunst, Bonn 2015
144/1: Schneider Press/JW
144/2: action press
145: © Electrola A division of Universal Music GmbH, München
146/1: pa picture alliance/The Ukulele Orchestra of Great Britain/Foto: Sebastian Widmann
146/2: pa picture alliance/The Ukulele Orchestra of Great Britain/Foto: Xamax
150: iStockphoto/Mario Guti
151: Corbis GmbH/David Petranker/Splash
152: Corbis GmbH/Robbie Jack
153: Getty Images/Steve Thorne
156/1: © Münchner Klaviertrio (Donald Sulzen, Michael Arlt, Gerhard Zank), Foto: Dorian Zank
156/2: Quintessence/www.saxophon-

quintett.de
157/1: picture alliance/ZB
157/2: Corbis/Michael Ochs Archives
158/1: iStockphoto/KCuberoClosed
158/2: iStockphoto/mipan
158/3: akg-images
160: akg-images/Jazz Archiv Hamburg
165/1: Ullstein Bild
165/2: Getty Images/Mike Prior/
Referns
169: Getty Images/Georges De Keerle
171: pa picture alliance/dpa/lsw/Ronald
Wittek
172/173: Peter Wirtz, Dormagen
174/1,3: akg-Images
174/2: culture-images/Lebrecht
176: Imago/Hogreve
183/1: Ullstein Bild/Arena PAL/Barda
183/2: culture-images/Lebrecht
183/3: Davids
183/4: Peter Bischoff
184,1: Ullstein Bild/Arena PAL/Barda
184,2: culture-images/Lebrecht
184,3: Davids
184,4: Peter Bischoff
188: Imago
189: Corbis/Franz-Marc Frei, Diskothek
in Brighton
190: Stephan Röhl, Berlin
193: Corbis GmbH/Sygma/Richard
Melloul/Gaumont
194, 198, 200: Stephan Röhl, Berlin
201: Corbis GmbH/Bettman
203: pa picture alliance/dpa/EPA/Rolf
Vennenbernd
205: picture alliance/Eibner Pressefoto
206: akg-images
207: corbis/© WeirPhotos/Splash
210: Martha Holmes Time & Life Pictu-
res/Getty Images
211: Eric Schaal Time & Life Pictures/
Getty Images
212: picture alliance/Gladys Chai
von der Laage
213: picture alliance/Pressefoto Ulmer/
Markus Ulmer
215/1: Corbis/Mark Leech/OFFSIDE/
Corbis
215/2: Mauritius Images/Alamy
218: epd-Bild
219: picture alliance/dpa/Franziska
Kraufmann Kraufmann
221: akg-images/Bibliotèque Nationale,
Paris, Kupferstichkabinett. Aus: Die Pariser
Kommune, 1871, Seite 150
223: Ullstein Bild -TopFoto
225: VISUM Foto/The Image Works
227: Ullstein Bild/Ingrid von Kruse
228: Ullstein Bild/Jazz Archiv
230: Deutsches Historisches Museum,
Berlin/Estate of George Grosz, Princeton,

N.J./VG Bild-Kunst, Bonn 2015
234: akg-images
235/1: Ullstein Bild/Müller
235/2: Bridgemanart.com/Succession
Picasso/VG Bild-Kunst, Bonn 2015
235/3: picture alliance/dpa
235/4: ddp images/Peter Probst
235/5: Alimdi.net/Fanatic Studio
237/1: Photoshot/Starstock
237/2: action press
238: action press
239: Mauritius images/Alamy
240: akg-images
241/1: akg-images
241/2: Ullstein Bild
243: Ullstein Bild/Reuters/Hamad
Mohammed
244: Ullstein Bild/The Ganger Collec-
tion/Blatt aus dem Buch „Champion des
Damesa" von Martin Lefranc
248: ddp images/Camera Press
249: Laif/Piero Oliosi/Polaris
255 (2), 256 (2), 261/2: ddp
(+ AP)/20th Century Fox Film
Corporation/Merrick Morton
257/1, 261/1: Cinetext/20th Century
Fox Film Corporation/Merrick Morton
257/2, 258 (2), 260, 263: pa picture
alliance/20th Century Fox Film
Corporation/Merrick Morto
258, 260: picture alliance
261/1: Cinetext
261/2: ddp images
263: picture alliance
264: ddp images/Vaughan/Optimum
Productions
265/1: ddp images/Vaughan/Optimum
Productions
265/2: action press/Optimum Productions
270/1: interTOPICS
270/2: Imago
273: picture alliance/AP
274: Javier Pierrend

Lieder und Musikbeispiele

S. 19/20/21/23: R. Strauss, Don
Quixote, C. F. Peters Musikverlag, Frank-
furt/M
S. 30–38: J.S. Bach, Magnificat in D-Dur,
nach dem Klavierauszug der Neuen Bach-
Ausgabe, Bärenreiter-Verlag, Kassel 1956,
26. Nachdruck 2011
S. 44: Chariots of fire, EMI Music
Publishing Germany GmbH, Berlin
S. 50/51: G. Ligeti, Atmosphères,
Universal Edition A.G., Wien
S. 57: Dueling Banjos, Combine Music
Corp., für Deutschland Neue Welt Musik-
verlag GmbH, Hamburg
S. 66/67: Tuxedo Junction, Lewis Music

Publishing Co. Inc., für Deutschland
Musikverlag Intersong GmbH, Hamburg
S. 68: Soft winds, Regent Music, für
Deutschland Good Tunes Music AG,
Geneva
S. 69: That's what I'm talkin' 'bout,
Michele Publishing Co., für Deutschland
Hanseatic Musikverlag GmbH & Co. KG,
Hamburg
S. 73: Moritat von Mackie Messer,
Universal Edition A.G., Wien
S. 81: Wind of change, BMG Rights
Management GmbH, Berlin
S. 103: Losing my religion, Night Garden
Music, für Deutschland Neue Welt Musik-
verlag GmbH, Hamburg
S. 105: Holy, holy, holy, 1991 CMI-HP
Publishing/High Praises Publishing, für
D/A/CH Copycare Deutschland, D-71087
Holzgerlingen
S. 107: W. Lutoslawski, Streichquartett
1964, Chester Music Ltd., London, für
D/A/CH Edition Wilhelm Hansen,
Hamburg
S. 111: J. Cage, Orgel^2/ASLSP,
C. F. Peters Musikverlag, Frankfurt/M
S. 132: Fazil Say/nach Wolfgang
Amadeus Mozart, Alla Turca Jazz, Schott
Music GmbH & Co. KG, Mainz
S. 133: Fazil Say/nach Wolfgang
Amadeus Mozart, Patara, Schott Music
GmbH & Co. KG, Mainz
S. 134: Fazil Say, Black Earth, Schott
Music GmbH & Co. KG, Mainz
S. 137: M. Shinohara, Fragmente,
Schott Music GmbH & Co. KG, Mainz
S. 140: A TÉ, Blanko Musik GmbH,
München
S. 145: Alles nur geklaut, Lakeworth
Music Publishing/BMG Rights Manage-
ment GmbH, Berlin/SMPG Publishing
(Germany) GmbH, Berlin
S. 147: Fly me to the moon, Hampshire
House Publishing Comp., für Deutschland
Essex Musikvertrieb GmbH, Hamburg
S. 148: Venus is waiting, Gateway 4 M –
More fine music & media GmbH, BMG
Rights Management GmbH, Berlin
S. 149: I hung my head, Steerpike Ltd.,
für Deutschland EMI Music Publishing
Germany GmbH, Berlin
S. 160: Smoke on the water, 1972 by
Henrees Music Co., für D/A/CH/Osteuro-
päische Länder EMI Music Publishing
Germany GmbH, Hamburg
S. 162: Summer holidays, aus R. Butz:
Gute-Laune-Kanons, Carus-Verlag,
Stuttgart
S. 164: Crying in the rain, 1961 by Aldon
Music, Inc. rights assigned to Screen
Gems-EMI Music, für D/A Robert Mellin

Gems-EMI Music, für D/A Robert Mellin Musikverlag KG, München

S. 166: In the mood, Shapiro Bernstein & Co. Inc., für Deutschland Roba Music Verlag GmbH, Hamburg

S. 168: We are the world, 1985 by Mijac Music / Brockman Music / Brenda Richie Publ., für D/CH/GUS/Osteuropäische Länder Neue Welt Musikverlag GmbH, Hamburg

S. 170: Five hundred miles, 1962 by Friendship Music, Corp. N.Y., für D/A/ CH Musik Edition Europaton Peter Schaeffers/Ebony Musikverlag, München

S. 192/193: Conquest of paradise, by Spheric B.V., für D/A/CH EMI Music Publishing Germany GmbH, Hamburg

S. 196: Mambo No. 5, Editorial Mexicana de Musica International, für Deutschland Peermusic (Germany) GmbH, Hamburg

S. 201: Great balls of fire, Chappell-Co Inc. / Unichappell Music Inc. / Mijac Music / Mystical Light Music, für Deutsch-

land Warner Chappell Music GmbH & Co. KG Germany / Sony/ATV Music Publishing (Germany) GmbH, Berlin

S. 210: God bless America, Irving Berlin Music Corp., für Deutschland Universal Music Publishing GmbH, Berlin

S. 211: This land is your land, by Ludlow Music Ltd., für D/A/CH Essex Musikvertrieb GmbH, Hamburg

S. 213: Yellow submarine, Sony / ATV-Tunes LLC, für Deutschland Sony / ATV Music Publishing (Germany) GmbH, Berlin

S. 214: You'll never walk alone, Williamson-Music Inc. / Imagem Music, für Deutschland Imagem Music GmbH, Berlin

S. 222: We shall overcome, Ludlow Music Inc. New York, für D/A/CH/Osteuropäische Länder Essex Musikvertrieb GmbH, Hamburg

S. 227: Mauricio Kagel, 10 Märsche, um den Sieg zu verfehlen (Marsch 1), Henry Litolff's Verlag, Frankfurt/M

S. 229: Wer wird Millionär, Highscore Publishing UG (haftungsbeschränkt) / Rolf Budde Musikverlag GmbH, Berlin / Hanseatic Musikverlag GmbH & Co. KG, Hamburg

S. 231: Denn wovon lebt der Mensch?, Universal Edition A.G., Wien

S. 236: Peace train, Cat Music Ltd., BMG Rights Management GmbH, Berlin

S. 238: Imagine, Lenono Music

S. 242: The universal soldier, Caleb Music Co., für Deutschland Peermusic (Germany) GmbH, Hamburg

S. 243: We want peace, Miss Bessie Music, für Deutschland BMG Consortium

Music Publishing, Berlin

251: O Verona, TCF Music Publishing Inc., für Deutschland EMI Music Publishing Germany GmbH, Berlin

S. 259: Kissing you, Sony Music Publishing/Westbury Music Ltd., für Deutschland Sony/ATV Music Publishing (Germany) GmbH, Berlin/SMV Schacht Musikverlag GmbH, Hamburg

S. 267: So what!, Maratone Abpink Inside Publishing, für Deutschland EMI Music Publishing Germany GmbH & Co. KG, Hamburg / Kobalt Music Publishing Ltd., London

S. 269: Alles neu, Edition Fixx und Foxy Publishing, Hanseatic Musikverlag GmbH & Co. KG, Hamburg, Soular Music GmbH, Hamburg

S. 271/1: Hard knock life, EMI Blackwood Music Inc., für Deutschland EMI Music Publishing Germany GmbH, Neue Welt Musikverlag GmbH & Co. KG, Chappell GmbH & Co. KG, Imagem Music GmbH, Berlin

S. 271/2: Die for metal, Circle Song Music LLC

S. 272: Sledgehammer, Real World Music Ltd., für Deutschland EMI Music Publishing Germany GmbH, Berlin

Texte

S. 13: George Meredith, The lark ascending, hrsg. von Edmund Clarence Stedman, A Victorian Anthology, 1895

S. 18: Vladimir Nabokov, Die Kunst des Lesens – Cervantes' ,Don Quijote', S. Fischer Verlag, Frankfurt 1985, S. 285/286 (Nacherzählung Don Quixote)

S. 27: Lukas-Evangelium 1, 39–56, zitiert nach der Einheitsübersetzung der Heiligen Schrift

S. 43: Jan Garbarek – „Das Saxophon ist mein Hobby!" Interview von Carina Prange, Jazzdimensions Onlinemagazin – Jazz, Worldmusic & more, Carina Prange / Frank Bongers GbR, Berlin

S. 50/51: Ove Nordwall, György Ligeti – Eine Monographie, Schott, Mainz 1971, S. 115

S. 74: Johann Wolfgang von Goethe, Der Erlkönig, Deutsche Gedichte und Balladen, Südwest Verlag, München 1963, S. 358

S. 88/92: Claudio Monteverdi: Orfeo / Christoph Willibald Gluck: Orpheus und Eurydike – Texte, Materialien, Kommentare, hrsg. Von Attila Csampai und Dietmar Holland, Rowohlt Verlag, Reinbek 1988, deutsche Übersetzung von Ursula Jürgens-Hasenmeyer, S. 41

S. 90/93: Orphée et Eurydice, Booklet zur CD Decca 478 2197, deutsche Übersetzung von Reinhard Lüthje, S. 40 und 64, lizensiert von Deutsche Grammophon GmbH (Universal Music GmbH, Berlin)

S. 95/96: Jacques Offenbach: Orphée aux enfers, Partitur, hrsg. von Jean-Christophe Keck, Boosey & Hawkes Bote & Bock GmbH, Berlin, deutsche Übersetzung als PDF auf der Begleit-CD ROM von Christine Montulet, S. 35 und 53

S. 121: Le Triomphe de la République, Libretto von Marie-Joseph Chénier, zitiert nach dem Booklet der CD Chandos 0727, S. 57

S. 122: Ferdinand Ries, Biographische Notizen über Ludwig van Beethoven, 1838

S. 125: Heinrich Heine, Die beiden Grenadiere, Buch der Lieder, 1827

S. 132: Fazil Say, Konzertankündigung, www.koelner-philharmonie.de / Veranstaltung / pdf / 24.10.2013, IOCO-Kultur im Netz, Düsseldorf

S. 136: Makoto Shinohara, Vortrag am musikwissenschaftlichen Institut der Universität Köln, 7. Mai 1999, www.uni-koeln.de/phil-fak/muwi/events, Anette Hartkopf Presse und Kommunikation, Köln

S. 143: Georg Friedrich Lichtenberg, Aphorismen im Zeitalter der Aufklärung, www.aphorismen.de/Zitat/108490

S. 145: Global Kryner, Pressetext, Blanko Musik Management, München

S. 146: Konzertankündigung der Kölner Philharmonie, www.koelner-philharmonie.de/veranstaltung/pdf/24.10.2013, Kölner Philharmonie, Köln

S. 148: Ben Lierhouse Projekt, Parsifal goes La Habana, Booklet zur CD Gateway4M 5050466 2643-2-9, Gateway4M, Haus der Multimediaproduzenten, Hamburg

S. 150: Konrad Heidkamp, Die Kunst der Übergänge, „Die Zeit" Nr. 21, 19.05.1989 (Zitat John Zorn)

S. 205: Interview mit Oliver Bierhoff, Süddeutsche Zeitung, Ausgabe vom 07.07.2012

S. 227: Mauricio Kagel, 10 Märsche, um den Sieg zu verfehlen, zitiert aus dem Vorwort EP 8458, Edition Peters 1978/79

S. 231: Kurt Weill, Musik und Theater, Gesammelte Schriften, hrsg. Von Stephen Hinton und Jürgen Schebara, Henschel Verlag, Berlin 1990, S. 54

S. 231: Bertolt Brecht / Kurt Weill: Die Dreigroschenoper – Texte, Materialien, Kommentare, hrsg. von Attila Csampai und Dietmar Holland, Rowohlt Verlag,

Lieder/Songs/Texte/Spielsätze/Chorsätze

Werke